T&P BOOKS

NORWEGISCH

WORTSCHATZ

FÜR DAS SELBSTSTUDIUM

DEUTSCH
NORWEGISCH

Die nützlichsten Wörter
Zur Erweiterung Ihres Wortschatzes und
Verbesserung der Sprachfertigkeit

9000 Wörter

Wortschatz Deutsch-Norwegisch für das Selbststudium - 9000 Wörter

Von Andrey Taranov

T&P Books Vokabelbücher sind dafür vorgesehen, beim Lernen einer Fremdsprache zu helfen, Wörter zu memorieren und zu wiederholen. Das Wörterbuch ist nach Themen aufgeteilt und deckt alle wichtigen Bereiche des täglichen Lebens, Berufs, Wissenschaft, Kultur etc. ab.

Durch das Benutzen der themenbezogenen T&P Books ergeben sich folgende Vorteile für den Lernprozess:

- Sachgemäß geordnete Informationen bestimmen den späteren Erfolg auf den darauffolgenden Stufen der Memorisierung
- Die Verfügbarkeit von Wörtern, die sich aus der gleichen Wurzel ableiten lassen, erlaubt die Memorisierung von Worteinheiten (mehr als bei einzeln stehenden Wörtern)
- Kleine Worteinheiten unterstützen den Aufbauprozess von assoziativen Verbindungen für die Festigung des Wortschatzes
- Die Kenntnis der Sprache kann aufgrund der Anzahl der gelernten Wörter eingeschätzt werden

T&P Books Publishing
www.tpbooks.com

Dieses Buch ist auch im E-Book Format erhältlich.
Besuchen Sie uns auch auf www.tpbooks.com oder auf einer der bedeutenden Buchhandlungen online.

WORTSCHATZ DEUTSCH-NORWEGISCH
für das Selbststudium

Die Vokabelbücher von T&P Books sind dafür vorgesehen, Ihnen beim Lernen einer Fremdsprache zu helfen, Wörter zu memorieren und zu wiederholen. Der Wortschatz enthält über 9000 häufig gebrauchte, thematisch geordnete Wörter.

- Der Wortschatz enthält die am häufigsten benutzten Wörter
- Eignet sich als Ergänzung zu jedem Sprachkurs
- Erfüllt die Bedürfnisse von Anfängern und fortgeschrittenen Lernenden von Fremdsprachen
- Praktisch für den täglichen Gebrauch, zur Wiederholung und um sich selbst zu testen
- Ermöglicht es, Ihren Wortschatz einzuschätzen

Besondere Merkmale des Wortschatzes:

- Wörter sind entsprechend ihrer Bedeutung und nicht alphabetisch organisiert
- Wörter werden in drei Spalten präsentiert, um das Wiederholen und den Selbstüberprüfungsprozess zu erleichtern
- Wortgruppen werden in kleinere Einheiten aufgespalten, um den Lernprozess zu fördern
- Der Wortschatz bietet eine praktische und einfache Lautschrift jedes Wortes der Fremdsprache

Der Wortschatz hat 256 Themen, einschließlich:

Grundbegriffe, Zahlen, Farben, Monate, Jahreszeiten, Maßeinheiten, Kleidung und Accessoires, Essen und Ernährung, Restaurant, Familienangehörige, Verwandte, Charaktereigenschaften, Empfindungen, Gefühle, Krankheiten, Großstadt, Kleinstadt, Sehenswürdigkeiten, Einkaufen, Geld, Haus, Zuhause, Büro, Import & Export, Marketing, Arbeitssuche, Sport, Ausbildung, Computer, Internet, Werkzeug, Natur, Länder, Nationalitäten und vieles mehr...

INHALT

LEITFADEN FÜR DIE AUSSPRACHE

Buchstabe	Norwegisch Beispiel	T&P phonetisches Alphabet	Deutsch Beispiel
Aa	plass	[a], [ɑ:]	da, das
Bb	bøtte, albue	[b]	Brille
Cc [1]	centimeter	[s]	sein
Cc [2]	Canada	[k]	Kalender
Dd	radius	[d]	Detektiv
Ee	rett	[e:]	Wildleder
Ee [3]	begå	[ɛ]	essen
Ff	fattig	[f]	fünf
Gg [4]	golf	[g]	gelb
Gg [5]	gyllen	[j]	Jacke
Gg [6]	regnbue	[ŋ]	Känguru
Hh	hektar	[h]	Hypnose
Ii	kilometer	[ɪ], [i]	ihr, finden
Kk	konge	[k]	Kalender
Kk [7]	kirke	[h]	Hypnose
Jj	fjerde	[j]	Jacke
kj	bikkje	[h]	Hypnose
Ll	halvår	[l]	Juli
Mm	middag	[m]	Mitte
Nn	november	[n]	nicht
ng	id_langt	[ŋ]	Känguru
Oo [8]	honning	[ɔ]	dort
Oo [9]	fot, krone	[u]	kurz
Pp	plomme	[p]	Polizei
Qq	sequoia	[k]	Kalender
Rr	sverge	[r]	richtig
Ss	appelsin	[s]	sein
sk [10]	skikk, skyte	[ʃ]	Chance
Tt	stør, torsk	[t]	still
Uu	brudd	[y]	über, dünn
Vv	kraftverk	[v]	November
Ww	webside	[v]	November
Xx	mexicaner	[ks]	Expedition
Yy	nytte	[ɪ], [i]	ihr, finden
Zz [11]	New Zealand	[s]	Hast, Zahl
Ææ	vær, stær	[æ]	ärgern
Øø	ørn, gjø	[ø]	können
Åå	gås, værhår	[o:]	groß

Anmerkungen

[1] vor **e, i**
[2] anderswo
[3] unbetont
[4] vor **a, o, u, å**
[5] vor **i** und **y**
[6] bei Kombination **gn**
[7] vor **i** und **y**
[8] vor doppelten Konsonanten
[9] vor einfachem Konsonanten
[10] vor **i** und **y**
[11] nur bei Fremdwörtern

ABKÜRZUNGEN
die im Vokabular verwendet werden

Deutsch. Abkürzungen

Adj	-	Adjektiv
Adv	-	Adverb
Amtsspr.	-	Amtssprache
f	-	Femininum
f, n	-	Femininum, Neutrum
Fem.	-	Femininum
m	-	Maskulinum
m, f	-	Maskulinum, Femininum
m, n	-	Maskulinum, Neutrum
Mask.	-	Maskulinum
n	-	Neutrum
pl	-	Plural
Sg.	-	Singular
ugs.	-	umgangssprachlich
unzähl.	-	unzählbar
usw.	-	und so weiter
v mod	-	Modalverb
vi	-	intransitives Verb
vi, vt	-	intransitives, transitives Verb
vt	-	transitives Verb
zähl.	-	zählbar
z.B.	-	zum Beispiel

Norwegisch. Abkürzungen

f	-	Femininum
f pl	-	Femininum plural
m	-	Maskulinum
m pl	-	Maskulinum plural
m/f	-	Maskulinum, Femininum
m/f pl	-	Maskulinum/Femininum plural
m/f/n	-	Maskulinum/Femininum/Neutrum
m/n	-	Maskulinum, Neutrum
n	-	Neutrum
n pl	-	Neutrum plural
pl	-	Plural

GRUNDBEGRIFFE

Grundbegriffe. Teil 1

1. Pronomen

ich	jeg	['jæj]
du	du	[dʉ]
er	han	['han]
sie	hun	['hʉn]
es	det, den	['de], ['den]
wir	vi	['vi]
ihr	dere	['derə]
sie	de	['de]

2. Grüße. Begrüßungen. Verabschiedungen

Hallo! (ugs.)	Hei!	['hæj]
Hallo! (Amtsspr.)	Hallo! God dag!	[ha'lʉ], [gʊ 'da]
Guten Morgen!	God morn!	[gʊ 'mɔːn̩]
Guten Tag!	God dag!	[gʊ'da]
Guten Abend!	God kveld!	[gʊ 'kvɛl]

grüßen (vi, vt)	å hilse	[ɔ 'hilsə]
Hallo! (ugs.)	Hei!	['hæj]
Gruß (m)	hilsen (m)	['hilsən]
begrüßen (vt)	å hilse	[ɔ 'hilsə]
Wie geht es Ihnen?	Hvordan står det til?	['vʊːḍan stoːr de til]
Wie geht's dir?	Hvordan går det?	['vʊːḍan gor de]
Was gibt es Neues?	Hva nytt?	[va 'nʏt]

Auf Wiedersehen!	Ha det bra!	[ha de 'bra]
Wiedersehen! Tschüs!	Ha det!	[ha 'de]
Bis bald!	Vi ses!	[vi sɛs]
Lebe wohl! Leben Sie wohl!	Farvel!	[far'vɛl]
sich verabschieden	å si farvel	[ɔ 'si far'vɛl]
Tschüs!	Ha det!	[ha 'de]

Danke!	Takk!	['tak]
Dankeschön!	Tusen takk!	['tʉsen tak]
Bitte (Antwort)	Bare hyggelig	['barə 'hʏgeli]
Keine Ursache.	Ikke noe å takke for!	['ike 'nʊe ɔ 'take fɔr]
Nichts zu danken.	Ingen årsak!	['iŋən 'oːʂak]
Entschuldige!	Unnskyld, ...	['ʉn‚syl ...]
Entschuldigung!	Unnskyld meg, ...	['ʉn‚syl me ...]

entschuldigen (vt)	å unnskylde	[ɔ 'ʉnˌʂylə]
sich entschuldigen	å unnskylde seg	[ɔ 'ʉnˌʂylə sæj]
Verzeihung!	Jeg ber om unnskyldning	[jæj ber ɔm 'ʉnˌʂyldniŋ]
Es tut mir leid!	Unnskyld!	['ʉnˌʂyl]
verzeihen (vt)	å tilgi	[ɔ 'tilˌji]
Das macht nichts!	Ikke noe problem	['ikə 'nʉe prʉ'blem]
bitte (Die Rechnung, ~!)	vær så snill	['vær ʂɔ 'snil]

Nicht vergessen!	Ikke glem!	['ikə 'glem]
Natürlich!	Selvfølgelig!	[sɛl'følgəli]
Natürlich nicht!	Selvfølgelig ikke!	[sɛl'følgəli 'ikə]
Gut! Okay!	OK! Enig!	[ɔ'kɛj], ['ɛni]
Es ist genug!	Det er nok!	[de ær 'nɔk]

3. Jemanden ansprechen

Entschuldigen Sie!	Unnskyld, ...	['ʉnˌʂyl ...]
Herr	Herr	['hær]
Frau	Fru	['frʉ]
Frau (Fräulein)	Frøken	['frøkən]
Junger Mann	unge mann	['ʉŋə ˌmɑn]
Junge	guttunge	['gʉtˌʉŋə]
Mädchen	frøken	['frøkən]

4. Grundzahlen. Teil 1

null	null	['nʉl]
eins	en	['en]
zwei	to	['tʉ]
drei	tre	['tre]
vier	fire	['fire]

fünf	fem	['fɛm]
sechs	seks	['sɛks]
sieben	sju	['ʂʉ]
acht	åtte	['ɔtə]
neun	ni	['ni]

zehn	ti	['ti]
elf	elleve	['ɛlvə]
zwölf	tolv	['tɔl]
dreizehn	tretten	['trɛtən]
vierzehn	fjorten	['fjɔːtən]

fünfzehn	femten	['fɛmtən]
sechzehn	seksten	['sæjstən]
siebzehn	sytten	['sʏtən]
achtzehn	atten	['atən]
neunzehn	nitten	['nitən]

| zwanzig | tjue | ['çʉe] |
| einundzwanzig | tjueen | ['çʉe en] |

15

zweiundzwanzig	tjueto	['çʉe tʊ]
dreiundzwanzig	tjuetre	['çʉe tre]

dreißig	tretti	['trɛti]
einunddreißig	trettien	['trɛti en]
zweiunddreißig	trettito	['trɛti tʊ]
dreiunddreißig	trettitre	['trɛti tre]

vierzig	førti	['fœ:ţi]
einundvierzig	førtien	['fœ:ţi en]
zweiundvierzig	førtito	['fœ:ţi tʊ]
dreiundvierzig	førtitre	['fœ:ţi tre]

fünfzig	femti	['fɛmti]
einundfünfzig	femtien	['fɛmti en]
zweiundfünfzig	femtito	['fɛmti tʊ]
dreiundfünfzig	femtitre	['fɛmti tre]

sechzig	seksti	['sɛksti]
einundsechzig	sekstien	['sɛksti en]
zweiundsechzig	sekstito	['sɛksti tʊ]
dreiundsechzig	sekstitre	['sɛksti tre]

siebzig	sytti	['sʏti]
einundsiebzig	syttien	['sʏti en]
zweiundsiebzig	syttito	['sʏti tʊ]
dreiundsiebzig	syttitre	['sʏti tre]

achtzig	åtti	['ɔti]
einundachtzig	åttien	['ɔti en]
zweiundachtzig	åttito	['ɔti tʊ]
dreiundachtzig	åttitre	['ɔti tre]

neunzig	nitti	['niti]
einundneunzig	nittien	['niti en]
zweiundneunzig	nittito	['niti tʊ]
dreiundneunzig	nittitre	['niti tre]

5. Grundzahlen. Teil 2

einhundert	hundre	['hʉndrə]
zweihundert	to hundre	['tʊ ˌhʉndrə]
dreihundert	tre hundre	['tre ˌhʉndrə]
vierhundert	fire hundre	['fire ˌhʉndrə]
fünfhundert	fem hundre	['fɛm ˌhʉndrə]

sechshundert	seks hundre	['sɛks ˌhʉndrə]
siebenhundert	syv hundre	['sʏv ˌhʉndrə]
achthundert	åtte hundre	['ɔtə ˌhʉndrə]
neunhundert	ni hundre	['ni ˌhʉndrə]

eintausend	tusen	['tʉsən]
zweitausend	to tusen	['tʊ ˌtʉsən]
dreitausend	tre tusen	['tre ˌtʉsən]

zehntausend	ti tusen	['ti ˌtʉsən]
hunderttausend	hundre tusen	['hʉndrə ˌtʉsən]
Million (f)	million (m)	[mi'ljun]
Milliarde (f)	milliard (m)	[mi'lja:ɖ]

6. Ordnungszahlen

der erste	første	['fœʂtə]
der zweite	annen	['anən]
der dritte	tredje	['trɛdjə]
der vierte	fjerde	['fjærə]
der fünfte	femte	['fɛmtə]

der sechste	sjette	['ʂɛtə]
der siebte	sjuende	['ʂʉenə]
der achte	åttende	['ɔtenə]
der neunte	niende	['nienə]
der zehnte	tiende	['tienə]

7. Zahlen. Brüche

Bruch (m)	brøk (m)	['brøk]
Hälfte (f)	en halv	[en 'hal]
Drittel (n)	en tredjedel	[en 'trɛdjeˌdel]
Viertel (n)	en fjerdedel	[en 'fjærəˌdel]

Achtel (m, n)	en åttendedel	[en 'ɔtenəˌdel]
Zehntel (n)	en tiendedel	[en 'tienəˌdel]
zwei Drittel	to tredjedeler	['tʉ 'trɛdjeˌdelər]
drei Viertel	tre fjerdedeler	['tre 'fjærˌdelər]

8. Zahlen. Grundrechenarten

Subtraktion (f)	subtraksjon (m)	[sʉbtrak'ʂun]
subtrahieren (vt)	å subtrahere	[ɔ 'subtraˌherə]
Division (f)	divisjon (m)	[divi'ʂun]
dividieren (vt)	å dividere	[ɔ divi'derə]

Addition (f)	addisjon (m)	[adi'ʂun]
addieren (vt)	å addere	[ɔ a'derə]
hinzufügen (vt)	å addere	[ɔ a'derə]
Multiplikation (f)	multiplikasjon (m)	[mʉltiplika'ʂun]
multiplizieren (vt)	å multiplisere	[ɔ mʉltipli'serə]

9. Zahlen. Verschiedenes

Ziffer (f)	siffer (n)	['sifər]
Zahl (f)	tall (n)	['tal]

Zahlwort (n)	tallord (n)	['tal‚uːr]
Minus (n)	minus (n)	['minʉs]
Plus (n)	pluss (n)	['plʉs]
Formel (f)	formel (m)	['formǝl]

Berechnung (f)	beregning (m/f)	[be'rɛjniŋ]
zählen (vt)	å telle	[ɔ 'tɛlǝ]
berechnen (vt)	å telle opp	[ɔ 'tɛlǝ ɔp]
vergleichen (vt)	å sammenlikne	[ɔ 'samǝn‚liknǝ]

Wie viel?	Hvor mye?	[vʉr 'mye]
Wie viele?	Hvor mange?	[vʉr 'maŋǝ]

Summe (f)	sum (m)	['sʉm]
Ergebnis (n)	resultat (n)	[resʉl'tat]
Rest (m)	rest (m)	['rɛst]

einige (~ Tage)	noen	['nʉǝn]
einige, ein paar	få, ikke mange	['fɔ], ['ikǝ ‚maŋǝ]
wenig (es kostet ~)	lite	['litǝ]
Übrige (n)	rest (m)	['rɛst]
anderthalb	halvannen	[hal'anǝn]
Dutzend (n)	dusin (n)	[dʉ'sin]

entzwei (Adv)	i 2 halvdeler	[i tʉ hal'delǝr]
zu gleichen Teilen	jevnt	['jɛvnt]
Hälfte (f)	halvdel (m)	['haldel]
Mal (n)	gang (m)	['gaŋ]

10. Die wichtigsten Verben. Teil 1

abbiegen (nach links ~)	å svinge	[ɔ 'sviŋǝ]
abschicken (vt)	å sende	[ɔ 'sɛnǝ]
ändern (vt)	å endre	[ɔ 'ɛndrǝ]
andeuten (vt)	å gi et vink	[ɔ 'ji et 'vink]
Angst haben	å frykte	[ɔ 'frʏktǝ]

ankommen (vi)	å ankomme	[ɔ 'an‚kɔmǝ]
antworten (vi)	å svare	[ɔ 'svarǝ]
arbeiten (vi)	å arbeide	[ɔ 'ar‚bæjdǝ]
auf ... zählen	å regne med ...	[ɔ 'rɛjnǝ me ...]
aufbewahren (vt)	å beholde	[ɔ be'hɔlǝ]

aufschreiben (vt)	å skrive ned	[ɔ 'skrivǝ ne]
ausgehen (vi)	å gå ut	[ɔ 'gɔ ʉt]
aussprechen (vt)	å uttale	[ɔ 'ʉt‚talǝ]
bedauern (vt)	å beklage	[ɔ be'klagǝ]
bedeuten (vt)	å bety	[ɔ 'bety]
beenden (vt)	å slutte	[ɔ 'slʉtǝ]

befehlen (Milit.)	å beordre	[ɔ be'ordrǝ]
befreien (Stadt usw.)	å befri	[ɔ be'fri]
beginnen (vt)	å begynne	[ɔ be'jinǝ]
bemerken (vt)	å bemerke	[ɔ be'mærkǝ]

beobachten (vt)	å observere	[ɔ ɔbsɛr'verə]
berühren (vt)	å røre	[ɔ 'rørə]
besitzen (vt)	å besidde, å eie	[ɔ bɛ'sidə], [ɔ 'æjə]
besprechen (vt)	å diskutere	[ɔ disku'terə]
bestehen auf	å insistere	[ɔ insi'sterə]
bestellen (im Restaurant)	å bestille	[ɔ be'stilə]

bestrafen (vt)	å straffe	[ɔ 'strɑfə]
beten (vi)	å be	[ɔ 'be]
bitten (vt)	å be	[ɔ 'be]
brechen (vt)	å bryte	[ɔ 'brytə]
denken (vi, vt)	å tenke	[ɔ 'tɛnkə]

drohen (vi)	å true	[ɔ 'truə]
Durst haben	å være tørst	[ɔ 'værə 'tœʂt]
einladen (vt)	å innby, å invitere	[ɔ 'inby], [ɔ invi'terə]
einstellen (vt)	å slutte	[ɔ 'ʂlutə]
einwenden (vt)	å innvende	[ɔ 'in,vɛnə]
empfehlen (vt)	å anbefale	[ɔ 'ɑnbe,fɑlə]

erklären (vt)	å forklare	[ɔ fɔr'klɑrə]
erlauben (vt)	å tillate	[ɔ 'ti,lɑtə]
ermorden (vt)	å døde, å myrde	[ɔ 'dødə], [ɔ 'mʏːɖə]
erwähnen (vt)	å omtale, å nevne	[ɔ 'ɔm,tɑlə], [ɔ 'nɛvnə]
existieren (vi)	å eksistere	[ɔ ɛksi'sterə]

11. Die wichtigsten Verben. Teil 2

fallen (vi)	å falle	[ɔ 'fɑlə]
fallen lassen	å tappe	[ɔ 'tɑpə]
fangen (vt)	å fange	[ɔ 'fɑŋə]
finden (vt)	å finne	[ɔ 'finə]
fliegen (vi)	å fly	[ɔ 'fly]

folgen (Folge mir!)	å følge etter …	[ɔ 'følə 'ɛtər …]
fortsetzen (vt)	å fortsette	[ɔ 'fɔrt,ʂɛtə]
fragen (vt)	å spørre	[ɔ 'spørə]
frühstücken (vi)	å spise frokost	[ɔ 'spisə ,frʊkɔst]
geben (vt)	å gi	[ɔ 'ji]

gefallen (vi)	å like	[ɔ 'likə]
gehen (zu Fuß gehen)	å gå	[ɔ 'gɔ]
gehören (vi)	å tilhøre …	[ɔ 'til,hørə …]
graben (vt)	å grave	[ɔ 'grɑvə]

haben (vt)	å ha	[ɔ 'hɑ]
helfen (vi)	å hjelpe	[ɔ 'jɛlpə]
herabsteigen (vi)	å gå ned	[ɔ 'gɔ ne]
hereinkommen (vi)	å komme inn	[ɔ 'kɔmə in]

hoffen (vi)	å håpe	[ɔ 'hoːpə]
hören (vt)	å høre	[ɔ 'hørə]
hungrig sein	å være sulten	[ɔ 'værə 'sultən]
informieren (vt)	å informere	[ɔ infɔr'merə]

jagen (vi)	å jage	[ɔ 'jagə]
kennen (vt)	å kjenne	[ɔ 'çɛnə]
klagen (vi)	å klage	[ɔ 'klagə]
können (v mod)	å kunne	[ɔ 'kʉnə]
kontrollieren (vt)	å kontrollere	[ɔ kʉntrɔ'lerə]
kosten (vt)	å koste	[ɔ 'kɔstə]

kränken (vt)	å fornærme	[ɔ fɔ:'ŋærmə]
lächeln (vi)	å smile	[ɔ 'smilə]
lachen (vi)	å le, å skratte	[ɔ 'le], [ɔ 'skratə]
laufen (vi)	å løpe	[ɔ 'løpə]
leiten (Betrieb usw.)	å styre, å lede	[ɔ 'styrə], [ɔ 'ledə]

lernen (vt)	å studere	[ɔ stʉ'derə]
lesen (vi, vt)	å lese	[ɔ 'lesə]
lieben (vt)	å elske	[ɔ 'ɛlskə]
machen (vt)	å gjøre	[ɔ 'jørə]

mieten (Haus usw.)	å leie	[ɔ 'læjə]
nehmen (vt)	å ta	[ɔ 'ta]
noch einmal sagen	å gjenta	[ɔ 'jenta]
nötig sein	å være behøv	[ɔ 'værə bə'høv]
öffnen (vt)	å åpne	[ɔ 'ɔpnə]

12. Die wichtigsten Verben. Teil 3

planen (vt)	å planlegge	[ɔ 'plan,legə]
prahlen (vi)	å prale	[ɔ 'pralə]
raten (vt)	å råde	[ɔ 'ro:də]
rechnen (vt)	å telle	[ɔ 'tɛlə]
reservieren (vt)	å reservere	[ɔ resɛr'verə]

retten (vt)	å redde	[ɔ 'rɛdə]
richtig raten (vt)	å gjette	[ɔ 'jɛtə]
rufen (um Hilfe ~)	å tilkalle	[ɔ 'til,kalə]
sagen (vt)	å si	[ɔ 'si]
schaffen (Etwas Neues zu ~)	å opprette	[ɔ 'ɔp,rɛtə]

schelten (vt)	å skjelle	[ɔ 'şɛ:lə]
schießen (vi)	å skyte	[ɔ 'şytə]
schmücken (vt)	å pryde	[ɔ 'prydə]
schreiben (vi, vt)	å skrive	[ɔ 'skrivə]
schreien (vi)	å skrike	[ɔ 'skrikə]

schweigen (vi)	å tie	[ɔ 'tie]
schwimmen (vi)	å svømme	[ɔ 'svœmə]
schwimmen gehen	å bade	[ɔ 'badə]
sehen (vi, vt)	å se	[ɔ 'se]

sein (vi)	å være	[ɔ 'værə]
sich beeilen	å skynde seg	[ɔ 'şynə sæj]
sich entschuldigen	å unnskylde seg	[ɔ 'ʉn,şylə sæj]
sich interessieren	å interessere seg	[ɔ intəre'serə sæj]
sich irren	å gjøre feil	[ɔ 'jørə ,fæjl]

sich setzen	à sette seg	[ɔ 'sɛtə sæj]
sich weigern	à vegre seg	[ɔ 'vɛgrə sæj]
spielen (vi, vt)	à leke	[ɔ 'lekə]

sprechen (vi)	à tale	[ɔ 'talə]
staunen (vi)	à bli forundret	[ɔ 'bli fo'rʉndrət]
stehlen (vt)	à stjele	[ɔ 'stjelə]
stoppen (vt)	à stoppe	[ɔ 'stɔpə]
suchen (vt)	à søke ...	[ɔ 'søkə ...]

13. Die wichtigsten Verben. Teil 4

täuschen (vt)	à fuske	[ɔ 'fʉskə]
teilnehmen (vi)	à delta	[ɔ 'dɛlta]
übersetzen (Buch usw.)	à oversette	[ɔ 'ovə‚sɛtə]
unterschätzen (vt)	à undervurdere	[ɔ 'ʉnərvʉ:‚derə]
unterschreiben (vt)	à underskrive	[ɔ 'ʉnə‚skrivə]

vereinigen (vt)	à forene	[ɔ fo'renə]
vergessen (vt)	à glemme	[ɔ 'gleme]
vergleichen (vt)	à sammenlikne	[ɔ 'samən‚liknə]
verkaufen (vt)	à selge	[ɔ 'sɛlə]
verlangen (vt)	à kreve	[ɔ 'krevə]

versäumen (vt)	à skulke	[ɔ 'skʉlkə]
versprechen (vt)	à love	[ɔ 'lɔvə]
verstecken (vt)	à gjemme	[ɔ 'jɛmə]
verstehen (vt)	à forstå	[ɔ fo'ʂtɔ]
versuchen (vt)	à prøve	[ɔ 'prøvə]
verteidigen (vt)	à forsvare	[ɔ fo'ʂvarə]
vertrauen (vi)	à stole på	[ɔ 'stʉlə pɔ]
verwechseln (vt)	à forveksle	[ɔ for'vɛkʂlə]
verzeihen (vi, vt)	à unnskylde	[ɔ 'ʉn‚sylə]
verzeihen (vt)	à tilgi	[ɔ 'til‚ji]
voraussehen (vt)	à forutse	[ɔ 'forʉt‚sə]

vorschlagen (vt)	à foreslå	[ɔ 'forə‚ʂlɔ]
vorziehen (vt)	à foretrekke	[ɔ 'forə‚trɛkə]
wählen (vt)	à velge	[ɔ 'vɛlgə]
warnen (vt)	à varsle	[ɔ 'vaʂlə]
warten (vi)	à vente	[ɔ 'vɛntə]
weinen (vi)	à gråte	[ɔ 'gro:tə]

wissen (vt)	à vite	[ɔ 'vitə]
Witz machen	à spøke	[ɔ 'spøkə]
wollen (vt)	à ville	[ɔ 'vilə]
zahlen (vt)	à betale	[ɔ be'talə]
zeigen (jemandem etwas)	à vise	[ɔ 'visə]

zu Abend essen	à spise middag	[ɔ 'spisə 'mi‚da]
zu Mittag essen	à spise lunsj	[ɔ 'spisə ‚lʉnʂ]
zubereiten (vt)	à lage	[ɔ 'lagə]
zustimmen (vi)	à samtykke	[ɔ 'sam‚tykə]
zweifeln (vi)	à tvile	[ɔ 'tvilə]

14. Farben

Farbe (f)	farge (m)	['fɑrgə]
Schattierung (f)	nyanse (m)	[ny'ɑnse]
Farbton (m)	fargetone (m)	['fɑrgə,tʉnə]
Regenbogen (m)	regnbue (m)	['ræjn,bʉːə]

weiß	hvit	['vit]
schwarz	svart	['svɑːʈ]
grau	grå	['grɔ]

grün	grønn	['grœn]
gelb	gul	['gʉl]
rot	rød	['rø]

blau	blå	['blɔ]
hellblau	lyseblå	['lysə,blɔ]
rosa	rosa	['rɔsɑ]
orange	oransje	[ɔ'rɑnʂɛ]
violett	fiolett	[fiʊ'lət]
braun	brun	['brʉn]

golden	gullgul	['gʉl]
silbrig	sølv-	['søl-]

beige	beige	['bɛːʂ]
cremefarben	kremfarget	['krɛm,fɑrgət]
türkis	turkis	[tʉr'kis]
kirschrot	kirsebærrød	['çiʂəbær,rød]
lila	lilla	['lilɑ]
himbeerrot	karminrød	['kɑrmʊ'sin,rød]

hell	lys	['lys]
dunkel	mørk	['mœrk]
grell	klar	['klɑr]

Farb- (z.B. -stifte)	farge-	['fɑrgə-]
Farb- (z.B. -film)	farge-	['fɑrgə-]
schwarz-weiß	svart-hvit	['svɑːʈ vit]
einfarbig	ensfarget	['ɛns,fɑrgət]
bunt	mangefarget	['mɑŋə,fɑrgət]

15. Fragen

Wer?	Hvem?	['vɛm]
Was?	Hva?	['vɑ]
Wo?	Hvor?	['vʊr]
Wohin?	Hvorhen?	['vʊrhen]
Woher?	Hvorfra?	['vʊrfrɑ]
Wann?	Når?	[nɔr]
Wozu?	Hvorfor?	['vʊrfʊr]
Warum?	Hvorfor?	['vʊrfʊr]
Wofür?	Hvorfor?	['vʊrfʊr]

| Wie? | Hvordan? | ['vu:dan] |
| Welcher? | Hvilken? | ['vilkən] |

Wem?	Til hvem?	[til 'vɛm]
Über wen?	Om hvem?	[ɔm 'vɛm]
Wovon? (~ sprichst du?)	Om hva?	[ɔm 'va]
Mit wem?	Med hvem?	[me 'vɛm]

Wie viele?	Hvor mange?	[vur 'maŋə]
Wie viel?	Hvor mye?	[vur 'mye]
Wessen?	Hvis?	['vis]

16. Präpositionen

mit (Frau ~ Katzen)	med	[me]
ohne (~ Dich)	uten	['ʉtən]
nach (~ London)	til	['til]
über (~ Geschäfte sprechen)	om	['ɔm]
vor (z.b. ~ acht Uhr)	før	['før]
vor (z.b. ~ dem Haus)	foran, framfor	['fɔran], ['framfɔr]

unter (~ dem Schirm)	under	['ʉnər]
über (~ dem Meeresspiegel)	over	['ɔvər]
auf (~ dem Tisch)	på	['pɔ]
aus (z.b. ~ München)	fra	['fra]
aus (z.b. ~ Porzellan)	av	[a:]

| in (~ zwei Tagen) | om | ['ɔm] |
| über (~ zaun) | over | ['ɔvər] |

17. Funktionswörter. Adverbien. Teil 1

Wo?	Hvor?	['vur]
hier	her	['hɛr]
dort	der	['dɛr]

| irgendwo | et sted | [et 'sted] |
| nirgends | ingensteds | ['iŋən‚stɛts] |

| an (bei) | ved | ['ve] |
| am Fenster | ved vinduet | [ve 'vindʉə] |

Wohin?	Hvorhen?	['vurhen]
hierher	hit	['hit]
dahin	dit	['dit]
von hier	herfra	['hɛr‚fra]
von da	derfra	['dɛr‚fra]

nah (Adv)	nær	['nær]
weit, fern (Adv)	langt	['laŋt]
in der Nähe von ...	nær	['nær]
in der Nähe	i nærheten	[i 'nær‚hetən]

unweit (~ unseres Hotels)	**ikke langt**	['ikə 'laŋt]
link (Adj)	**venstre**	['vɛnstrə]
links (Adv)	**til venstre**	[til 'vɛnstrə]
nach links	**til venstre**	[til 'vɛnstrə]
recht (Adj)	**høyre**	['højrə]
rechts (Adv)	**til høyre**	[til 'højrə]
nach rechts	**til høyre**	[til 'højrə]
vorne (Adv)	**foran**	['fɔran]
Vorder-	**fremre**	['frɛmrə]
vorwärts	**fram**	['fram]
hinten (Adv)	**bakom**	['bakɔm]
von hinten	**bakfra**	['bak‚fra]
rückwärts (Adv)	**tilbake**	[til'bakə]
Mitte (f)	**midt** (m)	['mit]
in der Mitte	**i midten**	[i 'mitən]
seitlich (Adv)	**fra siden**	[fra 'sidən]
überall (Adv)	**overalt**	[ɔvər'alt]
ringsherum (Adv)	**rundt omkring**	['runt ɔm'kriŋ]
von innen (Adv)	**innefra**	['inə‚fra]
irgendwohin (Adv)	**et sted**	[et 'sted]
geradeaus (Adv)	**rett, direkte**	['rɛt], ['di'rɛktə]
zurück (Adv)	**tilbake**	[til'bakə]
irgendwoher (Adv)	**et eller annet steds fra**	[et 'elər ‚aːnt 'stɛts fra]
von irgendwo (Adv)	**et eller annet steds fra**	[et 'elər ‚aːnt 'stɛts fra]
erstens	**for det første**	[for de 'fœʂtə]
zweitens	**for det annet**	[for de 'aːnt]
drittens	**for det tredje**	[for de 'trɛdje]
plötzlich (Adv)	**plutselig**	['plutseli]
zuerst (Adv)	**i begynnelsen**	[i be'jinəlsən]
zum ersten Mal	**for første gang**	[for 'fœʂtə ‚gaŋ]
lange vor...	**lenge før ...**	['leŋə 'før ...]
von Anfang an	**på nytt**	[pɔ 'nʏt]
für immer	**for godt**	[for 'gɔt]
nie (Adv)	**aldri**	['aldri]
wieder (Adv)	**igjen**	[i'jɛn]
jetzt (Adv)	**nå**	['nɔ]
oft (Adv)	**ofte**	['ɔftə]
damals (Adv)	**da**	['da]
dringend (Adv)	**omgående**	['ɔm‚gɔːnə]
gewöhnlich (Adv)	**vanligvis**	['vanli‚vis]
übrigens, ...	**forresten, ...**	[fo'rɛstən ...]
möglicherweise (Adv)	**mulig, kanskje**	['muli], ['kanʂə]
wahrscheinlich (Adv)	**sannsynligvis**	[san'sʏnli‚vis]
vielleicht (Adv)	**kanskje**	['kanʂə]
außerdem ...	**dessuten, ...**	[des'utən ...]

deshalb ...	derfor ...	['dɛrfɔr ...]
trotz ...	på tross av ...	['pɔ 'trɔs ɑ: ...]
dank ...	takket være ...	['takət ˌværə ...]

was (~ ist denn?)	hva	['va]
das (~ ist alles)	at	[at]
etwas	noe	['nʊe]
irgendwas	noe	['nʊe]
nichts	ingenting	['iŋəntiŋ]

wer (~ ist ~?)	hvem	['vɛm]
jemand	noen	['nʊən]
irgendwer	noen	['nʊən]

niemand	ingen	['iŋən]
nirgends	ingensteds	['iŋənˌstɛts]
niemandes (~ Eigentum)	ingens	['iŋəns]
jemandes	noens	['nʊəns]

so (derart)	så	['sɔ:]
auch	også	['ɔsɔ]
ebenfalls	også	['ɔsɔ]

18. Funktionswörter. Adverbien. Teil 2

Warum?	Hvorfor?	['vʊrfʊr]
aus irgendeinem Grund	av en eller annen grunn	[a: en elər 'anən ˌgrʉn]
weil ...	fordi ...	[fɔ'di ...]
zu irgendeinem Zweck	av en eller annen grunn	[a: en elər 'anən ˌgrʉn]

und	og	['ɔ]
oder	eller	['elər]
aber	men	['men]
für (präp)	for, til	[fɔr], [til]

zu (~ viele)	for, altfor	['fɔr], ['altfɔr]
nur (~ einmal)	bare	['barə]
genau (Adv)	presis, eksakt	[prɛ'sis], [ɛk'sakt]
etwa	cirka	['sirka]

ungefähr (Adv)	omtrent	[ɔm'trɛnt]
ungefähr (Adj)	omtrentlig	[ɔm'trɛntli]
fast	nesten	['nɛstən]
Übrige (n)	rest (m)	['rɛst]

der andere	den annen	[den 'anən]
andere	andre	['andrə]
jeder (~ Mann)	hver	['vɛr]
beliebig (Adj)	hvilken som helst	['vilkən sɔm 'hɛlst]
viel	mye	['mye]
viele Menschen	mange	['maŋə]
alle (wir ~)	alle	['alə]
im Austausch gegen ...	til gjengjeld for ...	[til 'jɛnjɛl fɔr ...]
dafür (Adv)	istedenfor	[i'stedenˌfɔr]

| mit der Hand (Hand-) | for hånd | [fɔr 'hɔn] |
| schwerlich (Adv) | neppe | ['nepə] |

wahrscheinlich (Adv)	sannsynligvis	[sɑn'sʏnli͵vis]
absichtlich (Adv)	med vilje	[me 'vilje]
zufällig (Adv)	tilfeldigvis	[til'fɛldivis]

sehr (Adv)	meget	['meget]
zum Beispiel	for eksempel	[fɔr ɛk'sɛmpəl]
zwischen	mellom	['mɛlɔm]
unter (Wir sind ~ Mördern)	blant	['blɑnt]
so viele (~ Ideen)	så mye	['sɔː mye]
besonders (Adv)	særlig	['sæːli̡]

Grundbegriffe. Teil 2

reich (Adj)	rik	['rik]
arm (Adj)	fattig	['fɑti]
krank (Adj)	syk	['syk]
gesund (Adj)	frisk	['frisk]
groß (Adj)	stor	['stʊr]
klein (Adj)	liten	['litən]
schnell (Adv)	fort	['fʊːt]
langsam (Adv)	langsomt	['laŋsɔmt]
schnell (Adj)	hurtig	['høːʈi]
langsam (Adj)	langsom	['laŋsɔm]
froh (Adj)	glad	['glɑ]
traurig (Adj)	sørgmodig	[sør'mʊdi]
zusammen	sammen	['samən]
getrennt (Adv)	separat	[sepa'rɑt]
laut (~ lesen)	høyt	['højt]
still (~ lesen)	for seg selv	[fɔr sæj 'sɛl]
hoch (Adj)	høy	['høj]
niedrig (Adj)	lav	['lɑv]
tief (Adj)	dyp	['dyp]
flach (Adj)	grunn	['grʉn]
ja	ja	['ja]
nein	nei	['næj]
fern (Adj)	fjern	['fjæːn]
nah (Adj)	nær	['nær]
weit (Adv)	langt	['laŋt]
nebenan (Adv)	i nærheten	[i 'nær‚hetən]
lang (Adj)	lang	['laŋ]
kurz (Adj)	kort	['kʊːt]
gut (gütig)	god	['gʊ]
böse (der ~ Geist)	ond	['ʊn]

27

| verheiratet (Ehemann) | gift | ['jift] |
| ledig (Adj) | ugift | [ʉːˈjift] |

| verbieten (vt) | å forby | [ɔ forˈby] |
| erlauben (vt) | å tillate | [ɔ ˈtiˌlatə] |

| Ende (n) | slutt (m) | [ˈʂlʉt] |
| Anfang (m) | begynnelse (m) | [beˈjinəlsə] |

| link (Adj) | venstre | [ˈvɛnstrə] |
| recht (Adj) | høyre | [ˈhøjrə] |

| der erste | første | [ˈfœʂtə] |
| der letzte | sist | [ˈsist] |

| Verbrechen (n) | forbrytelse (m) | [forˈbrytəlsə] |
| Bestrafung (f) | straff (m) | [ˈstrɑf] |

| befehlen (vt) | å beordre | [ɔ beˈɔrdrə] |
| gehorchen (vi) | å underordne seg | [ɔ ˈʉnərˌɔrdnə sæj] |

| gerade (Adj) | rett | [ˈrɛt] |
| krumm (Adj) | kroket | [ˈkrɔkət] |

| Paradies (n) | paradis (n) | [ˈpɑrɑˌdis] |
| Hölle (f) | helvete (n) | [ˈhɛlvetə] |

| geboren sein | å fødes | [ɔ ˈfødə] |
| sterben (vi) | å dø | [ɔ ˈdø] |

| stark (Adj) | sterk | [ˈstærk] |
| schwach (Adj) | svak | [ˈsvɑk] |

| alt | gammel | [ˈgɑməl] |
| jung (Adj) | ung | [ˈʉŋ] |

| alt (Adj) | gammel | [ˈgɑməl] |
| neu (Adj) | ny | [ˈny] |

| hart (Adj) | hard | [ˈhɑr] |
| weich (Adj) | bløt | [ˈbløt] |

| warm (Adj) | varm | [ˈvɑrm] |
| kalt (Adj) | kald | [ˈkɑl] |

| dick (Adj) | tykk | [ˈtʏk] |
| mager (Adj) | tynn | [ˈtʏn] |

| eng (Adj) | smal | [ˈsmɑl] |
| breit (Adj) | bred | [ˈbre] |

| gut (Adj) | bra | [ˈbrɑ] |
| schlecht (Adj) | dårlig | [ˈdoːli̯] |

| tapfer (Adj) | tapper | [ˈtɑpər] |
| feige (Adj) | feig | [ˈfæjg] |

20. Wochentage

Montag (m)	mandag (m)	['manˌda]
Dienstag (m)	tirsdag (m)	['tiʂˌda]
Mittwoch (m)	onsdag (m)	['ʊnsˌda]
Donnerstag (m)	torsdag (m)	['toʂˌda]
Freitag (m)	fredag (m)	['frɛˌda]
Samstag (m)	lørdag (m)	['lørˌda]
Sonntag (m)	søndag (m)	['sønˌda]

heute	i dag	[i 'da]
morgen	i morgen	[i 'mɔːən]
übermorgen	i overmorgen	[i 'ɔvərˌmɔːən]
gestern	i går	[i 'gɔr]
vorgestern	i forgårs	[i 'forˌgoʂ]

Tag (m)	dag (m)	['da]
Arbeitstag (m)	arbeidsdag (m)	['arbæjdsˌda]
Feiertag (m)	festdag (m)	['fɛstˌda]
freier Tag (m)	fridag (m)	['friˌda]
Wochenende (n)	ukeslutt (m), helg (f)	['ʉkəˌslʉt], ['hɛlg]

den ganzen Tag	hele dagen	['helə 'dagən]
am nächsten Tag	neste dag	['nɛstə ˌda]
zwei Tage vorher	for to dager siden	[for tʉ 'dagər ˌsidən]
am Vortag	dagen før	['dagən 'før]
täglich (Adj)	daglig	['dagli]
täglich (Adv)	hver dag	['vɛr da]

Woche (f)	uke (m/f)	['ʉkə]
letzte Woche	siste uke	['sistə 'ʉkə]
nächste Woche	i neste uke	[i 'nɛstə 'ʉkə]
wöchentlich (Adj)	ukentlig	['ʉkəntli]
wöchentlich (Adv)	hver uke	['vɛr 'ʉkə]
zweimal pro Woche	to ganger per uke	['tʉ 'gaŋər per 'ʉkə]
jeden Dienstag	hver tirsdag	['vɛr 'tiʂda]

21. Stunden. Tag und Nacht

Morgen (m)	morgen (m)	['mɔːən]
morgens	om morgenen	[ɔm 'mɔːenən]
Mittag (m)	middag (m)	['miˌda]
nachmittags	om ettermiddagen	[ɔm 'ɛtərˌmidagən]

Abend (m)	kveld (m)	['kvɛl]
abends	om kvelden	[ɔm 'kvɛlən]
Nacht (f)	natt (m/f)	['nat]
nachts	om natta	[ɔm 'nata]
Mitternacht (f)	midnatt (m/f)	['midˌnat]

Sekunde (f)	sekund (m/n)	[se'kʉn]
Minute (f)	minutt (n)	[mi'nʉt]
Stunde (f)	time (m)	['timə]

eine halbe Stunde	halvtime (m)	['hal,timə]
Viertelstunde (f)	kvarter (n)	[kva:ţer]
fünfzehn Minuten	femten minutter	['femtən mi'nʉtər]
Tag und Nacht	døgn (n)	['døjn]

Sonnenaufgang (m)	soloppgang (m)	['sʉlɔp,gɑŋ]
Morgendämmerung (f)	daggry (n)	['dɑg,gry]
früher Morgen (m)	tidlig morgen (m)	['tili 'mɔːən]
Sonnenuntergang (m)	solnedgang (m)	['sʉlned,gɑŋ]

früh am Morgen	tidlig om morgenen	['tili ɔm 'mɔːenən]
heute Morgen	i morges	[i 'mɔrəs]
morgen früh	i morgen tidlig	[i 'mɔːən 'tili]

heute Mittag	i formiddag	[i 'fɔrmi,dɑ]
nachmittags	om ettermiddagen	[ɔm 'ɛtər,midɑgən]
morgen Nachmittag	i morgen ettermiddag	[i 'mɔːən 'ɛtər,midɑ]

| heute Abend | i kveld | [i 'kvɛl] |
| morgen Abend | i morgen kveld | [i 'mɔːən ,kvɛl] |

Punkt drei Uhr	presis klokka tre	[prɛ'sis 'klɔkɑ tre]
gegen vier Uhr	ved fire-tiden	[ve 'fire ,tidən]
um zwölf Uhr	innen klokken tolv	['inən 'klɔkən tɔl]

in zwanzig Minuten	om tjue minutter	[ɔm 'çʉə mi'nʉtər]
in einer Stunde	om en time	[ɔm en 'timə]
rechtzeitig (Adv)	i tide	[i 'tidə]

Viertel vor ...	kvart på ...	['kvɑːţ pɔ ...]
innerhalb einer Stunde	innen en time	['inən en 'timə]
alle fünfzehn Minuten	hvert kvarter	['vɛːţ kvɑ:'ţer]
Tag und Nacht	døgnet rundt	['døjne ,rʉnt]

22. Monate. Jahreszeiten

Januar (m)	januar (m)	['jɑnʉ,ɑr]
Februar (m)	februar (m)	['febrʉ,ɑr]
März (m)	mars (m)	['mɑʂ]
April (m)	april (m)	[ɑ'pril]
Mai (m)	mai (m)	['mɑj]
Juni (m)	juni (m)	['jʉni]

Juli (m)	juli (m)	['jʉli]
August (m)	august (m)	[aʉ'gʉst]
September (m)	september (m)	[sep'tɛmbər]
Oktober (m)	oktober (m)	[ɔk'tʉbər]
November (m)	november (m)	[nʉ'vɛmbər]
Dezember (m)	desember (m)	[de'sɛmbər]

Frühling (m)	vår (m)	['vɔːr]
im Frühling	om våren	[ɔm 'vɔːrən]
Frühlings-	vår-, vårlig	['vɔːr-], ['vɔː[i]
Sommer (m)	sommer (m)	['sɔmər]

| im Sommer | om sommeren | [ɔm 'sɔmerən] |
| Sommer- | sommer- | ['sɔmər-] |

Herbst (m)	høst (m)	['høst]
im Herbst	om høsten	[ɔm 'høstən]
Herbst-	høst-, høstlig	['høst-], ['høstli]

Winter (m)	vinter (m)	['vintər]
im Winter	om vinteren	[ɔm 'vinterən]
Winter-	vinter-	['vintər-]

Monat (m)	måned (m)	['moːnət]
in diesem Monat	denne måneden	['dɛnə 'moːnedən]
nächsten Monat	neste måned	['nɛstə 'moːnət]
letzten Monat	forrige måned	['foriə ˌmoːnət]

vor einem Monat	for en måned siden	[fɔr en 'moːnət ˌsidən]
über eine Monat	om en måned	[ɔm en 'moːnət]
in zwei Monaten	om to måneder	[ɔm 'tʊ 'moːnedər]
den ganzen Monat	hele måned	['helə 'moːnət]

monatlich (Adj)	månedlig	['moːnədli]
monatlich (Adv)	månedligt	['moːnedlət]
jeden Monat	hver måned	[ˌvɛr 'moːnət]
zweimal pro Monat	to ganger per måned	['tʊ 'gaŋər per 'moːnət]

Jahr (n)	år (n)	['ɔr]
dieses Jahr	i år	[i 'oːr]
nächstes Jahr	neste år	['nɛstə ˌoːr]
voriges Jahr	i fjor	[i 'fjɔr]

vor einem Jahr	for et år siden	[fɔr et 'oːr ˌsidən]
in einem Jahr	om et år	[ɔm et 'oːr]
in zwei Jahren	om to år	[ɔm 'tʊ 'oːr]
das ganze Jahr	hele året	['helə 'oːre]

jedes Jahr	hvert år	['vɛːt̪ 'oːr]
jährlich (Adj)	årlig	['oːli]
jährlich (Adv)	årlig, hvert år	['oːli], ['vɛːt̪ 'ɔr]
viermal pro Jahr	fire ganger per år	['fire 'gaŋər per 'oːr]

Datum (heutige ~)	dato (m)	['datʊ]
Datum (Geburts-)	dato (m)	['datʊ]
Kalender (m)	kalender (m)	[ka'lendər]

ein halbes Jahr	halvår (n)	['halˌoːr]
Halbjahr (n)	halvår (n)	['halˌoːr]
Saison (f)	årstid (m/f)	['oːs̪ˌtid]
Jahrhundert (n)	århundre (n)	['ɔrˌhʊndrə]

23. Zeit. Verschiedenes

| Zeit (f) | tid (m/f) | ['tid] |
| Augenblick (m) | øyeblikk (n) | ['øjəˌblik] |

Moment (m)	øyeblikk (n)	['øjǝ͵blik]
augenblicklich (Adj)	øyeblikkelig	['øjǝ͵blikǝli]
Zeitspanne (f)	tidsavsnitt (n)	['tids͵ɑfsnit]
Leben (n)	liv (n)	['liv]
Ewigkeit (f)	evighet (m)	['ɛvi͵het]

Epoche (f)	epoke (m)	[ɛ'puːkǝ]
Ära (f)	æra (m)	['æːrɑ]
Zyklus (m)	syklus (m)	['syklʉs]
Periode (f)	periode (m)	[pæri'ʉdǝ]
Frist (äußerste ~)	sikt (m)	['sikt]

Zukunft (f)	framtid (m/f)	['frɑm͵tid]
zukünftig (Adj)	framtidig, fremtidig	['frɑm͵tidi], ['frɛm͵tidi]
nächstes Mal	neste gang	['nɛstǝ ͵gɑŋ]
Vergangenheit (f)	fortid (m/f)	['foː͵tid]
vorig (Adj)	forrige	['foriǝ]
letztes Mal	siste gang	['sistǝ ͵gɑŋ]
später (Adv)	senere	['senerǝ]
danach	etterpå	['ɛtǝr͵pɔ]
zur Zeit	for nærværende	[for 'nær͵værnǝ]
jetzt	nå	['nɔ]
sofort	umiddelbart	['ʉmidǝl͵bɑːt]
bald	snart	['snɑːt]
im Voraus	på forhånd	[pɔ 'foːr͵hɔn]

lange her	for lenge siden	[for 'leŋǝ ͵sidǝn]
vor kurzem	nylig	['nyli]
Schicksal (n)	skjebne (m)	['ʂɛbnǝ]
Erinnerungen (pl)	minner (n pl)	['minǝr]
Archiv (n)	arkiv (n)	[ɑr'kiv]
während ...	under ...	['ʉnǝr ...]
lange (Adv)	lenge	['leŋǝ]
nicht lange (Adv)	ikke lenge	['ikǝ 'leŋǝ]
früh (~ am Morgen)	tidlig	['tili]
spät (Adv)	sent	['sɛnt]

für immer	for alltid	[for 'ɑl͵tid]
beginnen (vt)	å begynne	[ɔ be'jinǝ]
verschieben (vt)	å utsette	[ɔ 'ʉt͵sɛtǝ]

gleichzeitig	samtidig	['sɑm͵tidi]
ständig (Adv)	alltid, stadig	['ɑl͵tid], ['stɑdi]
konstant (Adj)	konstant	[kʉn'stɑnt]
zeitweilig (Adj)	midlertidig, temporær	['midlǝ͵tidi], ['tɛmpɔ͵rær]

manchmal	av og til	['ɑv ɔ ͵til]
selten (Adv)	sjelden	['ʂɛlǝn]
oft	ofte	['ɔftǝ]

24. Linien und Formen

| Quadrat (n) | kvadrat (n) | [kvɑ'drɑt] |
| quadratisch | kvadratisk | [kvɑ'drɑtisk] |

Kreis (m)	sirkel (m)	['sirkəl]
rund	rund	['rʉn]
Dreieck (n)	trekant (m)	['tre͜kɑnt]
dreieckig	trekantet	['tre͜kɑntət]

Oval (n)	oval (m)	[ʊ'vɑl]
oval	oval	[ʊ'vɑl]
Rechteck (n)	rektangel (n)	['rɛk͜tɑŋəl]
rechteckig	rettvinklet	['rɛt͜vinklət]

Pyramide (f)	pyramide (m)	[pyrɑ'midə]
Rhombus (m)	rombe (m)	['rʊmbə]
Trapez (n)	trapes (m/n)	[trɑ'pes]
Würfel (m)	kube, terning (m)	['kʉbə], ['tæːɳiŋ]
Prisma (n)	prisme (n)	['prismə]

Kreis (m)	omkrets (m)	['ɔm͜krɛts]
Sphäre (f)	sfære (m)	['sfærə]
Kugel (f)	kule (m/f)	['kʉːlə]
Durchmesser (m)	diameter (m)	['diɑ͜metər]
Radius (m)	radius (m)	['rɑdiʉs]
Umfang (m)	perimeter (n)	[peri'metər]
Zentrum (n)	midtpunkt (n)	['mit͜pʉnkt]

waagerecht (Adj)	horisontal	[hʉrisɔn'tɑl]
senkrecht (Adj)	loddrett, lodd-	['lɔd͜rɛt], ['lɔd-]
Parallele (f)	parallell (m)	[pɑrɑ'lel]
parallel (Adj)	parallell	[pɑrɑ'lel]

Linie (f)	linje (m)	['linjə]
Strich (m)	strek (m)	['strek]
Gerade (f)	rett linje (m/f)	['rɛt 'linjə]
Kurve (f)	kurve (m)	['kʉrvə]
dünn (schmal)	tynn	['tyn]
Kontur (f)	kontur (m)	[kʊn'tʉr]

Schnittpunkt (m)	skjæringspunkt (n)	['ʂæriŋs͜pʉnkt]
rechter Winkel (m)	rett vinkel (m)	['rɛt 'vinkəl]
Segment (n)	segment (n)	[seg'mɛnt]
Sektor (m)	sektor (m)	['sɛktʊr]
Seite (f)	side (m/f)	['sidə]
Winkel (m)	vinkel (m)	['vinkəl]

25. Maßeinheiten

Gewicht (n)	vekt (m)	['vɛkt]
Länge (f)	lengde (m/f)	['leŋdə]
Breite (f)	bredde (m)	['brɛdə]
Höhe (f)	høyde (m)	['højdə]
Tiefe (f)	dybde (m)	['dybdə]
Volumen (n)	volum (n)	[vɔ'lʉm]
Fläche (f)	areal (n)	[͜ɑre'ɑl]
Gramm (n)	gram (n)	['grɑm]
Milligramm (n)	milligram (n)	['mili͜grɑm]

33

Kilo (n)	kilogram (n)	['çilu‚gram]
Tonne (f)	tonn (m/n)	['ton]
Pfund (n)	pund (n)	['pʉn]
Unze (f)	unse (m)	['ʉnsə]

Meter (m)	meter (m)	['metər]
Millimeter (m)	millimeter (m)	['mili‚metər]
Zentimeter (m)	centimeter (m)	['sɛnti‚metər]
Kilometer (m)	kilometer (m)	['çilu‚metər]
Meile (f)	mil (m/f)	['mil]

Zoll (m)	tomme (m)	['tomə]
Fuß (m)	fot (m)	['fʊt]
Yard (n)	yard (m)	['ja:rd]

Quadratmeter (m)	kvadratmeter (m)	[kva'drat‚metər]
Hektar (n)	hektar (n)	['hɛktar]

Liter (m)	liter (m)	['litər]
Grad (m)	grad (m)	['grad]
Volt (n)	volt (m)	['volt]
Ampere (n)	ampere (m)	[am'pɛr]
Pferdestärke (f)	hestekraft (m/f)	['hɛstə‚kraft]

Anzahl (f)	mengde (m)	['mɛŋdə]
etwas ...	få ...	['fɔ ...]
Hälfte (f)	halvdel (m)	['haldel]
Dutzend (n)	dusin (n)	[dʉ'sin]
Stück (n)	stykke (n)	['stʏkə]

Größe (f)	størrelse (m)	['stœrəlsə]
Maßstab (m)	målestokk (m)	['mo:lə‚stok]

minimal (Adj)	minimal	[mini'mal]
der kleinste	minste	['minstə]
mittler, mittel-	middel-	['midəl-]
maximal (Adj)	maksimal	[maksi'mal]
der größte	største	['stœʂtə]

26. Behälter

Glas (Einmachglas)	glaskrukke (m/f)	['glas‚krʉkə]
Dose (z.B. Bierdose)	boks (m)	['boks]
Eimer (m)	bøtte (m/f)	['bœtə]
Fass (n), Tonne (f)	tønne (m)	['tœnə]

Waschschüssel (n)	vaskefat (n)	['vaskə‚fat]
Tank (m)	tank (m)	['tank]
Flachmann (m)	lommelerke (m/f)	['lumə‚lærkə]
Kanister (m)	bensinkanne (m/f)	[bɛn'sin‚kanə]
Zisterne (f)	tank (m)	['tank]

Kaffeebecher (m)	krus (n)	['krʉs]
Tasse (f)	kopp (m)	['kop]

Untertasse (f)	tefat (n)	['te‚fat]
Wasserglas (n)	glass (n)	['glas]
Weinglas (n)	vinglass (n)	['vin‚glas]
Kochtopf (m)	gryte (m/f)	['grytə]
Flasche (f)	flaske (m)	['flaskə]
Flaschenhals (m)	flaskehals (m)	['flaskə‚hals]
Karaffe (f)	karaffel (m)	[ka'rafəl]
Tonkrug (m)	mugge (m/f)	['mʉgə]
Gefäß (n)	beholder (m)	[be'hɔlər]
Tontopf (m)	pott, potte (m)	['pɔt], ['pɔtə]
Vase (f)	vase (m)	['vasə]
Flakon (n)	flakong (m)	[fla'kɔŋ]
Fläschchen (n)	flaske (m/f)	['flaskə]
Tube (z.B. Zahnpasta)	tube (m)	['tʉbə]
Sack (~ Kartoffeln)	sekk (m)	['sɛk]
Tüte (z.B. Plastiktüte)	pose (m)	['pʉsə]
Schachtel (z.B. Zigaretten~)	pakke (m/f)	['pakə]
Karton (z.B. Schuhkarton)	eske (m/f)	['ɛskə]
Kiste (z.B. Bananenkiste)	kasse (m/f)	['kasə]
Korb (m)	kurv (m)	['kʉrv]

27. Werkstoffe

Stoff (z.B. Baustoffe)	materiale (n)	[materi'alə]
Holz (n)	tre (n)	['trɛ]
hölzern	tre-, av tre	['trɛ-], [a: 'trɛ]
Glas (n)	glass (n)	['glas]
gläsern, Glas-	glass-	['glas-]
Stein (m)	stein (m)	['stæjn]
steinern	stein-	['stæjn-]
Kunststoff (m)	plast (m)	['plast]
Kunststoff-	plast-	['plast-]
Gummi (n)	gummi (m)	['gʉmi]
Gummi-	gummi-	['gʉmi-]
Stoff (m)	tøy (n)	['tøj]
aus Stoff	tøy-	['tøj-]
Papier (n)	papir (n)	[pa'pir]
Papier-	papir-	[pa'pir-]
Pappe (f)	papp, kartong (m)	['pap], [ka:'tɔŋ]
Pappen-	papp-, kartong-	['pap-], [ka:'tɔŋ-]
Polyäthylen (n)	polyetylen (n)	['pʉlyɛty‚len]

Zellophan (n)	cellofan (m)	[sɛlu'fɑn]
Linoleum (n)	linoleum (m)	[li'nɔleum]
Furnier (n)	kryssfiner (m)	['krʏsfiˌnɛr]

Porzellan (n)	porselen (n)	[pɔʂə'len]
aus Porzellan	porselens-	[pɔʂə'lens-]
Ton (m)	leir (n)	['læjr]
Ton-	leir-	['læjr-]
Keramik (f)	keramikk (m)	[çerɑ'mik]
keramisch	keramisk	[çe'rɑmisk]

28. Metalle

Metall (n)	metall (n)	[me'tɑl]
metallisch, Metall-	metall-	[me'tɑl-]
Legierung (f)	legering (m/f)	[le'geriŋ]

Gold (n)	gull (n)	['gʉl]
golden	av gull, gull-	[ɑː 'gʉl], ['gʉl-]
Silber (n)	sølv (n)	['søl]
silbern, Silber-	sølv-, av sølv	['søl-], [ɑː 'søl]

Eisen (n)	jern (n)	['jæːɳ]
eisern, Eisen-	jern-	['jæːɳ-]
Stahl (m)	stål (n)	['stɔl]
stählern	stål-	['stɔl-]
Kupfer (n)	kobber (n)	['kɔbər]
kupfern, Kupfer-	kobber-	['kɔbər-]

Aluminium (n)	aluminium (n)	[ɑlu'minium]
Aluminium-	aluminium-	[ɑlu'minium-]
Bronze (f)	bronse (m)	['brɔnsə]
bronzen	bronse-	['brɔnsə-]

Messing (n)	messing (m)	['mɛsiŋ]
Nickel (n)	nikkel (m)	['nikəl]
Platin (n)	platina (m/n)	['plɑtinɑ]
Quecksilber (n)	kvikksølv (n)	['kvikˌsøl]
Zinn (n)	tinn (n)	['tin]
Blei (n)	bly (n)	['bly]
Zink (n)	sink (m/n)	['sink]

DER MENSCH

Der Mensch. Körper

29. Menschen. Grundbegriffe

Mensch (m)	menneske (n)	['mɛnəskə]
Mann (m)	mann (m)	['man]
Frau (f)	kvinne (m/f)	['kvinə]
Kind (n)	barn (n)	['bɑːŋ]
Mädchen (n)	jente (m/f)	['jɛntə]
Junge (m)	gutt (m)	['gʉt]
Teenager (m)	tenåring (m)	['tɛnoːriŋ]
Greis (m)	eldre mann (m)	['ɛldrə ˌman]
alte Frau (f)	eldre kvinne (m/f)	['ɛldrə ˌkvinə]

30. Anatomie des Menschen

Organismus (m)	organisme (m)	[ɔrgɑ'nismə]
Herz (n)	hjerte (n)	['jæːʈə]
Blut (n)	blod (n)	['blʉ]
Arterie (f)	arterie (m)	[ɑːˈʈeriə]
Vene (f)	vene (m)	['veːnə]
Gehirn (n)	hjerne (m)	['jæːŋə]
Nerv (m)	nerve (m)	['nærvə]
Nerven (pl)	nerver (m pl)	['nærvər]
Wirbel (m)	ryggvirvel (m)	['rʏgˌvirvəl]
Wirbelsäule (f)	ryggrad (m)	['rʏgˌrad]
Magen (m)	magesekk (m)	['mɑgəˌsɛk]
Gedärm (n)	innvoller, tarmer (m pl)	['inˌvɔlər], ['tɑrmər]
Darm (z.B. Dickdarm)	tarm (m)	['tɑrm]
Leber (f)	lever (m)	['levər]
Niere (f)	nyre (m/n)	['nyrə]
Knochen (m)	bein (n)	['bæjn]
Skelett (n)	skjelett (n)	[ʂe'let]
Rippe (f)	ribbein (n)	['ribˌbæjn]
Schädel (m)	hodeskalle (m)	['hʉdəˌskɑlə]
Muskel (m)	muskel (m)	['mʉskəl]
Bizeps (m)	biceps (m)	['bisɛps]
Trizeps (m)	triceps (m)	['trisɛps]
Sehne (f)	sene (m/f)	['seːnə]
Gelenk (n)	ledd (n)	['led]

Lungen (pl)	lunger (m pl)	['luŋər]
Geschlechtsorgane (pl)	kjønnsorganer (n pl)	['çœns‚ɔr'ganər]
Haut (f)	hud (m/f)	['hud]

31. Kopf

Kopf (m)	hode (n)	['hudə]
Gesicht (n)	ansikt (n)	['ansikt]
Nase (f)	nese (m/f)	['nese]
Mund (m)	munn (m)	['mun]

Auge (n)	øye (n)	['øjə]
Augen (pl)	øyne (n pl)	['øjnə]
Pupille (f)	pupill (m)	[pu'pil]
Augenbraue (f)	øyenbryn (n)	['øjən‚bryn]
Wimper (f)	øyenvipp (m)	['øjən‚vip]
Augenlid (n)	øyelokk (m)	['øjə‚lɔk]

Zunge (f)	tunge (m/f)	['tuŋə]
Zahn (m)	tann (m/f)	['tan]
Lippen (pl)	lepper (m/f pl)	['lepər]
Backenknochen (pl)	kinnbein (n pl)	['çin‚bæjn]
Zahnfleisch (n)	tannkjøtt (n)	['tan‚çœt]
Gaumen (m)	gane (m)	['ganə]

Nasenlöcher (pl)	nesebor (n pl)	['nesə‚bur]
Kinn (n)	hake (m/f)	['hakə]
Kiefer (m)	kjeve (m)	['çɛvə]
Wange (f)	kinn (n)	['çin]

Stirn (f)	panne (m/f)	['panə]
Schläfe (f)	tinning (m)	['tiniŋ]
Ohr (n)	øre (n)	['ørə]
Nacken (m)	bakhode (n)	['bak‚hodə]
Hals (m)	hals (m)	['hals]
Kehle (f)	strupe, hals (m)	['strupə], ['hals]

Haare (pl)	hår (n pl)	['hɔr]
Frisur (f)	frisyre (m)	[fri'syrə]
Haarschnitt (m)	hårfasong (m)	['ho:rfa‚sɔŋ]
Perücke (f)	parykk (m)	[pa'rʏk]

Schnurrbart (m)	mustasje (m)	[mu'staʃə]
Bart (m)	skjegg (n)	['ʂɛg]
haben (einen Bart ~)	å ha	[ɔ 'ha]
Zopf (m)	flette (m/f)	['fletə]
Backenbart (m)	bakkenbarter (pl)	['bakən‚ba:‚tər]

rothaarig	rødhåret	['rø‚ho:rət]
grau	grå	['grɔ]
kahl	skallet	['skalət]
Glatze (f)	skallet flekk (m)	['skalət ‚flek]
Pferdeschwanz (m)	hestehale (m)	['hɛstə‚halə]
Pony (Ponyfrisur)	pannelugg (m)	['panə‚lug]

32. Menschlicher Körper

Hand (f)	hånd (m/f)	['hɔn]
Arm (m)	arm (m)	['arm]

Finger (m)	finger (m)	['fiŋər]
Zehe (f)	tå (m/f)	['tɔ]
Daumen (m)	tommel (m)	['tɔməl]
kleiner Finger (m)	lillefinger (m)	['lilə,fiŋər]
Nagel (m)	negl (m)	['nɛjl]

Faust (f)	knyttneve (m)	['knʏt,nevə]
Handfläche (f)	håndflate (m/f)	['hɔn,flatə]
Handgelenk (n)	håndledd (n)	['hɔn,led]
Unterarm (m)	underarm (m)	['ʉnər,arm]
Ellbogen (m)	albue (m)	['al,bʉə]
Schulter (f)	skulder (m)	['skʉldər]

Bein (n)	bein (n)	['bæjn]
Fuß (m)	fot (m)	['fʊt]
Knie (n)	kne (n)	['knɛ]
Wade (f)	legg (m)	['leg]
Hüfte (f)	hofte (m)	['hɔftə]
Ferse (f)	hæl (m)	['hæl]

Körper (m)	kropp (m)	['krɔp]
Bauch (m)	mage (m)	['magə]
Brust (f)	bryst (n)	['brʏst]
Busen (m)	bryst (n)	['brʏst]
Seite (f), Flanke (f)	side (m/f)	['sidə]
Rücken (m)	rygg (m)	['rʏg]
Kreuz (n)	korsrygg (m)	['kɔːʂ,rʏg]
Taille (f)	liv (n), midje (m/f)	['liv], ['midjə]

Nabel (m)	navle (m)	['navlə]
Gesäßbacken (pl)	rumpeballer (m pl)	['rʉmpə,balər]
Hinterteil (n)	bak (m)	['bak]

Leberfleck (m)	føflekk (m)	['fø,flek]
Muttermal (n)	fødselsmerke (n)	['føtsəls,mærke]
Tätowierung (f)	tatovering (m/f)	[tatʉ'vɛriŋ]
Narbe (f)	arr (n)	['ar]

Kleidung & Accessoires

33. Oberbekleidung. Mäntel

Kleidung (f)	**klær** (n)	['klær]
Oberkleidung (f)	**yttertøy** (n)	['ytə͵tøj]
Winterkleidung (f)	**vinterklær** (n pl)	['vintər͵klær]
Mantel (m)	**frakk** (m), **kåpe** (m/f)	['frɑk], ['ko:pə]
Pelzmantel (m)	**pels** (m), **pelskåpe** (m/f)	['pɛls], ['pɛls͵ko:pə]
Pelzjacke (f)	**pelsjakke** (m/f)	['pɛls͵jakə]
Daunenjacke (f)	**dunjakke** (m/f)	['dʉn͵jakə]
Jacke (z.B. Lederjacke)	**jakke** (m/f)	['jakə]
Regenmantel (m)	**regnfrakk** (m)	['ræjn͵frɑk]
wasserdicht	**vanntett**	['vɑn͵tɛt]

34. Herren- & Damenbekleidung

Hemd (n)	**skjorte** (m/f)	['ʂœ:tə]
Hose (f)	**bukse** (m)	['bʉksə]
Jeans (pl)	**jeans** (m)	['dʒins]
Jackett (n)	**dressjakke** (m/f)	['drɛs͵jakə]
Anzug (m)	**dress** (m)	['drɛs]
Damenkleid (n)	**kjole** (m)	['çulə]
Rock (m)	**skjørt** (n)	['ʂø:t]
Bluse (f)	**bluse** (m)	['blʉsə]
Strickjacke (f)	**strikket trøye** (m/f)	['strikə 'trøjə]
Jacke (Damen Kostüm)	**blazer** (m)	['blæsər]
T-Shirt (n)	**T-skjorte** (m/f)	['te͵ʂœ:tə]
Shorts (pl)	**shorts** (m)	['ʂɔ:ts]
Sportanzug (m)	**treningsdrakt** (m/f)	['treniŋs͵drɑkt]
Bademantel (m)	**badekåpe** (m/f)	['badə͵ko:pə]
Schlafanzug (m)	**pyjamas** (m)	[py'ʂamɑs]
Sweater (m)	**sweater** (m)	['svɛtər]
Pullover (m)	**pullover** (m)	[pʉ'lɔvər]
Weste (f)	**vest** (m)	['vɛst]
Frack (m)	**livkjole** (m)	['liv͵çulə]
Smoking (m)	**smoking** (m)	['smɔkiŋ]
Uniform (f)	**uniform** (m)	[ʉni'form]
Arbeitskleidung (f)	**arbeidsklær** (n pl)	['ɑrbæjds͵klær]
Overall (m)	**kjeledress, overall** (m)	['çelə͵drɛs], ['ovɛr͵ɔl]
Kittel (z.B. Arztkittel)	**kittel** (m)	['çitəl]

35. Kleidung. Unterwäsche

Unterwäsche (f)	undertøy (n)	['ʉnəˌtøj]
Herrenslip (m)	underbukse (m/f)	['ʉnərˌbʉksə]
Damenslip (m)	truse (m/f)	['trʉsə]
Unterhemd (n)	undertrøye (m/f)	['ʉnəˌtrøjə]
Socken (pl)	sokker (m pl)	['sɔkər]

Nachthemd (n)	nattkjole (m)	['natˌçʉlə]
Büstenhalter (m)	behå (m)	['beˌhɔ]
Kniestrümpfe (pl)	knestrømper (m/f pl)	['knɛˌstrømpər]
Strumpfhose (f)	strømpebukse (m/f)	['strømpəˌbʉksə]
Strümpfe (pl)	strømper (m/f pl)	['strømpər]
Badeanzug (m)	badedrakt (m/f)	['badəˌdrakt]

36. Kopfbekleidung

Mütze (f)	hatt (m)	['hat]
Filzhut (m)	hatt (m)	['hat]
Baseballkappe (f)	baseball cap (m)	['bɛjsbɔl kɛp]
Schiebermütze (f)	sikspens (m)	['sikspens]

Baskenmütze (f)	alpelue, baskerlue (m/f)	['alpəˌlʉə], ['baskəˌlʉə]
Kapuze (f)	hette (m/f)	['hɛtə]
Panamahut (m)	panamahatt (m)	['panamaˌhat]
Strickmütze (f)	strikket lue (m/f)	['strikəˌlʉə]

Kopftuch (n)	skaut (n)	['skaʊt]
Damenhut (m)	hatt (m)	['hat]

Schutzhelm (m)	hjelm (m)	['jɛlm]
Feldmütze (f)	båtlue (m/f)	['bɔtˌlʉə]
Helm (z.B. Motorradhelm)	hjelm (m)	['jɛlm]

Melone (f)	bowlerhatt, skalk (m)	['bɔʉlerˌhat], ['skalk]
Zylinder (m)	flosshatt (m)	['flɔsˌhat]

37. Schuhwerk

Schuhe (pl)	skotøy (n)	['skʊtøj]
Stiefeletten (pl)	skor (m pl)	['skʊr]
Halbschuhe (pl)	pumps (m pl)	['pʉmps]
Stiefel (pl)	støvler (m pl)	['støvlər]
Hausschuhe (pl)	tøfler (m pl)	['tøflər]

Tennisschuhe (pl)	tennissko (m pl)	['tɛnisˌskʊ]
Leinenschuhe (pl)	canvas sko (m pl)	['kanvas ˌskʊ]
Sandalen (pl)	sandaler (m pl)	[san'dalər]

Schuster (m)	skomaker (m)	['skʊˌmakər]
Absatz (m)	hæl (m)	['hæl]

Paar (n)	par (n)	['pɑr]
Schnürsenkel (m)	skolisse (m/f)	['skuˌlisə]
schnüren (vt)	å snøre	[ɔ 'snørə]
Schuhlöffel (m)	skohorn (n)	['skuˌhuːn̩]
Schuhcreme (f)	skokrem (m)	['skuˌkrɛm]

38. Textilien. Stoffe

Baumwolle (f)	bomull (m/f)	['buˌmʉl]
Baumwolle-	bomulls-	['buˌmʉls-]
Leinen (m)	lin (n)	['lin]
Leinen-	lin-	['lin-]

Seide (f)	silke (m)	['silkə]
Seiden-	silke-	['silkə-]
Wolle (f)	ull (m/f)	['ʉl]
Woll-	ull-, av ull	['ʉl-], ['ɑː ʉl]

Samt (m)	fløyel (m)	['fløjəl]
Wildleder (n)	semsket skinn (n)	['sɛmsket ˌʂin]
Cord (m)	kordfløyel (m/n)	['kɔːdˌfløjəl]

Nylon (n)	nylon (n)	['nyˌlɔn]
Nylon-	nylon-	['nyˌlɔn-]
Polyester (m)	polyester (m)	[puly'ɛstər]
Polyester-	polyester-	[puly'ɛstər-]

Leder (n)	lær, skinn (n)	['lær], ['ʂin]
Leder-	lær-, av lær	['lær-], ['ɑː lær]
Pelz (m)	pels (m)	['pɛls]
Pelz-	pels-	['pɛls-]

39. Persönliche Accessoires

Handschuhe (pl)	hansker (m pl)	['hanskər]
Fausthandschuhe (pl)	votter (m pl)	['vɔtər]
Schal (Kaschmir-)	skjerf (n)	['ʂærf]

Brille (f)	briller (m pl)	['brilər]
Brillengestell (n)	innfatning (m/f)	['inˌfatniŋ]
Regenschirm (m)	paraply (m)	[parɑ'ply]
Spazierstock (m)	stokk (m)	['stɔk]
Haarbürste (f)	hårbørste (m)	['hɔrˌbœʂtə]
Fächer (m)	vifte (m/f)	['viftə]

Krawatte (f)	slips (n)	['slips]
Fliege (f)	sløyfe (m/f)	['sløjfə]
Hosenträger (pl)	bukseseler (m pl)	['bʉksə'selər]
Taschentuch (n)	lommetørkle (n)	['lʉmeˌtœrklə]

Kamm (m)	kam (m)	['kɑm]
Haarspange (f)	hårspenne (m/f/n)	['hɔːrˌspɛnə]

| Haarnadel (f) | hårnål (m/f) | ['hɔːrˌnol] |
| Schnalle (f) | spenne (m/f/n) | ['spɛnə] |

| Gürtel (m) | belte (m) | ['bɛltə] |
| Umhängegurt (m) | skulderreim, rem (m/f) | ['skʉldəˌræjm], ['rem] |

Tasche (f)	veske (m/f)	['vɛskə]
Handtasche (f)	håndveske (m/f)	['hɔnˌvɛskə]
Rucksack (m)	ryggsekk (m)	['rʏgˌsɛk]

40. Kleidung. Verschiedenes

Mode (f)	mote (m)	['mʉtə]
modisch	moteriktig	['mʉtəˌrikti]
Modedesigner (m)	moteskaper (m)	['mʉtəˌskɑpər]

Kragen (m)	krage (m)	['krɑgə]
Tasche (f)	lomme (m/f)	['lʊmə]
Taschen-	lomme-	['lʊmə-]
Ärmel (m)	erme (n)	['ærmə]
Aufhänger (m)	hempe (m)	['hɛmpə]
Hosenschlitz (m)	gylf, buksesmekk (m)	['gylf], ['bʉksəˌsmɛk]

Reißverschluss (m)	glidelås (m/n)	['glidəˌlɔs]
Verschluss (m)	hekte (m/f), knepping (m)	['hɛktə], ['knɛpiŋ]
Knopf (m)	knapp (m)	['knɑp]
Knopfloch (n)	klapphull (n)	['klɑpˌhʉl]
abgehen (Knopf usw.)	å falle av	[ɔ 'falə ɑ:]

nähen (vi, vt)	å sy	[ɔ 'sy]
sticken (vt)	å brodere	[ɔ brʊ'derə]
Stickerei (f)	broderi (n)	[brʊde'ri]
Nadel (f)	synål (m/f)	['syˌnɔl]
Faden (m)	tråd (m)	['trɔ]
Naht (f)	søm (m)	['søm]

sich beschmutzen	å skitne seg til	[ɔ 'ʂitnə sæj til]
Fleck (m)	flekk (m)	['flek]
sich knittern	å bli skrukkete	[ɔ 'bli 'skrʉketə]
zerreißen (vt)	å rive	[ɔ 'rivə]
Motte (f)	møll (m/n)	['møl]

41. Kosmetikartikel. Kosmetik

Zahnpasta (f)	tannpasta (m)	['tanˌpɑstɑ]
Zahnbürste (f)	tannbørste (m)	['tanˌbœʂtə]
Zähne putzen	å pusse tennene	[ɔ 'pʉsə 'tɛnənə]

Rasierer (m)	høvel (m)	['høvəl]
Rasiercreme (f)	barberkrem (m)	[bɑr'bɛrˌkrɛm]
sich rasieren	å barbere seg	[ɔ bɑr'berə sæj]
Seife (f)	såpe (m/f)	['soːpə]

Shampoo (n)	sjampo (m)	['ʂɑmˌpʉ]
Schere (f)	saks (m/f)	['sɑks]
Nagelfeile (f)	neglefil (m/f)	['nɛjləˌfil]
Nagelzange (f)	negleklipper (m)	['nɛjləˌklipər]
Pinzette (f)	pinsett (m)	[pin'sɛt]

Kosmetik (f)	kosmetikk (m)	[kʊsme'tik]
Gesichtsmaske (f)	ansiktsmaske (m/f)	['ɑnsiktsˌmɑskə]
Maniküre (f)	manikyr (m)	[mɑni'kyr]
Maniküre machen	å få manikyr	[ɔ 'fɔ mɑni'kyr]
Pediküre (f)	pedikyr (m)	[pedi'kyr]

Kosmetiktasche (f)	sminkeveske (m/f)	['sminkəˌvɛskə]
Puder (m)	pudder (n)	['pʉdər]
Puderdose (f)	pudderdåse (m)	['pʉdərˌdoːsə]
Rouge (n)	rouge (m)	['ruːʂ]

Parfüm (n)	parfyme (m)	[pɑr'fymə]
Duftwasser (n)	eau de toilette (m)	['ɔː də twɑ'let]
Lotion (f)	lotion (m)	['loʉʂen]
Kölnischwasser (n)	eau de cologne (m)	['ɔː də kɔ'lɔŋ]

Lidschatten (m)	øyeskygge (m)	['øjəˌʂygə]
Kajalstift (m)	eyeliner (m)	['ɑːjˌlɑjnər]
Wimperntusche (f)	maskara (m)	[mɑ'skɑrɑ]

Lippenstift (m)	leppestift (m)	['lepəˌstift]
Nagellack (m)	neglelakk (m)	['nɛjləˌlɑk]
Haarlack (m)	hårlakk (m)	['hoːrˌlɑk]
Deodorant (n)	deodorant (m)	[deudʉ'rɑnt]

Creme (f)	krem (m)	['krɛm]
Gesichtscreme (f)	ansiktskrem (m)	['ɑnsiktsˌkrɛm]
Handcreme (f)	håndkrem (m)	['hɔnˌkrɛm]
Anti-Falten-Creme (f)	antirynkekrem (m)	[ɑnti'rʏnkəˌkrɛm]
Tagescreme (f)	dagkrem (m)	['dɑgˌkrɛm]
Nachtcreme (f)	nattkrem (m)	['nɑtˌkrɛm]
Tages-	dag-	['dɑg-]
Nacht-	natt-	['nɑt-]

Tampon (m)	tampong (m)	[tɑm'pɔŋ]
Toilettenpapier (n)	toalettpapir (n)	[tʉɑ'let pɑ'pir]
Föhn (m)	hårføner (m)	['hoːrˌfønər]

42. Schmuck

Schmuck (m)	smykker (n pl)	['smʏkər]
Edel- (stein)	edel-	['ɛdəl-]
Repunze (f)	stempel (n)	['stɛmpəl]

Ring (m)	ring (m)	['riŋ]
Ehering (m)	giftering (m)	['jiftəˌriŋ]
Armband (n)	armbånd (n)	['ɑrmˌbɔn]
Ohrringe (pl)	øreringer (m pl)	['ørəˌriŋər]

Kette (f)	halssmykke (n)	['hals‚smʏkə]
Krone (f)	krone (m/f)	['krʊnə]
Halskette (f)	perlekjede (m/n)	['pærlə‚çɛ:də]

Brillant (m)	diamant (m)	[dia'mant]
Smaragd (m)	smaragd (m)	[sma'ragd]
Rubin (m)	rubin (m)	[rʉ'bin]
Saphir (m)	safir (m)	[sa'fir]
Perle (f)	perler (m pl)	['pærlər]
Bernstein (m)	rav (n)	['rav]

43. Armbanduhren Uhren

Armbanduhr (f)	armbåndsur (n)	['armbɔns‚ʉr]
Zifferblatt (n)	urskive (m/f)	['ʉːˌşivə]
Zeiger (m)	viser (m)	['visər]
Metallarmband (n)	armbånd (n)	['arm‚bɔn]
Uhrenarmband (n)	rem (m/f)	['rem]

Batterie (f)	batteri (n)	[batɛ'ri]
verbraucht sein	å bli utladet	[ɔ 'bli 'ʉtˌladət]
die Batterie wechseln	å skifte batteriene	[ɔ 'şiftə batɛ'riene]
vorgehen (vi)	å gå for fort	[ɔ 'gɔ fɔ 'fɔːt]
nachgehen (vi)	å gå for sakte	[ɔ 'gɔ fɔ 'saktə]

Wanduhr (f)	veggur (n)	['vɛg‚ʉr]
Sanduhr (f)	timeglass (n)	['timə‚glas]
Sonnenuhr (f)	solur (n)	['sʊl‚ʉr]
Wecker (m)	vekkerklokka (m/f)	['vɛkər‚klɔka]
Uhrmacher (m)	urmaker (m)	['ʉr‚makər]
reparieren (vt)	å reparere	[ɔ repa'rerə]

Essen. Ernährung

Fleisch (n)	kjøtt (n)	['çœt]
Hühnerfleisch (n)	høne (m/f)	['hønə]
Küken (n)	kylling (m)	['çyliŋ]
Ente (f)	and (m/f)	['an]
Gans (f)	gås (m/f)	['gɔs]
Wild (n)	vilt (n)	['vilt]
Pute (f)	kalkun (m)	[kal'kʉn]

Schweinefleisch (n)	svinekjøtt (n)	['svinə,çœt]
Kalbfleisch (n)	kalvekjøtt (n)	['kalvə,çœt]
Hammelfleisch (n)	fårekjøtt (n)	['foːrə,çœt]
Rindfleisch (n)	oksekjøtt (n)	['ɔksə,çœt]
Kaninchenfleisch (n)	kanin (m)	[ka'nin]

Wurst (f)	pølse (m/f)	['pølsə]
Würstchen (n)	wienerpølse (m/f)	['vinər,pølsə]
Schinkenspeck (m)	bacon (n)	['bɛjkən]
Schinken (m)	skinke (m)	['ʂinkə]
Räucherschinken (m)	skinke (m)	['ʂinkə]

Pastete (f)	pate, paté (m)	[pa'te]
Leber (f)	lever (m)	['levər]
Hackfleisch (n)	kjøttfarse (m)	['çœt,farʂə]
Zunge (f)	tunge (m/f)	['tʉŋə]

Ei (n)	egg (n)	['ɛg]
Eier (pl)	egg (n pl)	['ɛg]
Eiweiß (n)	eggehvite (m)	['ɛgə,vitə]
Eigelb (n)	plomme (m/f)	['plʉmə]

Fisch (m)	fisk (m)	['fisk]
Meeresfrüchte (pl)	sjømat (m)	['ʂø,mat]
Krebstiere (pl)	krepsdyr (n pl)	['krɛps,dyr]
Kaviar (m)	kaviar (m)	['kavi,ar]

Krabbe (f)	krabbe (m)	['krabə]
Garnele (f)	reke (m/f)	['rekə]
Auster (f)	østers (m)	['østəʂ]
Languste (f)	langust (m)	[laŋ'gʉst]
Krake (m)	blekksprut (m)	['blek,sprʉt]
Kalmar (m)	blekksprut (m)	['blek,sprʉt]

Störfleisch (n)	stør (m)	['stør]
Lachs (m)	laks (m)	['laks]
Heilbutt (m)	kveite (m/f)	['kvæjtə]
Dorsch (m)	torsk (m)	['tɔʂk]

Makrele (f)	makrell (m)	[ma'krɛl]
Tunfisch (m)	tunfisk (m)	['tʉnˌfisk]
Aal (m)	ål (m)	['ɔl]

Forelle (f)	ørret (m)	['øret]
Sardine (f)	sardin (m)	[sɑː'dịn]
Hecht (m)	gjedde (m/f)	['jɛdə]
Hering (m)	sild (m/f)	['sil]

Brot (n)	brød (n)	['brø]
Käse (m)	ost (m)	['ʊst]
Zucker (m)	sukker (n)	['sʉkər]
Salz (n)	salt (n)	['salt]

Reis (m)	ris (m)	['ris]
Teigwaren (pl)	pasta, makaroni (m)	['pasta], [maka'rʊni]
Nudeln (pl)	nudler (m pl)	['nʉdlər]

Butter (f)	smør (n)	['smør]
Pflanzenöl (n)	vegetabilsk olje (m)	[vegeta'bilsk ˌɔljə]
Sonnenblumenöl (n)	solsikkeolje (m)	['sʊlsikəˌɔljə]
Margarine (f)	margarin (m)	[marga'rin]

| Oliven (pl) | olivener (m pl) | [ʊ'livenər] |
| Olivenöl (n) | olivenolje (m) | [ʊ'livənˌɔljə] |

Milch (f)	melk (m/f)	['mɛlk]
Kondensmilch (f)	kondensert melk (m/f)	[kʊndən'seːt ˌmɛlk]
Joghurt (m)	jogurt (m)	['jɔgʉːt]
saure Sahne (f)	rømme, syrnet fløte (m)	['rœmə], ['syːɳet 'fløtə]
Sahne (f)	fløte (m)	['fløtə]

| Mayonnaise (f) | majones (m) | [majɔ'nɛs] |
| Buttercreme (f) | krem (m) | ['krɛm] |

Grütze (f)	gryn (n)	['gryn]
Mehl (n)	mel (n)	['mel]
Konserven (pl)	hermetikk (m)	[hɛrme'tik]

Maisflocken (pl)	cornflakes (m)	['kɔːɳˌflejks]
Honig (m)	honning (m)	['hɔniŋ]
Marmelade (f)	syltetøy (n)	['syltəˌtøj]
Kaugummi (m, n)	tyggegummi (m)	['tygəˌgʉmi]

45. Getränke

Wasser (n)	vann (n)	['van]
Trinkwasser (n)	drikkevann (n)	['drikəˌvan]
Mineralwasser (n)	mineralvann (n)	[minə'ralˌvan]

still	uten kullsyre	['ʉtən kʉl'syrə]
mit Kohlensäure	kullsyret	[kʉl'syrət]
mit Gas	med kullsyre	[me kʉl'syrə]
Eis (n)	is (m)	['is]

mit Eis	med is	[me 'is]
alkoholfrei (Adj)	alkoholfri	['alkʊhʊlˌfri]
alkoholfreies Getränk (n)	alkoholfri drikk (m)	['alkʊhʊlˌfri drik]
Erfrischungsgetränk (n)	leskedrikk (m)	['leskəˌdrik]
Limonade (f)	limonade (m)	[limɔ'nadə]

Spirituosen (pl)	rusdrikker (m pl)	['rʉsˌdrikər]
Wein (m)	vin (m)	['vin]
Weißwein (m)	hvitvin (m)	['vitˌvin]
Rotwein (m)	rødvin (m)	['røˌvin]

Likör (m)	likør (m)	[li'kør]
Champagner (m)	champagne (m)	[ʃam'panjə]
Wermut (m)	vermut (m)	['værmʉt]

Whisky (m)	whisky (m)	['viski]
Wodka (m)	vodka (m)	['vɔdka]
Gin (m)	gin (m)	['dʒin]
Kognak (m)	konjakk (m)	['kʊnjak]
Rum (m)	rom (m)	['rʊm]

Kaffee (m)	kaffe (m)	['kafə]
schwarzer Kaffee (m)	svart kaffe (m)	['svaːʈ 'kafə]
Milchkaffee (m)	kaffe (m) med melk	['kafə me 'mɛlk]
Cappuccino (m)	cappuccino (m)	[kapʊ'tʃinɔ]
Pulverkaffee (m)	pulverkaffe (m)	['pʉlvərˌkafə]

Milch (f)	melk (m/f)	['mɛlk]
Cocktail (m)	cocktail (m)	['kɔkˌtɛjl]
Milchcocktail (m)	milkshake (m)	['milkˌʂɛjk]

Saft (m)	jus, juice (m)	['dʒʉs]
Tomatensaft (m)	tomatjuice (m)	[tʊ'matˌdʒʉs]
Orangensaft (m)	appelsinjuice (m)	[apel'sinˌdʒʉs]
frisch gepresster Saft (m)	nypresset juice (m)	['nyˌprɛsə 'dʒʉs]

Bier (n)	øl (m/n)	['øl]
Helles (n)	lettøl (n)	['letˌøl]
Dunkelbier (n)	mørkt øl (n)	['mœrktˌøl]

Tee (m)	te (m)	['te]
schwarzer Tee (m)	svart te (m)	['svaːʈ ˌte]
grüner Tee (m)	grønn te (m)	['grœn ˌte]

46. Gemüse

Gemüse (n)	grønnsaker (m pl)	['grœnˌsakər]
grünes Gemüse (pl)	grønnsaker (m pl)	['grœnˌsakər]

Tomate (f)	tomat (m)	[tʊ'mat]
Gurke (f)	agurk (m)	[a'gʉrk]
Karotte (f)	gulrot (m/f)	['gʉlˌrʊt]
Kartoffel (f)	potet (m/f)	[pʊ'tet]
Zwiebel (f)	løk (m)	['løk]

Knoblauch (m)	hvitløk (m)	['vit‚løk]
Kohl (m)	kål (m)	['kɔl]
Blumenkohl (m)	blomkål (m)	['blɔm‚kɔl]
Rosenkohl (m)	rosenkål (m)	['rʊsən‚kɔl]
Brokkoli (m)	brokkoli (m)	['brɔkɔli]

Rote Bete (f)	rødbete (m/f)	['rø‚betə]
Aubergine (f)	aubergine (m)	[ɔbɛr'şin]
Zucchini (f)	squash (m)	['skvɔş]
Kürbis (m)	gresskar (n)	['grɛskɑr]
Rübe (f)	nepe (m/f)	['nepə]

Petersilie (f)	persille (m/f)	[pæ'şilə]
Dill (m)	dill (m)	['dil]
Kopf Salat (m)	salat (m)	[sɑ'lɑt]
Sellerie (m)	selleri (m/n)	[sɛle‚ri]
Spargel (m)	asparges (m)	[ɑ'spɑrşəs]
Spinat (m)	spinat (m)	[spi'nɑt]

Erbse (f)	erter (m pl)	['æːtər]
Bohnen (pl)	bønner (m/f pl)	['bœnər]
Mais (m)	mais (m)	['mɑis]
weiße Bohne (f)	bønne (m/f)	['bœnə]

Paprika (m)	pepper (m)	['pɛpər]
Radieschen (n)	reddik (m)	['rɛdik]
Artischocke (f)	artisjokk (m)	[‚ɑːţi'şɔk]

47. Obst. Nüsse

Frucht (f)	frukt (m/f)	['frʊkt]
Apfel (m)	eple (n)	['ɛplə]
Birne (f)	pære (m/f)	['pærə]
Zitrone (f)	sitron (m)	[si'trʊn]
Apfelsine (f)	appelsin (m)	[ɑpel'sin]
Erdbeere (f)	jordbær (n)	['juːr‚bær]

Mandarine (f)	mandarin (m)	[mɑndɑ'rin]
Pflaume (f)	plomme (m/f)	['plʊmə]
Pfirsich (m)	fersken (m)	['fæşkən]
Aprikose (f)	aprikos (m)	[ɑpri'kʊs]
Himbeere (f)	bringebær (n)	['briŋə‚bær]
Ananas (f)	ananas (m)	['ɑnɑnɑs]

Banane (f)	banan (m)	[bɑ'nɑn]
Wassermelone (f)	vannmelon (m)	['vɑnme‚lʊn]
Weintrauben (pl)	drue (m)	['drʉə]
Sauerkirsche (f)	kirsebær (n)	['çişə‚bær]
Süßkirsche (f)	morell (m)	[mʊ'rɛl]
Melone (f)	melon (m)	[me'lun]

Grapefruit (f)	grapefrukt (m/f)	['grɛjp‚frʊkt]
Avocado (f)	avokado (m)	[avɔ'kadɔ]
Papaya (f)	papaya (m)	[pɑ'pɑjɑ]

| Mango (f) | mango (m) | ['maŋu] |
| Granatapfel (m) | granateple (n) | [gra'nat̩ɛplə] |

rote Johannisbeere (f)	rips (m)	['rips]
schwarze Johannisbeere (f)	solbær (n)	['sʊl̩bær]
Stachelbeere (f)	stikkelsbær (n)	['stikəls̩bær]
Heidelbeere (f)	blåbær (n)	['blɔ̩bær]
Brombeere (f)	bjørnebær (m)	['bjœːŋə̩bær]

Rosinen (pl)	rosin (m)	[rʊ'sin]
Feige (f)	fiken (m)	['fikən]
Dattel (f)	daddel (m)	['dadəl]

Erdnuss (f)	jordnøtt (m)	['juːr̩nœt]
Mandel (f)	mandel (m)	['mandəl]
Walnuss (f)	valnøtt (m/f)	['val̩nœt]
Haselnuss (f)	hasselnøtt (m/f)	['hasəl̩nœt]
Kokosnuss (f)	kokosnøtt (m/f)	['kʊkʊs̩nœt]
Pistazien (pl)	pistasier (m pl)	[pi'staşiər]

48. Brot. Süßigkeiten

Konditorwaren (pl)	bakevarer (m/f pl)	['bakə̩varər]
Brot (n)	brød (n)	['brø]
Keks (m, n)	kjeks (m)	['çɛks]

Schokolade (f)	sjokolade (m)	[şʊkʊ'ladə]
Schokoladen-	sjokolade-	[şʊkʊ'ladə-]
Bonbon (m, n)	sukkertøy (n), karamell (m)	['sʉkə:ţøj], [kara'mɛl]
Kuchen (m)	kake (m/f)	['kakə]
Torte (f)	bløtkake (m/f)	['bløt̩kakə]

| Kuchen (Apfel-) | pai (m) | ['paj] |
| Füllung (f) | fyll (m/n) | ['fʏl] |

Konfitüre (f)	syltetøy (n)	['syltə̩tøj]
Marmelade (f)	marmelade (m)	[marmeˈladə]
Waffeln (pl)	vaffel (m)	['vafəl]
Eis (n)	iskrem (m)	['iskrɛm]
Pudding (m)	pudding (m)	['pʉdiŋ]

49. Gerichte

Gericht (n)	rett (m)	['rɛt]
Küche (f)	kjøkken (n)	['çœkən]
Rezept (n)	oppskrift (m)	['ɔp̩skrift]
Portion (f)	porsjon (m)	[pɔ'şʊn]

Salat (m)	salat (m)	[sɑ'lat]
Suppe (f)	suppe (m/f)	['sʉpə]
Brühe (f), Bouillon (f)	buljong (m)	[bu'ljɔŋ]
belegtes Brot (n)	smørbrød (n)	['smør̩brø]

Spiegelei (n)	speilegg (n)	['spæjlˌɛg]
Hamburger (m)	hamburger (m)	['hamburgər]
Beefsteak (n)	biff (m)	['bif]

Beilage (f)	tilbehør (n)	['tilbəˌhør]
Spaghetti (pl)	spagetti (m)	[spɑ'gɛti]
Kartoffelpüree (n)	potetmos (m)	[puˈtetˌmus]
Pizza (f)	pizza (m)	['pitsɑ]
Brei (m)	grøt (m)	['grøt]
Omelett (n)	omelett (m)	[ɔməˈlet]

gekocht	kokt	['kukt]
geräuchert	røkt	['røkt]
gebraten	stekt	['stɛkt]
getrocknet	tørket	['tœrkət]
tiefgekühlt	frossen, dypfryst	['frɔsən], ['dypˌfryst]
mariniert	syltet	['syltət]

süß	søt	['søt]
salzig	salt	['salt]
kalt	kald	['kal]
heiß	het, varm	['het], ['varm]
bitter	bitter	['bitər]
lecker	lekker	['lekər]

kochen (vt)	å koke	[ɔ 'kukə]
zubereiten (vt)	å lage	[ɔ 'lɑgə]
braten (vt)	å steke	[ɔ 'stekə]
aufwärmen (vt)	å varme opp	[ɔ 'varmə ɔp]

salzen (vt)	å salte	[ɔ 'saltə]
pfeffern (vt)	å pepre	[ɔ 'pɛprə]
reiben (vt)	å rive	[ɔ 'rivə]
Schale (f)	skall (n)	['skal]
schälen (vt)	å skrelle	[ɔ 'skrɛlə]

50. Gewürze

Salz (n)	salt (n)	['salt]
salzig (Adj)	salt	['salt]
salzen (vt)	å salte	[ɔ 'saltə]

schwarzer Pfeffer (m)	svart pepper (m)	['svaːt̺ 'pɛpər]
roter Pfeffer (m)	rød pepper (m)	['rø 'pɛpər]
Senf (m)	sennep (m)	['sɛnəp]
Meerrettich (m)	pepperrot (m/f)	['pɛpərˌrut]

Gewürz (n)	krydder (n)	['krydər]
Gewürz (n)	krydder (n)	['krydər]
Soße (f)	saus (m)	['saus]
Essig (m)	eddik (m)	['ɛdik]

| Anis (m) | anis (m) | ['anis] |
| Basilikum (n) | basilik (m) | [basi'lik] |

Nelke (f)	nellik (m)	['nɛlik]
Ingwer (m)	ingefær (m)	['iŋəˌfær]
Koriander (m)	koriander (m)	[kʉri'andər]
Zimt (m)	kanel (m)	[ka'nel]

Sesam (m)	sesam (m)	['sesam]
Lorbeerblatt (n)	laurbærblad (n)	['laʉrbærˌbla]
Paprika (m)	paprika (m)	['paprika]
Kümmel (m)	karve, kummin (m)	['karvə], ['kʉmin]
Safran (m)	safran (m)	[sa'fran]

51. Mahlzeiten

| Essen (n) | mat (m) | ['mat] |
| essen (vi, vt) | å spise | [ɔ 'spisə] |

Frühstück (n)	frokost (m)	['frʉkɔst]
frühstücken (vi)	å spise frokost	[ɔ 'spisə ˌfrʉkɔst]
Mittagessen (n)	lunsj, lunch (m)	['lʉnʂ]
zu Mittag essen	å spise lunsj	[ɔ 'spisə ˌlʉnʂ]
Abendessen (n)	middag (m)	['miˌda]
zu Abend essen	å spise middag	[ɔ 'spisə 'miˌda]

| Appetit (m) | appetitt (m) | [ape'tit] |
| Guten Appetit! | God appetitt! | ['gʉ ape'tit] |

öffnen (vt)	å åpne	[ɔ 'ɔpnə]
verschütten (vt)	å spille	[ɔ 'spilə]
verschüttet werden	å bli spilt	[ɔ 'bli 'spilt]

kochen (vi)	å koke	[ɔ 'kʉkə]
kochen (Wasser ~)	å koke	[ɔ 'kʉkə]
gekocht (Adj)	kokt	['kʉkt]

| kühlen (vt) | å svalne | [ɔ 'svalnə] |
| abkühlen (vi) | å avkjøles | [ɔ 'avˌçœləs] |

| Geschmack (m) | smak (m) | ['smak] |
| Beigeschmack (m) | bismak (m) | ['bismak] |

auf Diät sein	å være på diet	[ɔ 'værə pɔ di'et]
Diät (f)	diett (m)	[di'et]
Vitamin (n)	vitamin (n)	[vita'min]
Kalorie (f)	kalori (m)	[kalʉ'ri]

| Vegetarier (m) | vegetarianer (m) | [vegetari'anər] |
| vegetarisch (Adj) | vegetarisk | [vege'tarisk] |

Fett (n)	fett (n)	['fɛt]
Protein (n)	proteiner (n pl)	[prote'inər]
Kohlenhydrat (n)	kullhydrater (n pl)	['kʉlhyˌdratər]
Scheibchen (n)	skive (m/f)	['ʂivə]
Stück (ein ~ Kuchen)	stykke (n)	['stʏkə]
Krümel (m)	smule (m)	['smʉlə]

52. Gedeck

Löffel (m)	skje (m)	['şe]
Messer (n)	kniv (m)	['kniv]
Gabel (f)	gaffel (m)	['gɑfəl]

Tasse (eine ~ Tee)	kopp (m)	['kɔp]
Teller (m)	tallerken (m)	[tɑ'lærkən]
Untertasse (f)	tefat (n)	['te̩fɑt]
Serviette (f)	serviett (m)	[sɛrvi'ɛt]
Zahnstocher (m)	tannpirker (m)	['tɑn̩pirkər]

53. Restaurant

Restaurant (n)	restaurant (m)	[rɛstʊ'rɑŋ]
Kaffeehaus (n)	kafé, kaffebar (m)	[ka'fe], ['kɑfə̩bɑr]
Bar (f)	bar (m)	['bɑr]
Teesalon (m)	tesalong (m)	['tesɑ̩lɔŋ]

Kellner (m)	servitør (m)	['særvi'tør]
Kellnerin (f)	servitrise (m/f)	[særvi'trisə]
Barmixer (m)	bartender (m)	['bɑː̩ʈɛndər]

Speisekarte (f)	meny (m)	[me'ny]
Weinkarte (f)	vinkart (n)	['vin̩kaːʈ]
einen Tisch reservieren	å reservere bord	[ɔ resɛr'verə 'bʊr]

Gericht (n)	rett (m)	['rɛt]
bestellen (vt)	å bestille	[ɔ be'stilə]
eine Bestellung aufgeben	å bestille	[ɔ be'stilə]

Aperitif (m)	aperitiff (m)	[ɑperi'tif]
Vorspeise (f)	forrett (m)	['forɛt]
Nachtisch (m)	dessert (m)	[de'sɛːr]

Rechnung (f)	regning (m/f)	['rɛjniŋ]
Rechnung bezahlen	å betale regningen	[ɔ be'tɑlə 'rɛjniŋən]
das Wechselgeld geben	å gi tilbake veksel	[ɔ ji til'bɑkə 'vɛksəl]
Trinkgeld (n)	driks (m)	['driks]

Familie, Verwandte und Freunde

54. Persönliche Informationen. Formulare

Vorname (m)	navn (n)	['navn]
Name (m)	etternavn (n)	['ɛtə‚navn]
Geburtsdatum (n)	fødselsdato (m)	['føtsəls‚datʉ]
Geburtsort (m)	fødested (n)	['fødə‚sted]
Nationalität (f)	nasjonalitet (m)	[naʂʉnali'tet]
Wohnort (m)	bosted (n)	['bʉ‚sted]
Land (n)	land (n)	['lan]
Beruf (m)	yrke (n), profesjon (m)	['yrkə], [prʉfe'ʂʉn]
Geschlecht (n)	kjønn (n)	['çœn]
Größe (f)	høyde (m)	['højdə]
Gewicht (n)	vekt (m)	['vɛkt]

55. Familienmitglieder. Verwandte

Mutter (f)	mor (m/f)	['mʉr]
Vater (m)	far (m)	['far]
Sohn (m)	sønn (m)	['sœn]
Tochter (f)	datter (m/f)	['datər]
jüngste Tochter (f)	yngste datter (m/f)	['yŋstə 'datər]
jüngste Sohn (m)	yngste sønn (m)	['yŋstə 'sœn]
ältere Tochter (f)	eldste datter (m/f)	['ɛlstə 'datər]
älterer Sohn (m)	eldste sønn (m)	['ɛlstə 'sœn]
Bruder (m)	bror (m)	['brʉr]
älterer Bruder (m)	eldre bror (m)	['ɛldrə ‚brʉr]
jüngerer Bruder (m)	lillebror (m)	['lilə‚brʉr]
Schwester (f)	søster (m/f)	['søstər]
ältere Schwester (f)	eldre søster (m/f)	['ɛldrə ‚søstər]
jüngere Schwester (f)	lillesøster (m/f)	['lilə‚søstər]
Cousin (m)	fetter (m/f)	['fɛtər]
Cousine (f)	kusine (m)	[kʉ'sinə]
Mama (f)	mamma (m)	['mama]
Papa (m)	pappa (m)	['papa]
Eltern (pl)	foreldre (pl)	[fɔr'ɛldrə]
Kind (n)	barn (n)	['baːn]
Kinder (pl)	barn (n pl)	['baːn]
Großmutter (f)	bestemor (m)	['bɛstə‚mʉr]
Großvater (m)	bestefar (m)	['bɛstə‚far]
Enkel (m)	barnebarn (n)	['baːnə‚baːn]

| Enkelin (f) | barnebarn (n) | ['bɑ:ŋəˌbɑ:ŋ] |
| Enkelkinder (pl) | barnebarn (n pl) | ['bɑ:ŋəˌbɑ:ŋ] |

Onkel (m)	onkel (m)	['ʊnkəl]
Tante (f)	tante (m/f)	['tɑntə]
Neffe (m)	nevø (m)	[ne'vø]
Nichte (f)	niese (m/f)	[ni'esə]

Schwiegermutter (f)	svigermor (m/f)	['svigərˌmʊr]
Schwiegervater (m)	svigerfar (m)	['svigərˌfɑr]
Schwiegersohn (m)	svigersønn (m)	['svigərˌsœn]
Stiefmutter (f)	stemor (m/f)	['steˌmʊr]
Stiefvater (m)	stefar (m)	['steˌfɑr]

Säugling (m)	brystbarn (n)	['brʏstˌbɑ:ŋ]
Kleinkind (n)	spedbarn (n)	['speˌbɑ:ŋ]
Kleine (m)	lite barn (n)	['litə 'bɑ:ŋ]

Frau (f)	kone (m/f)	['kʊnə]
Mann (m)	mann (m)	['mɑn]
Ehemann (m)	ektemann (m)	['ɛktəˌmɑn]
Gemahlin (f)	hustru (m)	['hʉstrʉ]

verheiratet (Ehemann)	gift	['jift]
verheiratet (Ehefrau)	gift	['jift]
ledig	ugift	[ʉ:'jift]
Junggeselle (m)	ungkar (m)	['ʉŋˌkɑr]
geschieden (Adj)	fraskilt	['frɑˌʂilt]
Witwe (f)	enke (m)	['ɛnkə]
Witwer (m)	enkemann (m)	['ɛnkəˌmɑn]

Verwandte (m)	slektning (m)	['ʂlektniŋ]
naher Verwandter (m)	nær slektning (m)	['nær 'slektniŋ]
entfernter Verwandter (m)	fjern slektning (m)	['fjæ:ŋ 'slektniŋ]
Verwandte (pl)	slektninger (m pl)	['ʂlektniŋər]

Waise (m, f)	foreldreløst barn (n)	[fɔr'ɛldrəløst ˌbɑ:ŋ]
Vormund (m)	formynder (m)	['fɔrˌmʏnər]
adoptieren (einen Jungen)	å adoptere	[ɔ adɔp'terə]
adoptieren (ein Mädchen)	å adoptere	[ɔ adɔp'terə]

56. Freunde. Arbeitskollegen

Freund (m)	venn (m)	['vɛn]
Freundin (f)	venninne (m/f)	[vɛ'ninə]
Freundschaft (f)	vennskap (n)	['vɛnˌskap]
befreundet sein	å være venner	[ɔ 'værə 'vɛnər]

Freund (m)	venn (m)	['vɛn]
Freundin (f)	venninne (m/f)	[vɛ'ninə]
Partner (m)	partner (m)	['pɑ:[nər]

| Chef (m) | sjef (m) | ['ʂɛf] |
| Vorgesetzte (m) | overordnet (m) | ['ɔvərˌɔrdnet] |

Besitzer (m)	eier (m)	['æjǝr]
Untergeordnete (m)	underordnet (m)	['ʉnǝrˌɔrdnet]
Kollege (m), Kollegin (f)	kollega (m)	[kʊ'lega]

Bekannte (m)	bekjent (m)	[be'çɛnt]
Reisegefährte (m)	medpassasjer (m)	['meˌpasɑ'ʂɛr]
Mitschüler (m)	klassekamerat (m)	['klasǝˌkamǝ'rɑ:t]

Nachbar (m)	nabo (m)	['nɑbʊ]
Nachbarin (f)	nabo (m)	['nɑbʊ]
Nachbarn (pl)	naboer (m pl)	['nɑbʊǝr]

57. Mann. Frau

Frau (f)	kvinne (m/f)	['kvinǝ]
Mädchen (n)	jente (m/f)	['jɛntǝ]
Braut (f)	brud (m/f)	['brʉd]

schöne	vakker	['vakǝr]
große	høy	['høj]
schlanke	slank	['ʂlank]
kleine (~ Frau)	liten av vekst	['litǝn ɑ: 'vɛkst]

| Blondine (f) | blondine (m) | [blɔn'dinǝ] |
| Brünette (f) | brunette (m) | [brʉ'nɛtǝ] |

Damen-	dame-	['damǝ-]
Jungfrau (f)	jomfru (m/f)	['ʉmfrʉ]
schwangere	gravid	[gra'vid]

Mann (m)	mann (m)	['man]
Blonde (m)	blond mann (m)	['blɔn ˌman]
Brünette (m)	mørkhåret mann (m)	['mœrkˌho:ret man]
hoch	høy	['høj]
klein	liten av vekst	['litǝn ɑ: 'vɛkst]

grob	grov	['grɔv]
untersetzt	undersetsig	['ʉnǝˌsɛtsi]
robust	robust	[rʊ'bʉst]
stark	sterk	['stærk]
Kraft (f)	kraft, styrke (m)	['krɑft], ['styrkǝ]

dick	tykk	['tʏk]
dunkelhäutig	mørkhudet	['mœrkˌhʉdet]
schlank	slank	['ʂlank]
elegant	elegant	[ɛle'gant]

58. Alter

Alter (n)	alder (m)	['aldǝr]
Jugend (f)	ungdom (m)	['ʉŋˌdɔm]
jung	ung	['ʉŋ]

jünger (~ als Sie)	yngre	['ʏŋrə]
älter (~ als ich)	eldre	['ɛldrə]

Junge (m)	unge mann (m)	['ʉŋə ˌman]
Teenager (m)	tenåring (m)	['tɛnoːriŋ]
Bursche (m)	kar (m)	['kar]

Greis (m)	gammel mann (m)	['gaməl ˌman]
alte Frau (f)	gammel kvinne (m/f)	['gaməl ˌkvinə]

Erwachsene (m)	voksen	['vɔksən]
in mittleren Jahren	middelaldrende	['midəlˌaldrɛnə]
älterer (Adj)	eldre	['ɛldrə]
alt (Adj)	gammel	['gaməl]

Ruhestand (m)	pensjon (m)	[pan'ʂʊn]
in Rente gehen	å gå av med pensjon	[ɔ 'gɔ a: me pan'ʂʊn]
Rentner (m)	pensjonist (m)	[panʂu'nist]

59. Kinder

Kind (n)	barn (n)	['baːn̩]
Kinder (pl)	barn (n pl)	['baːn̩]
Zwillinge (pl)	tvillinger (m pl)	['tvⅰliŋər]

Wiege (f)	vogge (m/f)	['vɔgə]
Rassel (f)	rangle (m/f)	['raŋlə]
Windel (f)	bleie (m/f)	['blæjə]

Schnuller (m)	smokk (m)	['smʊk]
Kinderwagen (m)	barnevogn (m/f)	['baːŋəˌvɔŋn]
Kindergarten (m)	barnehage (m)	['baːŋəˌhagə]
Kinderfrau (f)	babysitter (m)	['bɛbyˌsitər]

Kindheit (f)	barndom (m)	['baːn̩ˌdɔm]
Puppe (f)	dukke (m/f)	['dʉkə]
Spielzeug (n)	leketøy (n)	['lekəˌtøj]
Baukasten (m)	byggesett (n)	['bʏgəˌsɛt]

wohlerzogen	veloppdragen	['velˌɔp'dragən]
ungezogen	uoppdragen	[ʉop'dragən]
verwöhnt	bortskjemt	['buːʈʂɛmt]

unartig sein	å være stygg	[ɔ 'værə 'stʏg]
unartig	skøyeraktig	['skøjəˌrakti]
Unart (f)	skøyeraktighet (m)	['skøjəˌraktihet]
Schelm (m)	skøyer (m)	['skøjər]

gehorsam	lydig	['lydi]
ungehorsam	ulydig	[ʉ'lydi]

fügsam	føyelig	['føjli]
klug	klok	['klʊk]
Wunderkind (n)	vidunderbarn (n)	['vidˌʉndərˌbaːn̩]

60. Ehepaare. Familienleben

küssen (vt)	å kysse	[ɔ 'çysə]
sich küssen	å kysse hverandre	[ɔ 'çysə ˌverandrə]
Familie (f)	familie (m)	[fɑ'miliə]
Familien-	familie-	[fɑ'miliə-]
Paar (n)	par (n)	['pɑr]
Ehe (f)	ekteskap (n)	['ɛktəˌskɑp]
Heim (n)	hjemmets arne (m)	['jɛmeʦ 'ɑːŋə]
Dynastie (f)	dynasti (n)	[dinɑs'ti]

Rendezvous (n)	stevnemøte (n)	['stɛvnəˌmøtə]
Kuss (m)	kyss (n)	['çys]

Liebe (f)	kjærlighet (m)	['çæːljˌhet]
lieben (vt)	å elske	[ɔ 'ɛlskə]
geliebt	elskling	['ɛlskliŋ]

Zärtlichkeit (f)	ømhet (m)	['ømˌhet]
zärtlich	øm	['øm]
Treue (f)	troskap (m)	['truˌskɑp]
treu (Adj)	trofast	['trufɑst]
Fürsorge (f)	omsorg (m)	['ɔmˌsɔrg]
sorgsam	omsorgsfull	['ɔmˌsɔrgsfʉl]

Frischvermählte (pl)	nygifte (n)	['nyˌjiftə]
Flitterwochen (pl)	hvetebrødsdager (m pl)	['vetɛbrøsˌdɑgər]
heiraten (einen Mann ~)	å gifte seg	[ɔ 'jiftə sæj]
heiraten (ein Frau ~)	å gifte seg	[ɔ 'jiftə sæj]

Hochzeit (f)	bryllup (n)	['brʏlʉp]
goldene Hochzeit (f)	gullbryllup (n)	['gʉlˌbrʏlʉp]
Jahrestag (m)	årsdag (m)	['oːʂˌdɑ]

Geliebte (m)	elsker (m)	['ɛlskər]
Geliebte (f)	elskerinne (m/f)	['ɛlskəˌrinə]

Ehebruch (m)	utroskap (m)	['ʉˌtrɔskɑp]
Ehebruch begehen	å være utro	[ɔ 'værə 'ʉˌtru]
eifersüchtig	sjalu	[ʂɑ'lʉː]
eifersüchtig sein	å være sjalu	[ɔ 'værə ʂɑ'lʉː]
Scheidung (f)	skilsmisse (m)	['ʂilsˌmisə]
sich scheiden lassen	å skille seg	[ɔ 'ʂilə sæj]

streiten (vi)	å krangle	[ɔ 'krɑŋlə]
sich versöhnen	å forsone seg	[ɔ fɔ'ʂunə sæj]
zusammen (Adv)	sammen	['sɑmən]
Sex (m)	sex (m)	['sɛks]

Glück (n)	lykke (m/f)	['lʏkə]
glücklich	lykkelig	['lʏkəli]
Unglück (n)	ulykke (m/f)	['ʉˌlʏkə]
unglücklich	ulykkelig	['ʉˌlʏkəli]

Charakter. Empfindungen. Gefühle

61. Empfindungen. Gefühle

Gefühl (n)	følelse (m)	['følǝlsǝ]
Gefühle (pl)	følelser (m pl)	['følǝlsǝr]
fühlen (vt)	å kjenne	[ɔ 'çɛnǝ]
Hunger (m)	sult (m)	['sʉlt]
hungrig sein	å være sulten	[ɔ 'værǝ 'sʉltǝn]
Durst (m)	tørst (m)	['tœʂt]
Durst haben	å være tørst	[ɔ 'værǝ 'tœʂt]
Schläfrigkeit (f)	søvnighet (m)	['sœvni‚het]
schlafen wollen	å være søvnig	[ɔ 'værǝ 'sœvni]
Müdigkeit (f)	tretthet (m)	['trɛt‚het]
müde	trett	['trɛt]
müde werden	å bli trett	[ɔ 'bli 'trɛt]
Laune (f)	humør (n)	[hʉ'mør]
Langeweile (f)	kjedsomhet (m/f)	['çɛdsɔm‚het]
sich langweilen	å kjede seg	[ɔ 'çedǝ sæj]
Zurückgezogenheit (n)	avsondrethet (m/f)	['ɑfsɔndrɛt‚het]
sich zurückziehen	å isolere seg	[ɔ isʉ'lerǝ sæj]
beunruhigen (vt)	å bekymre, å uroe	[ɔ be'çymrǝ], [ɔ 'ʉːrʊǝ]
sorgen (vi)	å bekymre seg	[ɔ be'çymrǝ sæj]
Besorgnis (f)	bekymring (m/f)	[be'çymriŋ]
Angst (~ um ...)	uro (m/f)	['ʉrʊ]
besorgt (Adj)	bekymret	[be'çymrǝt]
nervös sein	å være nervøs	[ɔ 'værǝ nær'vøs]
in Panik verfallen (vi)	å få panikk	[ɔ 'fɔ pa'nik]
Hoffnung (f)	håp (n)	['hɔp]
hoffen (vi)	å håpe	[ɔ 'hoːpǝ]
Sicherheit (f)	sikkerhet (m/f)	['sikǝr‚het]
sicher	sikker	['sikǝr]
Unsicherheit (f)	usikkerhet (m)	['ʉsikǝr‚het]
unsicher	usikker	['ʉ‚sikǝr]
betrunken	beruset, full	[be'rʉsǝt], ['fʉl]
nüchtern	edru	['ɛdrʉ]
schwach	svak	['svɑk]
glücklich	lykkelig	['lʏkǝli]
erschrecken (vt)	å skremme	[ɔ 'skrɛmǝ]
Wut (f)	raseri (n)	[rɑsɛ'ri]
Rage (f)	raseri (n)	[rɑsɛ'ri]
Depression (f)	depresjon (m)	[dɛpre'ʂʊn]
Unbehagen (n)	ubehag (n)	['ʉbe‚hɑg]

Komfort (m)	komfort (m)	[kʊm'fɔːr]
bedauern (vt)	å beklage	[ɔ be'klagə]
Bedauern (n)	beklagelse (m)	[be'klagəlsə]
Missgeschick (n)	uhell (n)	['ʉˌhɛl]
Kummer (m)	sorg (m/f)	['sɔr]

Scham (f)	skam (m/f)	['skam]
Freude (f)	glede (m/f)	['gledə]
Begeisterung (f)	entusiasme (m)	[ɛntʉsi'asmə]
Enthusiast (m)	entusiast (m)	[ɛntʉsi'ast]
Begeisterung zeigen	å vise entusiasme	[ɔ 'visə ɛntʉsi'asmə]

62. Charakter. Persönlichkeit

Charakter (m)	karakter (m)	[karak'ter]
Charakterfehler (m)	karakterbrist (m/f)	[karak'terˌbrist]
Verstand (m)	sinn (n)	['sin]
Vernunft (f)	forstand (m)	[fɔ'ʂtan]

Gewissen (n)	samvittighet (m)	[sam'vitiˌhet]
Gewohnheit (f)	vane (m)	['vanə]
Fähigkeit (f)	evne (m/f)	['ɛvnə]
können (v mod)	å kunne	[ɔ 'kʉnə]

geduldig	tålmodig	[tɔl'mʊdi]
ungeduldig	utålmodig	['ʉtɔlˌmʊdi]
neugierig	nysgjerrig	['nyˌsæri]
Neugier (f)	nysgjerrighet (m)	['nyˌsæriˌhet]

Bescheidenheit (f)	beskjedenhet (m)	[be'ʂedenˌhet]
bescheiden	beskjeden	[be'ʂedən]
unbescheiden	ubeskjeden	['ʉbeˌʂedən]

Faulheit (f)	lathet (m)	['latˌhet]
faul	doven	['dʊvən]
Faulenzer (m)	dovendyr (n)	['dʊvənˌdyr]

Listigkeit (f)	list (m/f)	['list]
listig	listig	['listi]
Misstrauen (n)	mistro (m/f)	['misˌtrɔ]
misstrauisch	mistroende	['misˌtrʊenə]

Freigebigkeit (f)	gavmildhet (m)	['gavmilˌhet]
freigebig	generøs	[ʂene'røs]
talentiert	talentfull	[ta'lentˌfʉl]
Talent (n)	talent (n)	[ta'lent]

tapfer	modig	['mʊdi]
Tapferkeit (f)	mot (n)	['mʊt]
ehrlich	ærlig	['æːli]
Ehrlichkeit (f)	ærlighet (m)	['æːliˌhet]

| vorsichtig | forsiktig | [fɔ'ʂikti] |
| tapfer | modig | ['mʊdi] |

| ernst | alvorlig | [al'vɔːⲗi] |
| streng | streng | ['strɛŋ] |

entschlossen	besluttsom	[be'ʂlʉt,sɔm]
unentschlossen	ubesluttsom	[ʉbe'ʂlʉt,sɔm]
schüchtern	forsagt	['fɔˌʂakt]
Schüchternheit (f)	forsagthet (m)	['fɔʂakt,het]

Vertrauen (n)	tillit (m)	['tilit]
vertrauen (vi)	å tro	[ɔ 'trʊ]
vertrauensvoll	tillitsfull	['tilits,fʉl]

aufrichtig (Adv)	oppriktig	[ɔp'rikti]
aufrichtig (Adj)	oppriktig	[ɔp'rikti]
Aufrichtigkeit (f)	oppriktighet (m)	[ɔp'rikti,het]
offen	åpen	['ɔpən]

still (Adj)	stille	['stilə]
freimütig	oppriktig	[ɔp'rikti]
naiv	naiv	[na'iv]
zerstreut	forstrødd	['fʉˌstrød]
drollig, komisch	morsom	['mʉʂɔm]

Gier (f)	grådighet (m)	['groːdi,het]
habgierig	grådig	['groːdi]
geizig	gjerrig	['jæri]
böse	ond	['ʊn]
hartnäckig	hårdnakket	['hɔːrˌnakət]
unangenehm	ubehagelig	[ʉbe'hageli]

Egoist (m)	egoist (m)	[ɛgʊ'ist]
egoistisch	egoistisk	[ɛgʊ'istisk]
Feigling (m)	feiging (m)	['fæjgiŋ]
feige	feig	['fæjg]

63. Schlaf. Träume

schlafen (vi)	å sove	[ɔ 'sɔvə]
Schlaf (m)	søvn (m)	['sœvn]
Traum (m)	drøm (m)	['drøm]
träumen (im Schlaf)	å drømme	[ɔ 'drœmə]
verschlafen	søvnig	['sœvni]

Bett (n)	seng (m/f)	['sɛŋ]
Matratze (f)	madrass (m)	[ma'dras]
Decke (f)	dyne (m/f)	['dynə]
Kissen (n)	pute (m/f)	['pʉtə]
Laken (n)	laken (n)	['lakən]

Schlaflosigkeit (f)	søvnløshet (m)	['sœvnløs,het]
schlaflos	søvnløs	['sœvn,løs]
Schlafmittel (n)	sovetablett (n)	['sove,tab'let]
Schlafmittel nehmen	å ta en sovetablett	[ɔ 'ta en 'sove,tab'let]
schlafen wollen	å være søvnig	[ɔ 'værə 'sœvni]

gähnen (vi)	å gjespe	[ɔ 'jɛspə]
schlafen gehen	å gå til sengs	[ɔ 'gɔ til 'sɛŋs]
das Bett machen	å re opp sengen	[ɔ 're ɔp 'sɛŋən]
einschlafen (vi)	å falle i søvn	[ɔ 'falə i 'sœvn]

Alptraum (m)	mareritt (n)	['marə,rit]
Schnarchen (n)	snork (m)	['snɔrk]
schnarchen (vi)	å snorke	[ɔ 'snɔrkə]

Wecker (m)	vekkerklokka (m/f)	['vɛkər,klɔka]
aufwecken (vt)	å vekke	[ɔ 'vɛkə]
erwachen (vi)	å våkne	[ɔ 'vɔknə]
aufstehen (vi)	å stå opp	[ɔ 'stɔː ɔp]
sich waschen	å vaske seg	[ɔ 'vɑskə sæj]

64. Humor. Lachen. Freude

Humor (m)	humor (m/n)	['hʉmʊr]
Sinn (m) für Humor	sans (m) for humor	['sɑns fɔr 'hʉmʊr]
sich amüsieren	å more seg	[ɔ 'mʉrə sæj]
froh (Adj)	glad, munter	['glɑ], ['mʉntər]
Fröhlichkeit (f)	munterhet (m)	['mʉntər,het]

Lächeln (n)	smil (m/n)	['smil]
lächeln (vi)	å smile	[ɔ 'smilə]
auflachen (vi)	å begynne å skratte	[ɔ be'jinə ɔ 'skratə]
lachen (vi)	å le, å skratte	[ɔ 'le], [ɔ 'skratə]
Lachen (n)	latter (m), skratt (m/n)	['lɑtər], ['skrat]

Anekdote, Witz (m)	anekdote (m)	[anek'dɔtə]
lächerlich	morsom	['mʉʂɔm]
komisch	morsom	['mʉʂɔm]

Witz machen	å spøke	[ɔ 'spøkə]
Spaß (m)	skjemt, spøk (m)	['ʂɛmt], ['spøk]
Freude (f)	glede (m/f)	['gledə]
sich freuen	å glede seg	[ɔ 'gledə sæj]
froh (Adj)	glad	['glɑ]

65. Diskussion, Unterhaltung. Teil 1

| Kommunikation (f) | kommunikasjon (m) | [kʉmʉnikɑ'ʂun] |
| kommunizieren (vi) | å kommunisere | [ɔ kʉmʉni'serə] |

Konversation (f)	samtale (m)	['sɑm,talə]
Dialog (m)	dialog (m)	[diɑ'lɔg]
Diskussion (f)	diskusjon (m)	[diskʉ'ʂun]
Streitgespräch (n)	debatt (m)	[de'bɑt]
streiten (vi)	å diskutere	[ɔ diskʉ'terə]

| Gesprächspartner (m) | samtalepartner (m) | ['sɑm,talə 'pɑːţnər] |
| Thema (n) | emne (n) | ['ɛmnə] |

Gesichtspunkt (m)	synspunkt (n)	['sʏns‚pʉnt]
Meinung (f)	mening (m/f)	['meniŋ]
Rede (f)	tale (m)	['talə]

Besprechung (f)	diskusjon (m)	[disku'ʂʉn]
besprechen (vt)	å drøfte, å diskutere	[ɔ 'drœftə], [ɔ disku'terə]
Gespräch (n)	samtale (m)	['sam‚talə]
Gespräche führen	å snakke, å samtale	[ɔ 'snakə], [ɔ 'sam‚talə]
Treffen (n)	møte (n)	['møtə]
sich treffen	å møtes	[ɔ 'møtəs]

Sprichwort (n)	ordspråk (n)	['uːr‚sprɔk]
Redensart (f)	ordstev (n)	['uːr‚stev]
Rätsel (n)	gåte (m)	['goːtə]
ein Rätsel aufgeben	å utgjøre en gåte	[ɔ ʉt'jørə en 'goːtə]
Parole (f)	passord (n)	['pas‚ʉːr]
Geheimnis (n)	hemmelighet (m/f)	['hɛməli‚het]

Eid (m), Schwur (m)	ed (m)	['ɛd]
schwören (vi, vt)	å sverge	[ɔ 'sværgə]
Versprechen (n)	løfte (n), loven (m)	['lœftə], ['lɔvən]
versprechen (vt)	å love	[ɔ 'lɔvə]

Rat (m)	råd (n)	['rɔd]
raten (vt)	å råde	[ɔ 'roːdə]
einen Rat befolgen	å følge råd	[ɔ 'følə 'roːd]
gehorchen (jemandem ~)	å adlyde	[ɔ 'ad‚lydə]

Neuigkeit (f)	nyhet (m)	['nyhet]
Sensation (f)	sensasjon (m)	[sɛnsa'ʂʉn]
Informationen (pl)	opplysninger (m/f pl)	['ɔp‚lʏsniŋər]
Schlussfolgerung (f)	slutning (m)	['ʂlʉtniŋ]
Stimme (f)	røst (m/f), stemme (m)	['røst], ['stɛmə]
Kompliment (n)	kompliment (m)	[kʉmpli'maŋ]
freundlich	elskverdig	[ɛlsk'værdi]

Wort (n)	ord (n)	['uːr]
Phrase (f)	frase (m)	['frasə]
Antwort (f)	svar (n)	['svar]

| Wahrheit (f) | sannhet (m) | ['san‚het] |
| Lüge (f) | løgn (m/f) | ['løjn] |

Gedanke (m)	tanke (m)	['tankə]
Idee (f)	ide (m)	[i'de]
Phantasie (f)	fantasi (m)	[fanta'si]

66. Diskussion, Unterhaltung. Teil 2

angesehen (Adj)	respektert	[rɛspɛk'tɛːt]
respektieren (vt)	å respektere	[ɔ rɛspɛk'terə]
Respekt (m)	respekt (m)	[rɛ'spɛkt]
Sehr geehrter ...	Kjære ...	['çærə ...]
bekannt machen	å introdusere	[ɔ introdu'serə]

kennenlernen (vt)	å stifte bekjentskap med ...	[ɔ 'stiftə be'çɛnˌskap me ...]
Absicht (f)	hensikt (m)	['hɛnˌsikt]
beabsichtigen (vt)	å ha til hensikt	[ɔ 'ha til 'hɛnˌsikt]
Wunsch (m)	ønske (n)	['ønskə]
wünschen (vt)	å ønske	[ɔ 'ønskə]

Staunen (n)	overraskelse (m/f)	['ɔvəˌraskəlsə]
erstaunen (vt)	å forundre	[ɔ fɔ'rʉndrə]
staunen (vi)	å bli forundret	[ɔ 'bli fɔ'rʉndrət]

geben (vt)	å gi	[ɔ 'ji]
nehmen (vt)	å ta	[ɔ 'ta]
herausgeben (vt)	å gi tilbake	[ɔ 'ji til'bakə]
zurückgeben (vt)	å returnere	[ɔ retʉr'nerə]

sich entschuldigen	å unnskylde seg	[ɔ 'ʉnˌsylə sæj]
Entschuldigung (f)	unnskyldning (m/f)	['ʉnˌsyldniŋ]
verzeihen (vt)	å tilgi	[ɔ 'tilˌji]

sprechen (vi)	å tale	[ɔ 'talə]
hören (vt), zuhören (vi)	å lye, å lytte	[ɔ 'lye], [ɔ 'lʏtə]
sich anhören	å høre på	[ɔ 'hørə pɔ]
verstehen (vt)	å forstå	[ɔ fɔ'ʂtɔ]

zeigen (vt)	å vise	[ɔ 'visə]
ansehen (vt)	å se på ...	[ɔ 'se pɔ ...]
rufen (vt)	å kalle	[ɔ 'kalə]
belästigen (vt)	å distrahere	[ɔ distra'erə]
stören (vt)	å forstyrre	[ɔ fɔ'ʂtʏrə]
übergeben (vt)	å rekke	[ɔ 'rɛkə]

Bitte (f)	begjæring (m/f)	[be'jæriŋ]
bitten (vt)	å be, å bede	[ɔ 'be], [ɔ 'bedə]
Verlangen (n)	krav (n)	['krav]
verlangen (vt)	å kreve	[ɔ 'krevə]

necken (vt)	å erte	[ɔ 'ɛːʈə]
spotten (vi)	å håne	[ɔ 'hoːnə]
Spott (m)	hån (m)	['hɔn]
Spitzname (m)	kallenavn, tilnavn (n)	['kaləˌnavn], ['tilˌnavn]

Andeutung (f)	insinuasjon (m)	[insinʉa'ʂun]
andeuten (vt)	å insinuere	[ɔ insinʉ'erə]
meinen (vt)	å bety	[ɔ 'bety]

Beschreibung (f)	beskrivelse (m)	[be'skrivəlsə]
beschreiben (vt)	å beskrive	[ɔ be'skrivə]
Lob (n)	ros (m)	['rʊs]
loben (vt)	å rose, å berømme	[ɔ 'rʊsə], [ɔ be'rœmə]

Enttäuschung (f)	skuffelse (m)	['skʉfəlsə]
enttäuschen (vt)	å skuffe	[ɔ 'skʉfə]
enttäuscht sein	å bli skuffet	[ɔ 'bli 'skʉfət]

Vermutung (f)	antagelse (m)	[an'tagəlsə]
vermuten (vt)	å anta, å formode	[ɔ 'anˌta], [ɔ fɔr'mʊdə]

| Warnung (f) | advarsel (m) | ['ɑdˌvaʂəl] |
| warnen (vt) | å advare | [ɔ 'ɑdˌvarə] |

67. Diskussion, Unterhaltung. Teil 3

| überreden (vt) | å overtale | [ɔ 'ɔvəˌtɑlə] |
| beruhigen (vt) | å berolige | [ɔ be'ruliə] |

Schweigen (n)	taushet (m)	['taʊsˌhet]
schweigen (vi)	å tie	[ɔ 'tie]
flüstern (vt)	å hviske	[ɔ 'viskə]
Flüstern (n)	hvisking (m/f)	['viskiŋ]

| offen (Adv) | oppriktig | [ɔp'rikti] |
| meiner Meinung nach ... | etter min mening ... | ['ɛtər min 'meniŋ ...] |

Detail (n)	detalj (m)	[de'talj]
ausführlich (Adj)	detaljert	[detɑ'ljɛ:t]
ausführlich (Adv)	i detaljer	[i de'taljer]

| Tipp (m) | vink (n) | ['vink] |
| einen Tipp geben | å gi et vink | [ɔ 'ji et 'vink] |

Blick (m)	blikk (n)	['blik]
anblicken (vt)	å kaste et blikk	[ɔ 'kastə et 'blik]
starr (z.B. -en Blick)	stiv	['stiv]
blinzeln (mit den Augen)	å blinke	[ɔ 'blinkə]
zwinkern (mit den Augen)	å blinke	[ɔ 'blinkə]
nicken (vi)	å nikke	[ɔ 'nikə]

Seufzer (m)	sukk (n)	['sʉk]
aufseufzen (vi)	å sukke	[ɔ 'sʉkə]
zusammenzucken (vi)	å gyse	[ɔ 'jisə]
Geste (f)	gest (m)	['gɛst]
berühren (vt)	å røre	[ɔ 'rørə]
ergreifen (vt)	å gripe	[ɔ 'gripə]
klopfen (vt)	å klappe	[ɔ 'klɑpə]

Vorsicht!	Pass på!	['pɑs 'pɔ]
Wirklich?	Virkelig?	['virkəli]
Sind Sie sicher?	Er du sikker?	[ɛr dʉ 'sikər]
Viel Glück!	Lykke til!	['lʏkə til]
Klar!	Jeg forstår!	['jæ fɔ'ʂto:r]
Schade!	Det var synd!	[de var 'sʏn]

68. Zustimmung. Ablehnung

Einverständnis (n)	samtykke (n)	['samˌtʏkə]
zustimmen (vi)	å samtykke	[ɔ 'samˌtʏkə]
Billigung (f)	godkjennelse (m)	['gʉˌçɛnəlsə]
billigen (vt)	å godkjenne	[ɔ 'gʉˌçɛnə]
Absage (f)	avslag (n)	['afˌslag]

sich weigern	å vegre seg	[ɔ 'vɛgrə sæj]
Ausgezeichnet!	Det er fint!	['de ær 'fint]
Ganz recht!	Godt!	['gɔt]
Gut! Okay!	OK! Enig!	[ɔ'kɛj], ['ɛni]

verboten (Adj)	forbudt	[fɔr'bʉt]
Es ist verboten	det er forbudt	[de ær fɔr'bʉt]
Es ist unmöglich	det er umulig	[de ær ʉ'mʉli]
falsch	uriktig, ikke riktig	['ʉˌrikti], ['ikə ˌrikti]

ablehnen (vt)	å avslå	[ɔ 'afˌslɔ]
unterstützen (vt)	å støtte	[ɔ 'stœtə]
akzeptieren (vt)	å akseptere	[ɔ aksɛp'terə]

bestätigen (vt)	å bekrefte	[ɔ be'krɛftə]
Bestätigung (f)	bekreftelse (m)	[be'krɛftəlsə]
Erlaubnis (f)	tillatelse (m)	['tiˌlatəlsə]
erlauben (vt)	å tillate	[ɔ 'tiˌlatə]
Entscheidung (f)	beslutning (m)	[be'slʉtniŋ]
schweigen (nicht antworten)	å tie	[ɔ 'tie]

Bedingung (f)	betingelse (m)	[be'tiŋəlsə]
Ausrede (f)	foregivende (n)	['fɔrəˌjivnə]
Lob (n)	ros (m)	['rʊs]
loben (vt)	å rose, å berømme	[ɔ 'rʊsə], [ɔ be'rœmə]

69. Erfolg. Alles Gute. Misserfolg

Erfolg (m)	suksess (m)	[sʉk'sɛ]
erfolgreich (Adv)	med suksess	[me sʉk'sɛ]
erfolgreich (Adj)	vellykket	['velˌlʏkət]

Glück (Glücksfall)	hell (n), lykke (m/f)	['hɛl], ['lʏkə]
Viel Glück!	Lykke til!	['lʏkə til]
Glücks- (z.B. -tag)	heldig, lykkelig	['hɛldi], ['lʏkəli]
glücklich (Adj)	heldig	['hɛldi]

Misserfolg (m)	mislykkelse, fiasko (m)	['misˌlʏkəlsə], [fi'askʊ]
Missgeschick (n)	uhell (n), utur (m)	['ʉˌhɛl], ['ʉˌtʉr]
Unglück (n)	uhell (n)	['ʉˌhɛl]

| missglückt (Adj) | mislykket | ['misˌlʏkət] |
| Katastrophe (f) | katastrofe (m) | [kata'strɔfə] |

Stolz (m)	stolthet (m)	['stɔltˌhet]
stolz	stolt	['stɔlt]
stolz sein	å være stolt	[ɔ 'værə 'stɔlt]

Sieger (m)	seierherre (m)	['sæjərˌhɛrə]
siegen (vi)	å seire, å vinne	[ɔ 'sæjrə], [ɔ 'vinə]
verlieren (Spiel usw.)	å tape	[ɔ 'tapə]
Versuch (m)	forsøk (n)	['fɔˈsøk]
versuchen (vt)	å prøve, å forsøke	[ɔ 'prøvə], [ɔ fɔ'søkə]
Chance (f)	sjanse (m)	['ʃansə]

70. Streit. Negative Gefühle

Schrei (m)	skrik (n)	['skrik]
schreien (vi)	å skrike	[ɔ 'skrikə]
beginnen zu schreien	å begynne å skrike	[ɔ be'jinə ɔ 'skrikə]
Zank (m)	krangel (m)	['kraŋəl]
sich zanken	å krangle	[ɔ 'kraŋlə]
Riesenkrach (m)	skandale (m)	[skɑn'dɑlə]
Krach haben	å gjøre skandale	[ɔ 'jørə skɑn'dɑlə]
Konflikt (m)	konflikt (m)	[kʊn'flikt]
Missverständnis (n)	misforståelse (m)	[misfɔ'stɔəlsə]
Kränkung (f)	fornærmelse (m)	[fɔ:'ŋærməlsə]
kränken (vt)	å fornærme	[ɔ fɔ:'ŋærmə]
gekränkt (Adj)	fornærmet	[fɔ:'ŋærmət]
Beleidigung (f)	fornærmelse (m)	[fɔ:'ŋærməlsə]
beleidigen (vt)	å fornærme	[ɔ fɔ:'ŋærmə]
sich beleidigt fühlen	å bli fornærmet	[ɔ 'bli fɔ:'ŋærmət]
Empörung (f)	forargelse (m)	[fɔ'rɑrgəlsə]
sich empören	å bli indignert	[ɔ 'bli indi'gnɛ:t]
Klage (f)	klage (m)	['klɑgə]
klagen (vi)	å klage	[ɔ 'klɑgə]
Entschuldigung (f)	unnskyldning (m/f)	['ʉn̩ˌsyldniŋ]
sich entschuldigen	å unnskylde seg	[ɔ 'ʉn̩ˌsylə sæj]
um Entschuldigung bitten	å be om forlatelse	[ɔ 'be ɔm fɔ:'[ɑtəlsə]
Kritik (f)	kritikk (m)	[kri'tik]
kritisieren (vt)	å kritisere	[ɔ kriti'serə]
Anklage (f)	anklagelse (m)	['ɑnˌklɑgəlsə]
anklagen (vt)	å anklage	[ɔ 'ɑnˌklɑgə]
Rache (f)	hevn (m)	['hɛvn]
rächen (vt)	å hevne	[ɔ 'hɛvnə]
sich rächen	å hevne	[ɔ 'hɛvnə]
Verachtung (f)	forakt (m)	[fɔ'rɑkt]
verachten (vt)	å forakte	[ɔ fɔ'rɑktə]
Hass (m)	hat (n)	['hɑt]
hassen (vt)	å hate	[ɔ 'hɑtə]
nervös	nervøs	[nær'vøs]
nervös sein	å være nervøs	[ɔ 'værə nær'vøs]
verärgert	vred, sint	['vred], ['sint]
ärgern (vt)	å gjøre sint	[ɔ 'jørə ˌsint]
Erniedrigung (f)	ydmykelse (m)	['ydˌmykəlsə]
erniedrigen (vt)	å ydmyke	[ɔ 'ydˌmykə]
sich erniedrigen	å ydmyke seg	[ɔ 'ydˌmykə sæj]
Schock (m)	sjokk (n)	['ʂɔk]
schockieren (vt)	å sjokkere	[ɔ ʂɔ'kerə]
Ärger (m)	knipe (m/f)	['knipə]

unangenehm	ubehagelig	[ube'hageli]
Angst (f)	redsel, frykt (m)	['rɛtsəl], ['frʏkt]
furchtbar (z.B. -e Sturm)	fryktelig	['frʏktəli]
schrecklich	uhyggelig, skremmende	['uhygəli], ['skrɛmənə]
Entsetzen (n)	redsel (m)	['rɛtsəl]
entsetzlich	forferdelig	[fɔr'færdəli]

zittern (vi)	å begynne å ryste	[ɔ be'jinə ɔ 'rystə]
weinen (vi)	å gråte	[ɔ 'gro:tə]
anfangen zu weinen	å begynne å gråte	[ɔ be'jinə ɔ 'gro:tə]
Träne (f)	tåre (m/f)	['to:rə]

Schuld (f)	skyld (m/f)	['syl]
Schuldgefühl (n)	skyldfølelse (m)	['syl,føləlsə]
Schmach (f)	skam, vanære (m/f)	['skam], ['vanærə]
Protest (m)	protest (m)	[pru'tɛst]
Stress (m)	stress (m/n)	['strɛs]

stören (vt)	å forstyrre	[ɔ fɔ'styrə]
sich ärgern	å være sint	[ɔ 'værə ,sint]
ärgerlich	vred, sint	['vred], ['sint]
abbrechen (vi)	å avbryte	[ɔ 'av,brytə]
schelten (vi)	å sverge	[ɔ 'sværgə]

erschrecken (vi)	å bli skremt	[ɔ 'bli 'skrɛmt]
schlagen (vt)	å slå	[ɔ 'slɔ]
sich prügeln	å slåss	[ɔ 'slɔs]

beilegen (Konflikt usw.)	å løse	[ɔ 'løsə]
unzufrieden	misfornøyd, utilfreds	['mis,fɔ:'nøjd], ['util,frɛds]
wütend	rasende	['rasenə]

| Das ist nicht gut! | Det er ikke bra! | [de ær ikə 'bra] |
| Das ist schlecht! | Det er dårlig! | [de ær 'do:li] |

Medizin

Krankheit (f)	sykdom (m)	['sʏk‚dɔm]
krank sein	å være syk	[ɔ 'væːrə 'syk]
Gesundheit (f)	helse (m/f)	['hɛlsə]

Schnupfen (m)	snue (m)	['snʉə]
Angina (f)	angina (m)	[an'giːna]
Erkältung (f)	forkjølelse (m)	[fɔr'çœləlsə]
sich erkälten	å forkjøle seg	[ɔ fɔr'çœlə sæj]

Bronchitis (f)	bronkitt (m)	[brɔn'kit]
Lungenentzündung (f)	lungebetennelse (m)	['lʉŋə be'tɛnəlsə]
Grippe (f)	influensa (m)	[inflʉ'ɛnsa]

kurzsichtig	nærsynt	['næː‚sʏnt]
weitsichtig	langsynt	['laŋsʏnt]
Schielen (n)	skjeløydhet (m)	['ʂɛløjd‚het]
schielend (Adj)	skjeløyd	['ʂɛl‚øjd]
grauer Star (m)	grå stær, katarakt (m)	['grɔ ‚stær], [kata'rakt]
Glaukom (n)	glaukom (n)	[glaʉ'kɔm]

Schlaganfall (m)	hjerneslag (n)	['jæː‚ŋə‚slag]
Infarkt (m)	infarkt (n)	[in'farkt]
Herzinfarkt (m)	myokardieinfarkt (n)	['miɔ'kardiə in'farkt]
Lähmung (f)	paralyse, lammelse (m)	['para'lyse], ['laməlsə]
lähmen (vt)	å lamme	[ɔ 'lamə]

Allergie (f)	allergi (m)	[alæː'gi]
Asthma (n)	astma (n)	['astma]
Diabetes (m)	diabetes (m)	[dia'betəs]

| Zahnschmerz (m) | tannpine (m/f) | ['tan‚pine] |
| Karies (f) | karies (m) | ['karies] |

Durchfall (m)	diaré (m)	[dia'rɛ]
Verstopfung (f)	forstoppelse (m)	[fɔ'ʂtɔpəlsə]
Magenverstimmung (f)	magebesvær (m)	['magə‚be'svær]
Vergiftung (f)	matforgiftning (m/f)	['mat‚fɔr'jiftniŋ]
Vergiftung bekommen	å få matforgiftning	[ɔ 'fɔ mat‚fɔr'jiftniŋ]

Arthritis (f)	artritt (m)	[aː't'rit]
Rachitis (f)	rakitt (m)	[ra'kit]
Rheumatismus (m)	revmatisme (m)	[revma'tismə]
Atherosklerose (f)	arteriosklerose (m)	[aː'ţeriʉskle‚rʉsə]

| Gastritis (f) | magekatarr, gastritt (m) | ['magəka‚tar], [‚ga'strit] |
| Blinddarmentzündung (f) | appendisitt (m) | [apɛndi'sit] |

| Cholezystitis (f) | galleblærebetennelse (m) | ['galǝˌblærǝ be'tɛnǝlsǝ] |
| Geschwür (n) | magesår (n) | ['mɑgǝˌsɔr] |

Masern (pl)	meslinger (m pl)	['mɛsˌliŋǝr]
Röteln (pl)	røde hunder (m pl)	['rødǝ 'hʉnǝr]
Gelbsucht (f)	gulsott (m/f)	['gʉlˌsʉt]
Hepatitis (f)	hepatitt (m)	[hepɑ'tit]

Schizophrenie (f)	schizofreni (m)	[ˌsisʉfre'ni]
Tollwut (f)	rabies (m)	['rɑbiǝs]
Neurose (f)	nevrose (m)	[nev'rʉsǝ]
Gehirnerschütterung (f)	hjernerystelse (m)	['jæːŋǝˌrʏstǝlsǝ]

Krebs (m)	kreft, cancer (m)	['krɛft], ['kɑnsǝr]
Sklerose (f)	sklerose (m)	[skle'rʉsǝ]
multiple Sklerose (f)	multippel sklerose (m)	[mʉl'tipǝl skle'rʉsǝ]

Alkoholismus (m)	alkoholisme (m)	[ɑlkʉhʉ'lismǝ]
Alkoholiker (m)	alkoholiker (m)	[ɑlkʉ'hʉlikǝr]
Syphilis (f)	syfilis (m)	['syfilis]
AIDS	AIDS, aids (m)	['ɛjds]

Tumor (m)	svulst, tumor (m)	['svʉlst], [tʉ'mʉr]
bösartig	ondartet, malign	['ʊnˌɑːʈǝt], [mɑ'lign]
gutartig	godartet	['gʉˌɑːʈǝt]

Fieber (n)	feber (m)	['febǝr]
Malaria (f)	malaria (m)	[mɑ'lɑriɑ]
Gangrän (f, n)	koldbrann (m)	['kɔlbrɑn]
Seekrankheit (f)	sjøsyke (m)	['ʂøˌsykǝ]
Epilepsie (f)	epilepsi (m)	[ɛpilep'si]

Epidemie (f)	epidemi (m)	[ɛpide'mi]
Typhus (m)	tyfus (m)	['tyfʉs]
Tuberkulose (f)	tuberkulose (m)	[tubærkʉ'lɔsǝ]
Cholera (f)	kolera (m)	['kʉlerɑ]
Pest (f)	pest (m)	['pɛst]

72. Symptome. Behandlungen. Teil 1

Symptom (n)	symptom (n)	[sʏmp'tʉm]
Temperatur (f)	temperatur (m)	[tɛmpǝrɑ'tʉr]
Fieber (n)	høy temperatur (m)	['høj tɛmpǝrɑ'tʉr]
Puls (m)	puls (m)	['pʉls]

Schwindel (m)	svimmelhet (m)	['svimǝlˌhet]
heiß (Stirne usw.)	varm	['vɑrm]
Schüttelfrost (m)	skjelving (m/f)	['ʂɛlviŋ]
blass (z.B. -es Gesicht)	blek	['blek]

Husten (m)	hoste (m)	['hʉstǝ]
husten (vi)	å hoste	[ɔ 'hʉstǝ]
niesen (vi)	å nyse	[ɔ 'nysǝ]
Ohnmacht (f)	besvimelse (m)	[bɛ'svimǝlsǝ]

ohnmächtig werden	å besvime	[ɔ be'svimə]
blauer Fleck (m)	blåmerke (n)	['blɔˌmærkə]
Beule (f)	bule (m)	['bʉlə]
sich stoßen	å slå seg	[ɔ 'ʂlɔ sæj]
Prellung (f)	blåmerke (n)	['blɔˌmærkə]
sich stoßen	å slå seg	[ɔ 'ʂlɔ sæj]

hinken (vi)	å halte	[ɔ 'haltə]
Verrenkung (f)	forvridning (m)	[fɔr'vridniŋ]
ausrenken (vt)	å forvri	[ɔ fɔr'vri]
Fraktur (f)	brudd (n), fraktur (m)	['brʉd], [frak'tʉr]
brechen (Arm usw.)	å få brudd	[ɔ 'fɔ 'brʉd]

Schnittwunde (f)	skjæresår (n)	['ʂæːrəˌsɔr]
sich schneiden	å skjære seg	[ɔ 'ʂæːrə sæj]
Blutung (f)	blødning (m/f)	['blødniŋ]

| Verbrennung (f) | brannsår (n) | ['branˌsɔr] |
| sich verbrennen | å brenne seg | [ɔ 'brɛnə sæj] |

stechen (vt)	å stikke	[ɔ 'stikə]
sich stechen	å stikke seg	[ɔ 'stikə sæj]
verletzen (vt)	å skade	[ɔ 'skadə]
Verletzung (f)	skade (n)	['skadə]
Wunde (f)	sår (n)	['sɔr]
Trauma (n)	traume (m)	['traʊmə]

irrereden (vi)	å snakke i villelse	[ɔ 'snakə i 'viləlsə]
stottern (vi)	å stamme	[ɔ 'stamə]
Sonnenstich (m)	solstikk (n)	['sʊlˌstik]

73. Symptome. Behandlungen. Teil 2

| Schmerz (m) | smerte (m) | ['smæːʈə] |
| Splitter (m) | flis (m/f) | ['flis] |

Schweiß (m)	svette (m)	['svɛtə]
schwitzen (vi)	å svette	[ɔ 'svɛtə]
Erbrechen (n)	oppkast (n)	['ɔpˌkast]
Krämpfe (pl)	kramper (m pl)	['krampər]

schwanger	gravid	[gra'vid]
geboren sein	å fødes	[ɔ 'fødə]
Geburt (f)	fødsel (m)	['føtsəl]
gebären (vt)	å føde	[ɔ 'fødə]
Abtreibung (f)	abort (m)	[a'bɔːʈ]

Atem (m)	åndedrett (n)	['ɔndəˌdrɛt]
Atemzug (m)	innånding (m/f)	['inˌɔniŋ]
Ausatmung (f)	utånding (m/f)	['ʉtˌɔndiŋ]
ausatmen (vt)	å puste ut	[ɔ 'pʉstə ʉt]
einatmen (vt)	å ånde inn	[ɔ 'ɔndə ˌin]
Invalide (m)	handikappet person (m)	['handiˌkapət pæ'ʂʉn]
Krüppel (m)	krøpling (m)	['krøpliŋ]

Drogenabhängiger (m)	narkoman (m)	[narkʉ'man]
taub	døv	['døv]
stumm	stum	['stʉm]
taubstumm	døvstum	['døf‚stʉm]

verrückt (Adj)	gal	['gal]
Irre (m)	gal mann (m)	['gal ‚man]
Irre (f)	gal kvinne (m/f)	['gal ‚kvinə]
den Verstand verlieren	å bli sinnssyk	[ɔ 'bli 'sin‚syk]

Gen (n)	gen (m)	['gen]
Immunität (f)	immunitet (m)	[imʉni'tet]
erblich	arvelig	['arvəli]
angeboren	medfødt	['me:‚føt]

Virus (m, n)	virus (m)	['virʉs]
Mikrobe (f)	mikrobe (m)	[mi'krʉbə]
Bakterie (f)	bakterie (m)	[bak'teriə]
Infektion (f)	infeksjon (m)	[infɛk'ʂʉn]

74. Symptome. Behandlungen. Teil 3

| Krankenhaus (n) | sykehus (n) | ['sykə‚hʉs] |
| Patient (m) | pasient (m) | [pasi'ɛnt] |

Diagnose (f)	diagnose (m)	[dia'gnʉsə]
Heilung (f)	kur (m)	['kʉr]
Behandlung (f)	behandling (m/f)	[be'handliŋ]
Behandlung bekommen	å bli behandlet	[ɔ 'bli be'handlət]
behandeln (vt)	å behandle	[ɔ be'handlə]
pflegen (Kranke)	å skjøtte	[ɔ 'ʂøtə]
Pflege (f)	sykepleie (m/f)	['sykə‚plæjə]

Operation (f)	operasjon (m)	[ɔpera'ʂʉn]
verbinden (vt)	å forbinde	[ɔ for'binə]
Verband (m)	forbinding (m)	[for'biniŋ]

Impfung (f)	vaksinering (m/f)	[vaksi'neriŋ]
impfen (vt)	å vaksinere	[ɔ vaksi'nerə]
Spritze (f)	injeksjon (m), sprøyte (m/f)	[injɛk'ʂʉn], ['sprøjtə]
eine Spritze geben	å gi en sprøyte	[ɔ 'ji en 'sprøjtə]

Anfall (m)	anfall (n)	['an‚fal]
Amputation (f)	amputasjon (m)	[ampʉta'ʂʉn]
amputieren (vt)	å amputere	[ɔ ampʉ'terə]
Koma (n)	koma (m)	['kʉma]
im Koma liegen	å ligge i koma	[ɔ 'ligə i 'kʉma]
Reanimation (f)	intensivavdeling (m/f)	['inten‚siv 'av‚deliŋ]

genesen von … (vi)	å bli frisk	[ɔ 'bli 'frisk]
Zustand (m)	tilstand (m)	['til‚stan]
Bewusstsein (n)	bevissthet (m)	[be'vist‚het]
Gedächtnis (n)	minne (n), hukommelse (m)	['minə], [hʉ'kɔməlsə]
ziehen (einen Zahn ~)	å trekke ut	[ɔ 'trɛkə ʉt]

| Plombe (f) | fylling (m/f) | ['fʏliŋ] |
| plombieren (vt) | å plombere | [ɔ plʊm'berə] |

| Hypnose (f) | hypnose (m) | [hʏp'nʊsə] |
| hypnotisieren (vt) | å hypnotisere | [ɔ hʏpnʊti'serə] |

75. Ärzte

Arzt (m)	lege (m)	['legə]
Krankenschwester (f)	sykepleierske (m/f)	['sykə‚plæjeʂkə]
Privatarzt (m)	personlig lege (m)	[pæ'ʂʊnli 'legə]

Zahnarzt (m)	tannlege (m)	['tɑn‚legə]
Augenarzt (m)	øyelege (m)	['øjə‚legə]
Internist (m)	terapeut (m)	[terɑ'pɛut]
Chirurg (m)	kirurg (m)	[çi'rʉrg]

Psychiater (m)	psykiater (m)	[syki'ɑtər]
Kinderarzt (m)	barnelege (m)	['bɑːɳə‚legə]
Psychologe (m)	psykolog (m)	[sykʉ'lɔg]
Frauenarzt (m)	gynekolog (m)	[gynekʉ'lɔg]
Kardiologe (m)	kardiolog (m)	[kɑːɖiʉ'lɔg]

76. Medizin. Medikamente. Accessoires

Arznei (f)	medisin (m)	[medi'sin]
Heilmittel (n)	middel (n)	['midəl]
verschreiben (vt)	å ordinere	[ɔ ɔrdi'nerə]
Rezept (n)	resept (m)	[re'sɛpt]

Tablette (f)	tablett (m)	[tɑb'let]
Salbe (f)	salve (m/f)	['sɑlvə]
Ampulle (f)	ampulle (m)	[ɑm'pʉlə]
Mixtur (f)	mikstur (m)	[miks'tʉr]
Sirup (m)	sirup (m)	['sirʉp]
Pille (f)	pille (m/f)	['pilə]
Pulver (n)	pulver (n)	['pʉlvər]

Verband (m)	gasbind (n)	['gɑs‚bin]
Watte (f)	vatt (m/n)	['vɑt]
Jod (n)	jod (m/n)	['ʉd]

Pflaster (n)	plaster (n)	['plɑstər]
Pipette (f)	pipette (m)	[pi'pɛtə]
Thermometer (n)	termometer (n)	[tɛrmʉ'metər]
Spritze (f)	sprøyte (m/f)	['sprøjtə]

| Rollstuhl (m) | rullestol (m) | ['rʉlə‚stʊl] |
| Krücken (pl) | krykker (m/f pl) | ['krʏkər] |

| Betäubungsmittel (n) | smertestillende middel (n) | ['smæː‚ʈə‚stilenə 'midəl] |
| Abführmittel (n) | laksativ (n) | [lɑksɑ'tiv] |

Spiritus (m)	sprit (m)	['sprit]
Heilkraut (n)	legeurter (m/f pl)	['legə‚ʉːtər]
Kräuter- (z.B. Kräutertee)	urte-	['ʉːtə-]

77. Rauchen. Tabakwaren

Tabak (m)	tobakk (m)	[tʊ'bɑk]
Zigarette (f)	sigarett (m)	[sigɑ'rɛt]
Zigarre (f)	sigar (m)	[si'gɑr]
Pfeife (f)	pipe (m/f)	['pipə]
Packung (f)	pakke (m/f)	['pɑkə]

Streichhölzer (pl)	fyrstikker (m/f pl)	['fy‚stikər]
Streichholzschachtel (f)	fyrstikkeske (m)	['fy‚stik‚ɛskə]
Feuerzeug (n)	tenner (m)	['tɛnər]
Aschenbecher (m)	askebeger (n)	['ɑskə‚begər]
Zigarettenetui (n)	sigarettetui (n)	[sigɑ'rɛt ɛtʉ'i]

| Mundstück (n) | munnstykke (n) | ['mʉn‚stʏkə] |
| Filter (n) | filter (n) | ['filtər] |

rauchen (vi, vt)	å røyke	[ɔ 'røjkə]
anrauchen (vt)	å tenne en sigarett	[ɔ 'tɛnə en sigɑ'rɛt]
Rauchen (n)	røyking, røkning (m)	['røjkiŋ], ['røkniŋ]
Raucher (m)	røyker (m)	['røjkər]

Stummel (m)	stump (m)	['stʉmp]
Rauch (m)	røyk (m)	['røjk]
Asche (f)	aske (m/f)	['ɑskə]

LEBENSRAUM DES MENSCHEN

Stadt

78. Stadt. Leben in der Stadt

Stadt (f)	by (m)	['by]
Hauptstadt (f)	hovedstad (m)	['hʊvɛd‚stɑd]
Dorf (n)	landsby (m)	['lɑns‚by]
Stadtplan (m)	bykart (n)	['by‚kɑːt]
Stadtzentrum (n)	sentrum (n)	['sɛntrum]
Vorort (m)	forstad (m)	['fɔ‚ʂtɑd]
Vorort-	forstads-	['fɔ‚ʂtɑds-]
Stadtrand (m)	utkant (m)	['ʉt‚kɑnt]
Umgebung (f)	omegner (m pl)	['ɔm‚æjnər]
Stadtviertel (n)	kvarter (n)	[kvɑ:ʈer]
Wohnblock (m)	boligkvarter (n)	['bʉli‚kvɑ:ʈer]
Straßenverkehr (m)	trafikk (m)	[trɑ'fik]
Ampel (f)	trafikklys (n)	[trɑ'fik‚lys]
Stadtverkehr (m)	offentlig transport (m)	['ɔfentli trɑns'pɔ:t]
Straßenkreuzung (f)	veikryss (n)	['væjkrʏs]
Übergang (m)	fotgjengerovergang (m)	['fʊtjɛŋər 'ɔvɛr‚gɑŋ]
Fußgängerunterführung (f)	undergang (m)	['ʉnər‚gɑŋ]
überqueren (vt)	å gå over	[ɔ 'gɔ 'ɔvər]
Fußgänger (m)	fotgjenger (m)	['fʊtjɛŋər]
Gehweg (m)	fortau (n)	['fɔ:‚tau]
Brücke (f)	bro (m/f)	['brʊ]
Kai (m)	kai (m/f)	['kaj]
Springbrunnen (m)	fontene (m)	['fʊntnə]
Allee (f)	allé (m)	[a'le:]
Park (m)	park (m)	['pɑrk]
Boulevard (m)	bulevard (m)	[bule'vɑr]
Platz (m)	torg (n)	['tɔr]
Avenue (f)	aveny (m)	[ave'ny]
Straße (f)	gate (m/f)	['gɑtə]
Gasse (f)	sidegate (m/f)	['sidə‚gɑtə]
Sackgasse (f)	blindgate (m/f)	['blin‚gɑtə]
Haus (n)	hus (n)	['hʉs]
Gebäude (n)	bygning (m/f)	['bʏgniŋ]
Wolkenkratzer (m)	skyskraper (m)	['sy‚skrɑpər]
Fassade (f)	fasade (m)	[fa'sɑdə]
Dach (n)	tak (n)	['tɑk]

Fenster (n)	vindu (n)	['vindʉ]
Bogen (m)	bue (m)	['bʉːə]
Säule (f)	søyle (m)	['søjlə]
Ecke (f)	hjørne (n)	['jœːŋə]

Schaufenster (n)	utstillingsvindu (n)	['ʉt,stiliŋs 'vindʉ]
Firmenschild (n)	skilt (n)	['ʂilt]
Anschlag (m)	plakat (m)	[pla'kat]
Werbeposter (m)	reklameplakat (m)	[rɛ'klamə,pla'kat]
Werbeschild (n)	reklametavle (m/f)	[rɛ'klamə,tavlə]

Müll (m)	søppel (m/f/n), avfall (n)	['sœpəl], ['av,fal]
Mülleimer (m)	søppelkasse (m/f)	['sœpəl,kasə]
Abfall wegwerfen	å kaste søppel	[ɔ 'kastə 'sœpəl]
Mülldeponie (f)	søppelfylling (m/f), deponi (n)	['sœpəl,fʏliŋ], [,depɔ'ni]

Telefonzelle (f)	telefonboks (m)	[tele'fʉn,bɔks]
Straßenlaterne (f)	lyktestolpe (m)	['lʏktə,stɔlpə]
Bank (Park-)	benk (m)	['bɛŋk]

Polizist (m)	politi (m)	[pʉli'ti]
Polizei (f)	politi (n)	[pʉli'ti]
Bettler (m)	tigger (m)	['tigər]
Obdachlose (m)	hjemløs	['jɛm,løs]

79. Innerstädtische Einrichtungen

Laden (m)	forretning, butikk (m)	[fɔ'rɛtniŋ], [bʉ'tik]
Apotheke (f)	apotek (n)	[apʉ'tek]
Optik (f)	optikk (m)	[ɔp'tik]
Einkaufszentrum (n)	kjøpesenter (n)	['çœpə,sɛntər]
Supermarkt (m)	supermarked (n)	['sʉpə,market]

Bäckerei (f)	bakeri (n)	[bake'ri]
Bäcker (m)	baker (m)	['bakər]
Konditorei (f)	konditori (n)	[kʉnditɔ'ri]
Lebensmittelladen (m)	matbutikk (m)	['matbʉ,tik]
Metzgerei (f)	slakterbutikk (m)	['ʂlaktəbʉ,tik]

Gemüseladen (m)	grønnsaksbutikk (m)	['grœn,saks bʉ'tik]
Markt (m)	marked (n)	['markəd]

Kaffeehaus (n)	kafé, kaffebar (m)	[ka'fe], ['kafə,bar]
Restaurant (n)	restaurant (m)	[rɛstʉ'raŋ]
Bierstube (f)	pub (m)	['pʉb]
Pizzeria (f)	pizzeria (m)	[pitsə'ria]

Friseursalon (m)	frisørsalong (m)	[fri'sør sa,lɔŋ]
Post (f)	post (m)	['pɔst]
chemische Reinigung (f)	renseri (n)	[rɛnse'ri]
Fotostudio (n)	fotostudio (n)	['fotɔ,stʉdiɔ]

Schuhgeschäft (n)	skobutikk (m)	['skʉ,bʉ'tik]
Buchhandlung (f)	bokhandel (m)	['bʉk,handəl]

Sportgeschäft (n)	idrettsbutikk (m)	['idrɛts bɯ'tik]
Kleiderreparatur (f)	reparasjon (m) av klær	[repɑrɑ'şɔn ɑ: ˌklær]
Bekleidungsverleih (m)	leie (m/f) av klær	['læjə ɑ: ˌklær]
Videothek (f)	filmutleie (m/f)	['film ˌɯt'læje]

Zirkus (m)	sirkus (m/n)	['sirkɯs]
Zoo (m)	zoo, dyrepark (m)	['sɯ:], [dyrə'pɑrk]
Kino (n)	kino (m)	['çinɯ]
Museum (n)	museum (n)	[mɯ'seum]
Bibliothek (f)	bibliotek (n)	[biblɯ'tek]

Theater (n)	teater (n)	[te'ɑtər]
Opernhaus (n)	opera (m)	['ɯperɑ]
Nachtklub (m)	nattklubb (m)	['nɑtˌklɯb]
Kasino (n)	kasino (n)	[kɑ'sinɯ]

Moschee (f)	moské (m)	[mɯ'ske]
Synagoge (f)	synagoge (m)	[synɑ'gɯgə]
Kathedrale (f)	katedral (m)	[kɑte'drɑl]
Tempel (m)	tempel (n)	['tɛmpəl]
Kirche (f)	kirke (m/f)	['çirkə]

Institut (n)	institutt (n)	[insti'tɯt]
Universität (f)	universitet (n)	[ɯnivæşi'tet]
Schule (f)	skole (m/f)	['skɯlə]

Präfektur (f)	prefektur (n)	[prɛfɛk'tɯr]
Rathaus (n)	rådhus (n)	['rɔdˌhɯs]
Hotel (n)	hotell (n)	[hɯ'tɛl]
Bank (f)	bank (m)	['bɑnk]

Botschaft (f)	ambassade (m)	[ɑmbɑ'sɑdə]
Reisebüro (n)	reisebyrå (n)	['ræjsə byˌro]
Informationsbüro (n)	opplysningskontor (n)	[ɔp'lʏsniŋs kɯn'tɯr]
Wechselstube (f)	vekslingskontor (n)	['vɛkşliŋs kɯn'tɯr]

| U-Bahn (f) | tunnelbane, T-bane (m) | ['tɯnəlˌbɑnə], ['tɛːˌbɑnə] |
| Krankenhaus (n) | sykehus (n) | ['sykəˌhɯs] |

| Tankstelle (f) | bensinstasjon (m) | [bɛn'sinˌstɑ'şɔn] |
| Parkplatz (m) | parkeringsplass (m) | [pɑr'keriŋsˌplɑs] |

80. Schilder

Firmenschild (n)	skilt (n)	['şilt]
Aufschrift (f)	innskrift (m/f)	['inˌskrift]
Plakat (n)	plakat, poster (m)	['plɑˌkɑt], ['pɔstər]
Wegweiser (m)	veiviser (m)	['væjˌvisər]
Pfeil (m)	pil (m/f)	['pil]

Vorsicht (f)	advarsel (m)	['ɑdˌvɑşəl]
Warnung (f)	varselskilt (n)	['vɑşəlˌşilt]
warnen (vt)	å varsle	[ɔ 'vɑşlə]
freier Tag (m)	fridag (m)	['friˌdɑ]

| Fahrplan (m) | rutetabell (m) | ['rutə‚ta'bɛl] |
| Öffnungszeiten (pl) | åpningstider (m/f pl) | ['ɔpniŋs‚tidər] |

HERZLICH WILLKOMMEN!	VELKOMMEN!	['vɛl‚kɔmən]
EINGANG	INNGANG	['in‚gaŋ]
AUSGANG	UTGANG	['ʉt‚gaŋ]

DRÜCKEN	SKYV	['şyv]
ZIEHEN	TREKK	['trɛk]
GEÖFFNET	ÅPENT	['ɔpənt]
GESCHLOSSEN	STENGT	['stɛnt]

| DAMEN, FRAUEN | DAMER | ['damər] |
| HERREN, MÄNNER | HERRER | ['hærər] |

AUSVERKAUF	RABATT	[ra'bat]
REDUZIERT	SALG	['salg]
NEU!	NYTT!	['nʏt]
GRATIS	GRATIS	['gratis]

ACHTUNG!	FORSIKTIG!	[fʊ'şiktə]
ZIMMER BELEGT	INGEN LEDIGE ROM	['iŋən 'lediə rʊm]
RESERVIERT	RESERVERT	[resɛr'vɛ:t]

| VERWALTUNG | ADMINISTRASJON | [administra'şʉn] |
| NUR FÜR PERSONAL | KUN FOR ANSATTE | ['kʉn fɔr an'satə] |

VORSICHT BISSIGER HUND	VOKT DEM FOR HUNDEN	['vɔkt dem fɔ 'hʉnən]
RAUCHEN VERBOTEN!	RØYKING FORBUDT	['røjkiŋ fɔr'bʉt]
BITTE NICHT BERÜHREN	IKKE RØR!	['ikə 'rør]

GEFÄHRLICH	FARLIG	['fɑ:‚li]
VORSICHT!	FARE	['farə]
HOCHSPANNUNG	HØYSPENNING	['høj‚spɛniŋ]
BADEN VERBOTEN	BADING FORBUDT	['badiŋ fɔr'bʉt]
AUßER BETRIEB	I USTAND	[i 'ʉ‚stan]

LEICHTENTZÜNDLICH	BRANNFARLIG	['bran‚fɑ:‚li]
VERBOTEN	FORBUDT	[fɔr'bʉt]
DURCHGANG VERBOTEN	INGEN INNKJØRING	['iŋən 'in‚çœriŋ]
FRISCH GESTRICHEN	NYMALT	['ny‚malt]

81. Innerstädtischer Transport

Bus (m)	buss (m)	['bʉs]
Straßenbahn (f)	trikk (m)	['trik]
Obus (m)	trolleybuss (m)	['trɔli‚bʉs]
Linie (f)	rute (m/f)	['rʉtə]
Nummer (f)	nummer (n)	['nʉmər]

mit ... fahren	å kjøre med ...	[ɔ 'çœːrə me ...]
einsteigen (vi)	å gå på ...	[ɔ 'gɔ pɔ ...]
aussteigen (aus dem Bus)	å gå av ...	[ɔ 'gɔ ɑ: ...]

Haltestelle (f)	holdeplass (m)	['holə,plɑs]
nächste Haltestelle (f)	neste holdeplass (m)	['nɛstə 'holə,plɑs]
Endhaltestelle (f)	endestasjon (m)	['ɛnə,stɑ'ʂʉn]
Fahrplan (m)	rutetabell (m)	['rʉtə,tɑ'bɛl]
warten (vi, vt)	å vente	[ɔ 'vɛntə]

Fahrkarte (f)	billett (m)	[bi'let]
Fahrpreis (m)	billettpris (m)	[bi'let,pris]

Kassierer (m)	kasserer (m)	[kɑ'serər]
Fahrkartenkontrolle (f)	billettkontroll (m)	[bi'let kʉn,trol]
Fahrkartenkontrolleur (m)	billett inspektør (m)	[bi'let inspɛk'tør]

sich verspäten	å komme for sent	[ɔ 'komə fo'ʂɛnt]
versäumen (Zug usw.)	å komme for sent til ...	[ɔ 'komə fo'ʂɛnt til ...]
sich beeilen	å skynde seg	[ɔ 'ʂynə sæj]

Taxi (n)	drosje (m/f), taxi (m)	['droʂɛ], ['tɑksi]
Taxifahrer (m)	taxisjåfør (m)	['tɑksi ʂo'før]
mit dem Taxi	med taxi	[me 'tɑksi]
Taxistand (m)	taxiholdeplass (m)	['tɑksi 'holə,plɑs]
ein Taxi rufen	å taxi bestellen	[ɔ 'tɑksi be'stɛlən]
ein Taxi nehmen	å ta taxi	[ɔ 'tɑ ,tɑksi]

Straßenverkehr (m)	trafikk (m)	[trɑ'fik]
Stau (m)	trafikkork (m)	[trɑ'fik,kork]
Hauptverkehrszeit (f)	rushtid (m/f)	['rʉʂ,tid]
parken (vi)	å parkere	[ɔ pɑr'kerə]
parken (vt)	å parkere	[ɔ pɑr'kerə]
Parkplatz (m)	parkeringsplass (m)	[pɑr'keriŋs,plɑs]

U-Bahn (f)	tunnelbane, T-bane (m)	['tʉnəl,banə], ['tɛ:,banə]
Station (f)	stasjon (m)	[stɑ'ʂʉn]
mit der U-Bahn fahren	å kjøre med T-bane	[ɔ 'çœ:rə me 'tɛ:,banə]
Zug (m)	tog (n)	['tog]
Bahnhof (m)	togstasjon (m)	['tog,stɑ'ʂʉn]

82. Sehenswürdigkeiten

Denkmal (n)	monument (n)	[monʉ'mɛnt]
Festung (f)	festning (m/f)	['fɛstniŋ]
Palast (m)	palass (n)	[pɑ'lɑs]
Schloss (n)	borg (m)	['borg]
Turm (m)	tårn (n)	['to:ṇ]
Mausoleum (n)	mausoleum (n)	[mɑʉsʉ'leum]

Architektur (f)	arkitektur (m)	[ɑrkitɛk'tʉr]
mittelalterlich	middelalderlig	['midəl,aldɛ:[i]
alt (antik)	gammel	['gaməl]
national	nasjonal	[naʂʉ'nɑl]
berühmt	kjent	['çɛnt]

Tourist (m)	turist (m)	[tʉ'rist]
Fremdenführer (m)	guide (m)	['gɑjd]

Ausflug (m)	utflukt (m/f)	['ʉtˌflʉkt]
zeigen (vt)	å vise	[ɔ 'visə]
erzählen (vt)	å fortelle	[ɔ fɔ:'ʈɛlə]

finden (vt)	å finne	[ɔ 'finə]
sich verlieren	å gå seg bort	[ɔ 'gɔ sæj 'bʉ:ʈ]
Karte (U-Bahn ~)	kart, linjekart (n)	['kɑ:ʈ], ['linjə'kɑ:ʈ]
Karte (Stadt-)	kart (n)	['kɑ:ʈ]

Souvenir (n)	suvenir (m)	[sʉve'nir]
Souvenirladen (m)	suvenirbutikk (m)	[sʉve'nir bʉ'tik]
fotografieren (vt)	å fotografere	[ɔ fotɔgra'ferə]
sich fotografieren	å bli fotografert	[ɔ 'bli fotɔgra'fɛ:ʈ]

83. Shopping

kaufen (vt)	å kjøpe	[ɔ 'çœ:pə]
Einkauf (m)	innkjøp (n)	['inˌçœp]
einkaufen gehen	å gå shopping	[ɔ 'gɔ ˌʂopiŋ]
Einkaufen (n)	shopping (m)	['ʂopiŋ]

| offen sein (Laden) | å være åpen | [ɔ 'værə 'ɔpən] |
| zu sein | å være stengt | [ɔ 'værə 'stɛŋt] |

Schuhe (pl)	skotøy (n)	['skʉtøj]
Kleidung (f)	klær (n)	['klær]
Kosmetik (f)	kosmetikk (m)	[kʉsme'tik]
Lebensmittel (pl)	matvarer (m/f pl)	['matˌvarər]
Geschenk (n)	gave (m/f)	['gavə]

| Verkäufer (m) | forselger (m) | [fɔ'ʂɛlər] |
| Verkäuferin (f) | forselger (m) | [fɔ'ʂɛlər] |

Kasse (f)	kasse (m/f)	['kasə]
Spiegel (m)	speil (n)	['spæjl]
Ladentisch (m)	disk (m)	['disk]
Umkleidekabine (f)	prøverom (n)	['prøvəˌrʉm]

anprobieren (vt)	å prøve	[ɔ 'prøvə]
passen (Schuhe, Kleid)	å passe	[ɔ 'pasə]
gefallen (vi)	å like	[ɔ 'likə]

Preis (m)	pris (m)	['pris]
Preisschild (n)	prislapp (m)	['prisˌlap]
kosten (vt)	å koste	[ɔ 'kostə]
Wie viel?	Hvor mye?	[vʉr 'mye]
Rabatt (m)	rabatt (m)	[ra'bat]

preiswert	billig	['bili]
billig	billig	['bili]
teuer	dyr	['dyr]
Das ist teuer	Det er dyrt	[de ær 'dy:t]
Verleih (m)	utleie (m/f)	['ʉtˌlæjə]
leihen, mieten (ein Auto usw.)	å leie	[ɔ 'læjə]

| Kredit (m), Darlehen (n) | kreditt (m) | [krɛ'dit] |
| auf Kredit | på kreditt | [pɔ krɛ'dit] |

84. Geld

Geld (n)	penger (m pl)	['pɛŋər]
Austausch (m)	veksling (m/f)	['vɛkşliŋ]
Kurs (m)	kurs (m)	['kuş]
Geldautomat (m)	minibank (m)	['mini,bɑnk]
Münze (f)	mynt (m)	['mʏnt]

| Dollar (m) | dollar (m) | ['dɔlɑr] |
| Euro (m) | euro (m) | ['ɛʉrʊ] |

Lira (f)	lira (m)	['lire]
Mark (f)	mark (m/f)	['mɑrk]
Franken (m)	franc (m)	['frɑn]
Pfund Sterling (n)	pund sterling (m)	['pʉn stɛ:'liŋ]
Yen (m)	yen (m)	['jɛn]

Schulden (pl)	skyld (m/f), gjeld (m)	['şyl], ['jɛl]
Schuldner (m)	skyldner (m)	['şylnər]
leihen (vt)	å låne ut	[ɔ 'lo:nə ʉt]
leihen, borgen (Geld usw.)	å låne	[ɔ 'lo:nə]

Bank (f)	bank (m)	['bɑnk]
Konto (n)	konto (m)	['kɔntʊ]
einzahlen (vt)	å sette inn	[ɔ 'sɛtə in]
auf ein Konto einzahlen	å sette inn på kontoen	[ɔ 'sɛtə in pɔ 'kɔntʊən]
abheben (vt)	å ta ut fra kontoen	[ɔ 'tɑ ʉt frɑ 'kɔntʊən]

Kreditkarte (f)	kredittkort (n)	[krɛ'dit,kɔ:t]
Bargeld (n)	kontanter (m pl)	[kʊn'tɑntər]
Scheck (m)	sjekk (m)	['şɛk]
einen Scheck schreiben	å skrive en sjekk	[ɔ 'skrivə en 'şɛk]
Scheckbuch (n)	sjekkbok (m/f)	['şɛk,bʊk]

Geldtasche (f)	lommebok (m)	['lʊmə,bʊk]
Geldbeutel (m)	pung (m)	['pʉŋ]
Safe (m)	safe, seif (m)	['sɛjf]

Erbe (m)	arving (m)	['ɑrviŋ]
Erbschaft (f)	arv (m)	['ɑrv]
Vermögen (n)	formue (m)	['fɔr,mʉə]

Pacht (f)	leie (m)	['læje]
Miete (f)	husleie (m/f)	['hʉs,læje]
mieten (vt)	å leie	[ɔ 'læje]

Preis (m)	pris (m)	['pris]
Kosten (pl)	kostnad (m)	['kɔstnɑd]
Summe (f)	sum (m)	['sʉm]
ausgeben (vt)	å bruke	[ɔ 'brʉkə]
Ausgaben (pl)	utgifter (m/f pl)	['ʉt,jiftər]

| sparen (vt) | å spare | [ɔ 'spɑrə] |
| sparsam | sparsom | ['spɑʂɔm] |

zahlen (vt)	å betale	[ɔ be'tɑlə]
Lohn (m)	betaling (m/f)	[be'tɑliŋ]
Wechselgeld (n)	vekslepenger (pl)	['vɛkʂlə‚pɛŋər]

Steuer (f)	skatt (m)	['skɑt]
Geldstrafe (f)	bot (m/f)	['bʊt]
bestrafen (vt)	å bøtelegge	[ɔ 'bøtə‚legə]

85. Post. Postdienst

Post (Postamt)	post (m)	['pɔst]
Post (Postsendungen)	post (m)	['pɔst]
Briefträger (m)	postbud (n)	['pɔst‚bʉd]
Öffnungszeiten (pl)	åpningstider (m/f pl)	['ɔpniŋs‚tidər]

Brief (m)	brev (n)	['brev]
Einschreibebrief (m)	rekommandert brev (n)	[rekʊmɑn'dɛ:t ‚brev]
Postkarte (f)	postkort (n)	['pɔst‚kɔ:t]
Telegramm (n)	telegram (n)	[tele'grɑm]
Postpaket (n)	postpakke (m/f)	['pɔst‚pɑkə]
Geldanweisung (f)	pengeoverføring (m/f)	['pɛŋə 'ɔvər‚føriŋ]

bekommen (vt)	å motta	[ɔ 'mɔtɑ]
abschicken (vt)	å sende	[ɔ 'sɛnə]
Absendung (f)	avsending (m)	['ɑf‚sɛniŋ]

Postanschrift (f)	adresse (m)	[ɑ'drɛsə]
Postleitzahl (f)	postnummer (n)	['pɔst‚nʉmər]
Absender (m)	avsender (m)	['ɑf‚sɛnər]
Empfänger (m)	mottaker (m)	['mɔt‚tɑkər]

| Vorname (m) | fornavn (n) | ['fɔr‚nɑvn] |
| Nachname (m) | etternavn (n) | ['ɛtə‚ŋɑvn] |

Tarif (m)	tariff (m)	[tɑ'rif]
Standard- (Tarif)	vanlig	['vɑnli]
Spar- (-tarif)	økonomisk	[økʊ'nɔmisk]

Gewicht (n)	vekt (m)	['vɛkt]
abwiegen (vt)	å veie	[ɔ 'væje]
Briefumschlag (m)	konvolutt (m)	[kʊnvʊ'lʉt]
Briefmarke (f)	frimerke (n)	['fri‚mærkə]
Briefmarke aufkleben	å sette på frimerke	[ɔ 'sɛtə pɔ 'fri‚mærkə]

Wohnung. Haus. Zuhause

86. Haus. Wohnen

Haus (n)	hus (n)	['hʉs]
zu Hause	hjemme	['jɛmə]
Hof (m)	gård (m)	['gɔ:r]
Zaun (m)	gjerde (n)	['jærə]
Ziegel (m)	tegl (n), murstein (m)	['tæjl], ['mʉˌstæjn]
Ziegel-	tegl-	['tæjl-]
Stein (m)	stein (m)	['stæjn]
Stein-	stein-	['stæjn-]
Beton (m)	betong (m)	[be'tɔŋ]
Beton-	betong-	[be'tɔŋ-]
neu	ny	['ny]
alt	gammel	['gɑməl]
baufällig	falleferdig	['fɑləˌfæ:ɖi]
modern	moderne	[mʊ'dɛ:ɳə]
mehrstöckig	fleretasjes-	['flerɛˌtɑʂɛs-]
hoch	høy	['høj]
Stock (m)	etasje (m)	[ɛ'tɑʂə]
einstöckig	enetasjes	['ɛnɛˌtɑʂɛs]
Erdgeschoß (n)	første etasje (m)	['fœʂtə ɛ'tɑʂə]
oberster Stock (m)	øverste etasje (m)	['øvəʂtə ɛ'tɑʂə]
Dach (n)	tak (n)	['tɑk]
Schlot (m)	skorstein (m/f)	['skɔˌstæjn]
Dachziegel (m)	takstein (m)	['tɑkˌstæjn]
Dachziegel-	taksteins-	['tɑkˌstæjns-]
Dachboden (m)	loft (n)	['lɔft]
Fenster (n)	vindu (n)	['vindʉ]
Glas (n)	glass (n)	['glɑs]
Fensterbrett (n)	vinduskarm (m)	['vindʉsˌkɑrm]
Fensterläden (pl)	vinduslemmer (m pl)	['vindʉsˌlemər]
Wand (f)	mur, vegg (m)	['mʉr], ['vɛg]
Balkon (m)	balkong (m)	[bɑl'kɔŋ]
Regenfallrohr (n)	nedløpsrør (n)	['nedløpsˌrør]
nach oben	oppe	['ɔpə]
hinaufgehen (vi)	å gå ovenpå	[ɔ 'gɔ 'ɔvənˌpɔ]
herabsteigen (vi)	å gå ned	[ɔ 'gɔ ne]
umziehen (vi)	å flytte	[ɔ 'flʏtə]

87. Haus. Eingang. Lift

Eingang (m)	inngang (m)	['in‚gaŋ]
Treppe (f)	trapp (m/f)	['trap]
Stufen (pl)	trinn (n pl)	['trin]
Geländer (n)	gelender (n)	[ge'lendər]
Halle (f)	hall, lobby (m)	['hal], ['lɔbi]
Briefkasten (m)	postkasse (m/f)	['pɔst‚kasə]
Müllkasten (m)	søppelkasse (m/f)	['sœpəl‚kasə]
Müllschlucker (m)	søppelsjakt (m/f)	['sœpəl‚sakt]
Aufzug (m)	heis (m)	['hæjs]
Lastenaufzug (m)	lasteheis (m)	['lastə'hæjs]
Aufzugkabine (f)	heiskorg (m/f)	['hæjs‚kɔrg]
Aufzug nehmen	å ta heisen	[ɔ 'ta ‚hæjsen]
Wohnung (f)	leilighet (m/f)	['læjli‚het]
Mieter (pl)	beboere (m pl)	[be'buerə]
Nachbar (m)	nabo (m)	['nabu]
Nachbarin (f)	nabo (m)	['nabu]
Nachbarn (pl)	naboer (m pl)	['nabuər]

88. Haus. Elektrizität

Elektrizität (f)	elektrisitet (m)	[ɛlektrisi'tet]
Glühbirne (f)	lyspære (m/f)	['lys‚pærə]
Schalter (m)	strømbryter (m)	['strøm‚brytər]
Sicherung (f)	sikring (m)	['sikriŋ]
Draht (m)	ledning (m)	['ledniŋ]
Leitung (f)	ledningsnett (n)	['ledniŋs‚nɛt]
Stromzähler (m)	elmåler (m)	['ɛl‚molər]
Zählerstand (m)	avlesninger (m/f pl)	['av‚lesniŋər]

89. Haus. Türen. Schlösser

Tür (f)	dør (m/f)	['dœr]
Tor (der Villa usw.)	grind (m/f), port (m)	['grin], ['pɔːt]
Griff (m)	dørhåndtak (n)	['dœr‚hɔntak]
aufschließen (vt)	å låse opp	[ɔ 'lo:sə ɔp]
öffnen (vt)	å åpne	[ɔ 'ɔpnə]
schließen (vt)	å lukke	[ɔ 'lukə]
Schlüssel (m)	nøkkel (m)	['nøkəl]
Bündel (n)	knippe (n)	['knipə]
knarren (vi)	å knirke	[ɔ 'knirkə]
Knarren (n)	knirk (m/n)	['knirk]
Türscharnier (n)	hengsel (m/n)	['hɛŋsel]
Fußmatte (f)	dørmatte (m/f)	['dœr‚matə]
Schloss (n)	dørlås (m/n)	['dœr‚lɔs]

Schlüsselloch (n)	nøkkelhull (n)	['nøkəlˌhʉl]
Türriegel (m)	slå (m/f)	['slɔ]
kleiner Türriegel (m)	slå (m/f)	['slɔ]
Vorhängeschloss (n)	hengelås (m/n)	['hɛŋəˌlɔs]

klingeln (vi)	å ringe	[ɔ 'riŋə]
Klingel (Laut)	ringing (m/f)	['riŋiŋ]
Türklingel (f)	ringeklokke (m/f)	['riŋəˌklɔkə]
Knopf (m)	ringeklokke knapp (m)	['riŋəˌklɔkə 'knap]
Klopfen (n)	kakking (m/f)	['kakiŋ]
anklopfen (vi)	å kakke	[ɔ 'kakə]

Code (m)	kode (m)	['kʉdə]
Zahlenschloss (n)	kodelås (m/n)	['kʉdəˌlɔs]
Sprechanlage (f)	dørtelefon (m)	['dœrˌtele'fʉn]
Nummer (f)	nummer (n)	['nʉmər]
Türschild (n)	dørskilt (n)	['dœˌʂilt]
Türspion (m)	kikhull (n)	['çikˌhʉl]

90. Landhaus

Dorf (n)	landsby (m)	['lansˌby]
Gemüsegarten (m)	kjøkkenhage (m)	['çœkənˌhagə]
Zaun (m)	gjerde (n)	['jæːrə]
Lattenzaun (m)	stakitt (m/n)	[sta'kit]
Zauntür (f)	port, stakittport (m)	['pɔːt], [sta'kitˌpɔːt]

Speicher (m)	kornlåve (m)	['kʉːnˌloːvə]
Keller (m)	jordkjeller (m)	['juːrˌçɛlər]
Schuppen (m)	skur, skjul (n)	['skʉr], ['ʂʉl]
Brunnen (m)	brønn (m)	['brœn]

Ofen (m)	ovn (m)	['ɔvn]
heizen (Ofen ~)	å fyre	[ɔ 'fyrə]
Holz (n)	ved (n)	['ve]
Holzscheit (n)	vedstykke (n), vedskie (f)	['vɛdˌstʏkə], ['vɛˌʂiə]

Veranda (f)	veranda (m)	[væ'randa]
Terrasse (f)	terrasse (m)	[tɛ'rasə]
Außentreppe (f)	yttertrapp (m/f)	['ytəˌtrap]
Schaukel (f)	gynge (m/f)	['jiŋə]

91. Villa. Schloss

Landhaus (n)	fritidshus (n)	['fritidsˌhʉs]
Villa (f)	villa (m)	['vila]
Flügel (m)	fløy (m)	['fløj]

Garten (m)	hage (m)	['hagə]
Park (m)	park (m)	['park]
Orangerie (f)	drivhus (n)	['drivˌhʉs]
pflegen (Garten usw.)	å ta vare	[ɔ 'ta ˌvarə]

Schwimmbad (n)	svømmebasseng (n)	['svœməˌba'sɛŋ]
Kraftraum (m)	gym (m)	['dʒym]
Tennisplatz (m)	tennisbane (m)	['tɛnisˌbanə]
Heimkinoraum (m)	hjemmekino (m)	['jɛməˌçinʊ]
Garage (f)	garasje (m)	[ga'raşə]

| Privateigentum (n) | privateiendom (m) | [pri'vat 'æjəndɔm] |
| Privatgrundstück (n) | privat terreng (n) | [pri'vat tɛ'rɛŋ] |

| Warnung (f) | advarsel (m) | ['adˌvaşəl] |
| Warnschild (n) | varselskilt (n) | ['vaşəlˌşilt] |

Bewachung (f)	sikkerhet (m/f)	['sikərˌhet]
Wächter (m)	sikkerhetsvakt (m/f)	['sikərhɛtsˌvakt]
Alarmanlage (f)	tyverialarm (m)	[tyve'ri a'larm]

92. Burg. Palast

Schloss (n)	borg (m)	['bɔrg]
Palast (m)	palass (n)	[pa'las]
Festung (f)	festning (m/f)	['fɛstniŋ]
Mauer (f)	mur (m)	['mʉr]
Turm (m)	tårn (n)	['tɔːɳ]
Bergfried (m)	kjernetårn (n)	['çæːɳə'tɔːɳ]

Fallgatter (n)	fallgitter (n)	['falˌgitər]
Tunnel (n)	underjordisk gang (m)	['ʉnərˌjuːrdisk 'gaŋ]
Graben (m)	vollgrav (m/f)	['vɔlˌgrav]
Kette (f)	kjede (m)	['çɛːde]
Schießscharte (f)	skyteskår (n)	['şyteˌskɔr]

großartig, prächtig	praktfull	['praktˌfʉl]
majestätisch	majestetisk	[maje'stɛtisk]
unnahbar	uinntakelig	[ʉən'takəli]
mittelalterlich	middelalderlig	['midelˌaldɛː[i]

93. Wohnung

Wohnung (f)	leilighet (m/f)	['læjliˌhet]
Zimmer (n)	rom (n)	['rʊm]
Schlafzimmer (n)	soverom (n)	['sɔvəˌrʊm]
Esszimmer (n)	spisestue (m/f)	['spisəˌstʉə]
Wohnzimmer (n)	dagligstue (m/f)	['dagliˌstʉə]
Arbeitszimmer (n)	arbeidsrom (n)	['arbæjdsˌrʊm]

Vorzimmer (n)	entré (m)	[an'trɛː]
Badezimmer (n)	bad, baderom (n)	['bad], ['badeˌrʊm]
Toilette (f)	toalett, WC (n)	[tʊa'let], [vɛ'sɛ]

Decke (f)	tak (n)	['tak]
Fußboden (m)	gulv (n)	['gʉlv]
Ecke (f)	hjørne (n)	['jœːɳə]

94. Wohnung. Saubermachen

aufräumen (vt)	å rydde	[ɔ 'rʏdə]
weglegen (vt)	å stue unna	[ɔ 'stʉə 'ʉna]
Staub (m)	støv (n)	['støv]
staublg	støvet	['støvət]
Staub abwischen	å tørke støv	[ɔ 'tœrkə 'støv]
Staubsauger (m)	støvsuger (m)	['støf͜ˌsʉgər]
Staub saugen	å støvsuge	[ɔ 'støf͜ˌsʉgə]
kehren, fegen (vt)	å sope, å feie	[ɔ 'sopə], [ɔ 'fæjə]
Kehricht (m, n)	søppel (m/f/n)	['sœpəl]
Ordnung (f)	orden (m)	['ɔrdən]
Unordnung (f)	uorden (m)	['ʉːˌɔrdən]
Schrubber (m)	mopp (m)	['mɔp]
Lappen (m)	klut (m)	['klʉt]
Besen (m)	feiekost (m)	['fæjəˌkʉst]
Kehrichtschaufel (f)	feiebrett (n)	['fæjəˌbrɛt]

95. Möbel. Innenausstattung

Möbel (n)	møbler (n pl)	['møblər]
Tisch (m)	bord (n)	['bʉr]
Stuhl (m)	stol (m)	['stʉl]
Bett (n)	seng (m/f)	['sɛŋ]
Sofa (n)	sofa (m)	['sʉfa]
Sessel (m)	lenestol (m)	['lenəˌstʉl]
Bücherschrank (m)	bokskap (n)	['bʉkˌskɑp]
Regal (n)	hylle (m/f)	['hʏlə]
Schrank (m)	klesskap (n)	['kleˌskɑp]
Hakenleiste (f)	knaggbrett (n)	['knɑgˌbrɛt]
Kleiderständer (m)	stumtjener (m)	['stʉmˌtjenər]
Kommode (f)	kommode (m)	[kʉ'mʉdə]
Couchtisch (m)	kaffebord (n)	['kɑfəˌbʉr]
Spiegel (m)	speil (n)	['spæjl]
Teppich (m)	teppe (n)	['tɛpə]
Matte (kleiner Teppich)	lite teppe (n)	['litə 'tɛpə]
Kamin (m)	peis (m), ildsted (n)	['pæjs], ['ilsted]
Kerze (f)	lys (n)	['lys]
Kerzenleuchter (m)	lysestake (m)	['lysəˌstɑkə]
Vorhänge (pl)	gardiner (m/f pl)	[gɑː'dinər]
Tapete (f)	tapet (n)	[tɑ'pet]
Jalousie (f)	persienne (m)	[pæʂi'enə]
Tischlampe (f)	bordlampe (m/f)	['bʉrˌlɑmpə]
Leuchte (f)	vegglampe (m/f)	['vɛgˌlɑmpə]

| Stehlampe (f) | gulvlampe (m/f) | ['gʉlv‚lampə] |
| Kronleuchter (m) | lysekrone (m/f) | ['lysə‚krʉnə] |

Bein (Tischbein usw.)	bein (n)	['bæjn]
Armlehne (f)	armlene (n)	['arm‚lenə]
Lehne (f)	rygg (m)	['rʏg]
Schublade (f)	skuff (m)	['skʉf]

96. Bettwäsche

Bettwäsche (f)	sengetøy (n)	['sɛŋə‚tøj]
Kissen (n)	pute (m/f)	['pʉtə]
Kissenbezug (m)	putevar, putetrekk (n)	['pʉtə‚var], ['pʉtə‚trɛk]
Bettdecke (f)	dyne (m/f)	['dynə]
Laken (n)	laken (n)	['lɑkən]
Tagesdecke (f)	sengeteppe (n)	['sɛŋə‚tɛpə]

97. Küche

Küche (f)	kjøkken (n)	['çœkən]
Gas (n)	gass (m)	['gas]
Gasherd (m)	gasskomfyr (m)	['gas kɔm‚fyr]
Elektroherd (m)	elektrisk komfyr (m)	[ɛ'lektrisk kɔm‚fyr]
Backofen (m)	bakeovn (m)	['bakə‚ɔvn]
Mikrowellenherd (m)	mikrobølgeovn (m)	['mikrʉ‚bølgə'ɔvn]

Kühlschrank (m)	kjøleskap (n)	['çœlə‚skap]
Tiefkühltruhe (f)	fryser (m)	['frysər]
Geschirrspülmaschine (f)	oppvaskmaskin (m)	['ɔpvask ma‚ʂin]

Fleischwolf (m)	kjøttkvern (m/f)	['çœt‚kvɛːŋ]
Saftpresse (f)	juicepresse (m/f)	['dʒʉs‚prɛsə]
Toaster (m)	brødrister (m)	['brø‚ristər]
Mixer (m)	mikser (m)	['miksər]

Kaffeemaschine (f)	kaffetrakter (m)	['kafə‚traktər]
Kaffeekanne (f)	kaffekanne (m/f)	['kafə‚kanə]
Kaffeemühle (f)	kaffekvern (m/f)	['kafə‚kvɛːŋ]

Wasserkessel (m)	tekjele (m)	['te‚çelə]
Teekanne (f)	tekanne (m/f)	['te‚kanə]
Deckel (m)	lokk (n)	['lɔk]
Teesieb (n)	tesil (m)	['te‚sil]

Löffel (m)	skje (m)	['ʂe]
Teelöffel (m)	teskje (m)	['te‚ʂe]
Esslöffel (m)	spiseskje (m)	['spisə‚ʂɛ]
Gabel (f)	gaffel (m)	['gafəl]
Messer (n)	kniv (m)	['kniv]

| Geschirr (n) | servise (n) | [sær'visə] |
| Teller (m) | tallerken (m) | [ta'lærkən] |

Untertasse (f)	tefat (n)	['te͵fat]
Schnapsglas (n)	shotglass (n)	['ṣɔt͵glɑs]
Glas (n)	glass (n)	['glɑs]
Tasse (f)	kopp (m)	['kɔp]

Zuckerdose (f)	sukkerskål (m/f)	['sʉkɘr͵skɔl]
Salzstreuer (m)	saltbøsse (m/f)	['salt͵bøsə]
Pfefferstreuer (m)	pepperbøsse (m/f)	['pɛpər͵bøsə]
Butterdose (f)	smørkopp (m)	['smœr͵kɔp]

Kochtopf (m)	gryte (m/f)	['grytə]
Pfanne (f)	steikepanne (m/f)	['stæjkə͵panə]
Schöpflöffel (m)	sleiv (m/f)	['ṣlæjv]
Durchschlag (m)	dørslag (n)	['dœṣlɑg]
Tablett (n)	brett (n)	['brɛt]

Flasche (f)	flaske (m)	['flɑskə]
Glas (Einmachglas)	glasskrukke (m/f)	['glɑs͵krʉkə]
Dose (f)	boks (m)	['bɔks]

Flaschenöffner (m)	flaskeåpner (m)	['flɑskə͵ɔpnər]
Dosenöffner (m)	konservåpner (m)	['kʉnsəv͵ɔpnər]
Korkenzieher (m)	korketrekker (m)	['kɔrkə͵trɛkər]
Filter (n)	filter (n)	['filtər]
filtern (vt)	å filtrere	[ɔ fil'trerə]

| Müll (m) | søppel (m/f/n) | ['sœpəl] |
| Mülleimer, Treteimer (m) | søppelbøtte (m/f) | ['sœpəl͵bœtə] |

98. Bad

Badezimmer (n)	bad, baderom (n)	['bɑd], ['bɑdə͵rʉm]
Wasser (n)	vann (n)	['van]
Wasserhahn (m)	kran (m/f)	['krɑn]
Warmwasser (n)	varmt vann (n)	['varmt ͵van]
Kaltwasser (n)	kaldt vann (n)	['kalt van]

Zahnpasta (f)	tannpasta (m)	['tan͵pasta]
Zähne putzen	å pusse tennene	[ɔ 'pʉsə 'tɛnənə]
Zahnbürste (f)	tannbørste (m)	['tan͵bœṣtə]

sich rasieren	å barbere seg	[ɔ bar'berə sæj]
Rasierschaum (m)	barberskum (n)	[bar'bɛ͵ṣkʊm]
Rasierer (m)	høvel (m)	['høvəl]

waschen (vt)	å vaske	[ɔ 'vaskə]
sich waschen	å vaske seg	[ɔ 'vaskə sæj]
Dusche (f)	dusj (m)	['dʉṣ]
sich duschen	å ta en dusj	[ɔ 'ta en 'dʉṣ]

Badewanne (f)	badekar (n)	['bɑdə͵kar]
Klosettbecken (n)	toalettstol (m)	[tʊɑ'let͵stʊl]
Waschbecken (n)	vaskeservant (m)	['vaskə͵sɛr'vant]
Seife (f)	såpe (m/f)	['so:pə]

Seifenschale (f)	såpeskål (m/f)	['soːpəˌskɔl]
Schwamm (m)	svamp (m)	['svamp]
Shampoo (n)	sjampo (m)	['ʂampʉ]
Handtuch (n)	håndkle (n)	['hɔnˌkle]
Bademantel (m)	badekåpe (m/f)	['badəˌkoːpə]

Wäsche (f)	vask (m)	['vask]
Waschmaschine (f)	vaskemaskin (m)	['vaskə maˌʂin]
waschen (vt)	å vaske tøy	[ɔ 'vaskə 'tøj]
Waschpulver (n)	vaskepulver (n)	['vaskəˌpʉlvər]

99. Haushaltsgeräte

Fernseher (m)	TV (m), TV-apparat (n)	['tɛvɛ], ['tɛvɛ apaˈrat]
Tonbandgerät (n)	båndopptaker (m)	['bɔnˌɔptakər]
Videorekorder (m)	video (m)	['videʉ]
Empfänger (m)	radio (m)	['radiʉ]
Player (m)	spiller (m)	['spilər]

Videoprojektor (m)	videoprojektor (m)	['videʉ prɔˈjɛktɔr]
Heimkino (n)	hjemmekino (m)	['jɛmeˌçinʉ]
DVD-Player (m)	DVD-spiller (m)	[deveˈde ˌspilər]
Verstärker (m)	forsterker (m)	[foˈʂtærkər]
Spielkonsole (f)	spillkonsoll (m)	['spil kʉnˈsɔl]

Videokamera (f)	videokamera (n)	['videʉ ˌkamera]
Kamera (f)	kamera (n)	['kamera]
Digitalkamera (f)	digitalkamera (n)	[digiˈtal ˌkamera]

Staubsauger (m)	støvsuger (m)	['støfˌsʉgər]
Bügeleisen (n)	strykejern (n)	['strykəˌjæːn̩]
Bügelbrett (n)	strykebrett (n)	['strykəˌbrɛt]

Telefon (n)	telefon (m)	[teleˈfʉn]
Mobiltelefon (n)	mobiltelefon (m)	[mʉˈbil teleˈfʉn]
Schreibmaschine (f)	skrivemaskin (m)	['skrivə maˌʂin]
Nähmaschine (f)	symaskin (m)	['siːmaˌʂin]

Mikrophon (n)	mikrofon (m)	[mikrʉˈfʉn]
Kopfhörer (m)	hodetelefoner (n pl)	['hɔdeteleˌfunər]
Fernbedienung (f)	fjernkontroll (m)	['fjæːn̩ kʉnˈtrɔl]

CD (f)	CD-rom (m)	['sɛdɛˌrʉm]
Kassette (f)	kassett (m)	[kaˈsɛt]
Schallplatte (f)	plate, skive (m/f)	['platə], ['ʂivə]

100. Reparaturen. Renovierung

Renovierung (f)	renovering (m/f)	[renʉˈveriŋ]
renovieren (vt)	å renovere	[ɔ renʉˈverə]
reparieren (vt)	å reparere	[ɔ repaˈrerə]
in Ordnung bringen	å bringe orden	[ɔ 'briŋə 'ɔrdən]

noch einmal machen	å gjøre om	[ɔ 'jørə ɔm]
Farbe (f)	maling (m/f)	['maliŋ]
streichen (vt)	å male	[ɔ 'malə]
Anstreicher (m)	maler (m)	['malər]
Pinsel (m)	pensel (m)	['pɛnsəl]

Kalkfarbe (f)	kalkmaling (m/f)	['kalk,maliŋ]
weißen (vt)	å hvitmale	[ɔ 'vit,malə]

Tapete (f)	tapet (n)	[ta'pet]
tapezieren (vt)	å tapetsere	[ɔ tapet'serə]
Lack (z.B. Parkettlack)	ferniss (m)	['fæː,nis]
lackieren (vt)	å lakkere	[ɔ la'kerə]

101. Rohrleitungen

Wasser (n)	vann (n)	['van]
Warmwasser (n)	varmt vann (n)	['varmt ,van]
Kaltwasser (n)	kaldt vann (n)	['kalt van]
Wasserhahn (m)	kran (m/f)	['kran]

Tropfen (m)	dråpe (m)	['droːpə]
tropfen (vi)	å dryppe	[ɔ 'drʏpə]
durchsickern (vi)	å lekke	[ɔ 'lekə]
Leck (n)	lekk (m)	['lek]
Lache (f)	pøl, pytt (m)	['pøl], ['pʏt]

Rohr (n)	rør (n)	['rør]
Ventil (n)	ventil (m)	[vɛn'til]
sich verstopfen	å bli tilstoppet	[ɔ 'bli til'stɔpət]

Werkzeuge (pl)	verktøy (n pl)	['værk,tøj]
Engländer (m)	skiftenøkkel (m)	['ṣiftə,nøkəl]
abdrehen (vt)	å skru ut	[ɔ 'skrʉ ʉt]
zudrehen (vt)	å skru fast	[ɔ 'skrʉ 'fast]

reinigen (Rohre ~)	å rense	[ɔ 'rɛnsə]
Klempner (m)	rørlegger (m)	['rør,legər]
Keller (m)	kjeller (m)	['çɛlər]
Kanalisation (f)	avløp (n)	['av,løp]

102. Feuer. Brand

Feuer (n)	ild (m)	['il]
Flamme (f)	flamme (m)	['flamə]
Funke (m)	gnist (m)	['gnist]
Rauch (m)	røyk (m)	['røjk]
Fackel (f)	fakkel (m)	['fakəl]
Lagerfeuer (n)	bål (n)	['bɔl]

Benzin (n)	bensin (m)	[bɛn'sin]
Kerosin (n)	parafin (m)	[para'fin]

brennbar	brennbar	['brɛn,bar]
explosiv	eksplosiv	['ɛksplu,siv]
RAUCHEN VERBOTEN!	RØYKING FORBUDT	['røjkiŋ fɔr'bʉt]

Sicherheit (f)	sikkerhet (m/f)	['sikər,het]
Gefahr (f)	fare (m)	['farə]
gefährlich	farlig	['fɑːli]

sich entflammen	å ta fyr	[ɔ 'ta ,fyr]
Explosion (f)	eksplosjon (m)	[ɛksplu'ʂʉn]
in Brand stecken	å sette fyr	[ɔ 'sɛtə ,fyr]
Brandstifter (m)	brannstifter (m)	['bran,stiftər]
Brandstiftung (f)	brannstiftelse (m)	['bran,stiftəlsə]

flammen (vi)	å flamme	[ɔ 'flamə]
brennen (vi)	å brenne	[ɔ 'brɛnə]
verbrennen (vi)	å brenne ned	[ɔ 'brɛnə ne]

die Feuerwehr rufen	å ringe bransvesenet	[ɔ 'riŋə 'brans,vesənə]
Feuerwehrmann (m)	brannmann (m)	['bran,man]
Feuerwehrauto (n)	brannbil (m)	['bran,bil]
Feuerwehr (f)	brannkorps (n)	['bran,kɔrps]
Drehleiter (f)	teleskopstige (m)	['tele'skʉp,stiːə]

Feuerwehrschlauch (m)	slange (m)	['ʂlaŋə]
Feuerlöscher (m)	brannslukker (n)	['bran,slʉkər]
Helm (m)	hjelm (m)	['jɛlm]
Sirene (f)	sirene (m/f)	[si'renə]

schreien (vi)	å skrike	[ɔ 'skrikə]
um Hilfe rufen	å rope på hjelp	[ɔ 'rʉpə pɔ 'jɛlp]
Retter (m)	redningsmann (m)	['rɛdniŋs,man]
retten (vt)	å redde	[ɔ 'rɛdə]

ankommen (vi)	å ankomme	[ɔ 'an,kɔmə]
löschen (vt)	å slokke	[ɔ 'ʂløkə]
Wasser (n)	vann (n)	['van]
Sand (m)	sand (m)	['san]

Trümmer (pl)	ruiner (m pl)	[rʉ'inər]
zusammenbrechen (vi)	å falle sammen	[ɔ 'falə 'samən]
einfallen (vi)	å styrte ned	[ɔ 'styːʈə ne]
einstürzen (Decke)	å styrte inn	[ɔ 'styːʈə in]

Bruchstück (n)	del (m)	['del]
Asche (f)	aske (m/f)	['askə]

ersticken (vi)	å kveles	[ɔ 'kveləs]
ums Leben kommen	å omkomme	[ɔ 'ɔm,kɔmə]

AKTIVITÄTEN DES MENSCHEN

Beruf. Geschäft. Teil 1

103. Büro. Arbeiten im Büro

Büro (Firmensitz)	kontor (n)	[kʊn'tʊr]
Büro (~ des Direktors)	kontor (n)	[kʊn'tʊr]
Rezeption (f)	resepsjon (m)	[resɛp'ʂʊn]
Sekretär (m)	sekretær (m)	[sɛkrə'tær]
Sekretärin (f)	sekretær (m)	[sɛkrə'tær]
Direktor (m)	direktør (m)	[dirɛk'tør]
Manager (m)	manager (m)	['mɛnidʒər]
Buchhalter (m)	regnskapsfører (m)	['rɛjnskaps,fører]
Mitarbeiter (m)	ansatt (n)	['an,sat]
Möbel (n)	møbler (n pl)	['møblər]
Tisch (m)	bord (n)	['bʊr]
Schreibtischstuhl (m)	arbeidsstol (m)	['arbæjds,stʊl]
Rollcontainer (m)	skuffeseksjon (m)	['skʉfə,sɛk'ʂʊn]
Kleiderständer (m)	stumtjener (m)	['stʉm,tjenər]
Computer (m)	datamaskin (m)	['data ma,ʂin]
Drucker (m)	skriver (m)	['skrivər]
Fax (n)	faks (m)	['faks]
Kopierer (m)	kopimaskin (m)	[kʊ'pi ma,ʂin]
Papier (n)	papir (n)	[pa'pir]
Büromaterial (n)	kontorartikler (m pl)	[kʊn'tʊr aː'ʈiklər]
Mousepad (n)	musematte (m/f)	['mʉsə,matə]
Blatt (n) Papier	ark (n)	['ark]
Ordner (m)	mappe (m/f)	['mapə]
Katalog (m)	katalog (m)	[kata'lɔg]
Adressbuch (n)	telefonkatalog (m)	[tele'fʉn kata'lɔg]
Dokumentation (f)	dokumentasjon (m)	[dɔkʉmɛnta'ʂʊn]
Broschüre (f)	brosjyre (m)	[brɔ'ʂyrə]
Flugblatt (n)	reklameblad (n)	[rɛ'klamə,bla]
Muster (n)	prøve (m)	['prøvə]
Training (n)	trening (m/f)	['treniŋ]
Meeting (n)	møte (n)	['møtə]
Mittagspause (f)	lunsj pause (m)	['lʉnʂ ,pausə]
eine Kopie machen	å lage en kopi	[ɔ 'lagə en kʊ'pi]
vervielfältigen (vt)	å kopiere	[ɔ kʊ'pjerə]
ein Fax bekommen	å motta faks	[ɔ 'mɔta ,faks]
ein Fax senden	å sende faks	[ɔ 'sɛnə ,faks]

anrufen (vt)	å ringe	[ɔ 'riŋə]
antworten (vi)	å svare	[ɔ 'svarə]
verbinden (vt)	å sætte over til ...	[ɔ 'sætə 'ɔvər til ...]

ausmachen (vt)	å arrangere	[ɔ araŋ'ʂerə]
demonstrieren (vt)	å demonstrere	[ɔ demɔn'strerə]
fehlen (am Arbeitsplatz ~)	å være fraværende	[ɔ 'værə 'fra‚værənə]
Abwesenheit (f)	fravær (n)	['fra‚vær]

104. Geschäftsabläufe. Teil 1

Geschäft (n) (z.B. ~ in Wolle)	bedrift, handel (m)	[be'drift], ['handəl]
Angelegenheit (f)	yrke (n)	['yrkə]
Firma (f)	firma (n)	['firma]
Gesellschaft (f)	foretak (n)	['forə‚tak]
Konzern (m)	korporasjon (m)	[kurpura'ʂun]
Unternehmen (n)	foretak (n)	['forə‚tak]
Agentur (f)	agentur (n)	[agɛn'tʉr]

Vereinbarung (f)	avtale (m)	['av‚talə]
Vertrag (m)	kontrakt (m)	[kun'trakt]
Geschäft (Transaktion)	avtale (m)	['av‚talə]
Auftrag (Bestellung)	bestilling (m)	[be'stiliŋ]
Bedingung (f)	vilkår (n)	['vil‚kɔ:r]

en gros (im Großen)	en gros	[ɛn 'grɔ]
Großhandels-	engros-	[ɛŋ'grɔ-]
Großhandel (m)	engroshandel (m)	[ɛŋ'grɔ‚handəl]
Einzelhandels-	detalj-	[de'talj-]
Einzelhandel (m)	detaljhandel (m)	[de'talj‚handəl]

Konkurrent (m)	konkurrent (m)	[kunkʉ'rɛnt]
Konkurrenz (f)	konkurranse (m)	[kunkʉ'ransə]
konkurrieren (vi)	å konkurrere	[ɔ kunkʉ'rerə]

| Partner (m) | partner (m) | ['pa:tnər] |
| Partnerschaft (f) | partnerskap (n) | ['pa:tnə‚skap] |

Krise (f)	krise (m/f)	['krisə]
Bankrott (m)	fallitt (m)	[fa'lit]
Bankrott machen	å gå konkurs	[ɔ 'gɔ kɔn'kʉʂ]
Schwierigkeit (f)	vanskelighet (m)	['vanskəli‚het]
Problem (n)	problem (n)	[prʉ'blem]
Katastrophe (f)	katastrofe (m)	[kata'strofə]

Wirtschaft (f)	økonomi (m)	[økʉnʉ'mi]
wirtschaftlich	økonomisk	[økʉ'nɔmisk]
Rezession (f)	økonomisk nedgang (m)	[økʉ'nɔmisk 'ned‚gaŋ]

| Ziel (n) | mål (n) | ['mol] |
| Aufgabe (f) | oppgave (m/f) | ['ɔp‚gavə] |

| handeln (Handel treiben) | å handle | [ɔ 'handlə] |
| Netz (Verkaufs-) | nettverk (n) | ['nɛt‚værk] |

| Lager (n) | lager (n) | ['lagər] |
| Sortiment (n) | sortiment (n) | [sɔːʈiˈmɛn] |

führende Unternehmen (n)	leder (m)	['ledər]
groß (-e Firma)	stor	['stʊr]
Monopol (n)	monopol (n)	[mʊnʊˈpɔl]

Theorie (f)	teori (m)	[teʊˈri]
Praxis (f)	praksis (m)	['praksis]
Erfahrung (f)	erfaring (m/f)	[ærˈfariŋ]
Tendenz (f)	tendens (m)	[tɛnˈdɛns]
Entwicklung (f)	utvikling (m/f)	['ʉtˌvikliŋ]

105. Geschäftsabläufe. Teil 2

| Vorteil (m) | utbytte (n), fordel (m) | ['ʉtˌbʏtə], ['fɔːdʲel] |
| vorteilhaft | fordelaktig | [fɔːdʲəlˈakti] |

Delegation (f)	delegasjon (m)	[delegaˈʂʊn]
Lohn (m)	lønn (m/f)	['lœn]
korrigieren (vt)	å rette	[ɔ ˈrɛtə]
Dienstreise (f)	forretningsreise (m/f)	[fɔˈrɛtniŋsˌræjsə]
Kommission (f)	provisjon (m)	[prʊviˈʂʊn]

kontrollieren (vt)	å kontrollere	[ɔ kʊntrɔˈlerə]
Konferenz (f)	konferanse (m)	[kʊnfəˈransə]
Lizenz (f)	lisens (m)	[liˈsɛns]
zuverlässig	pålitelig	[pɔˈliteli]

Initiative (f)	initiativ (n)	[initsiaˈtiv]
Norm (f)	norm (m)	['nɔrm]
Umstand (m)	omstendighet (m)	[ɔmˈstɛndiˌhet]
Pflicht (f)	plikt (m/f)	['plikt]

Unternehmen (n)	organisasjon (m)	[ɔrganisaˈʂʊn]
Organisation (Prozess)	organisering (m)	[ɔrganiˈseriŋ]
organisiert (Adj)	organisert	[ɔrganiˈsɛːʈ]
Abschaffung (f)	avlysning (m/f)	['avˌlʏsniŋ]
abschaffen (vt)	å avlyse, å annullere	[ɔ ˈavˌlysə], [ɔ anʉˈlerə]
Bericht (m)	rapport (m)	[raˈpɔːʈ]

Patent (n)	patent (n)	[paˈtɛnt]
patentieren (vt)	å patentere	[ɔ patenˈterə]
planen (vt)	å planlegge	[ɔ ˈplanˌlegə]

Prämie (f)	gratiale (n)	[gratsiˈaːlə]
professionell	professionel	[prʊˈfɛsiɔˌnɛl]
Prozedur (f)	prosedyre (m)	[prʊsəˈdyrə]

prüfen (Vertrag ~)	å undersøke	[ɔ ˈʉnəˌsøkə]
Berechnung (f)	beregning (m/f)	[beˈrɛjniŋ]
Ruf (m)	rykte (n)	['rʏktə]
Risiko (n)	risiko (m)	['risikʊ]
leiten (vt)	å styre, å lede	[ɔ ˈstyrə], [ɔ ˈledə]

Informationen (pl)	opplysninger (m/f pl)	['ɔpˌlʏsniŋər]
Eigentum (n)	eiendom (m)	['æjənˌdɔm]
Bund (m)	forbund (n)	['fɔrˌbʉn]

Lebensversicherung (f)	livsforsikring (m/f)	['lifsfɔˌṣikriŋ]
versichern (vt)	å forsikre	[ɔ fɔ'ṣikrə]
Versicherung (f)	forsikring (m/f)	[fɔ'ṣikriŋ]

Auktion (f)	auksjon (m)	[aʊk'ṣʉn]
benachrichtigen (vt)	å underrette	[ɔ 'ʉnəˌrɛtə]
Verwaltung (f)	ledelse (m)	['ledəlsə]
Dienst (m)	tjeneste (m)	['tjenɛstə]

Forum (n)	forum (n)	['fɔrum]
funktionieren (vi)	å fungere	[ɔ fʉ'ŋerə]
Etappe (f)	etappe (m)	[e'tapə]
juristisch	juridisk	[jʉ'ridisk]
Jurist (m)	jurist (m)	[jʉ'rist]

106. Fertigung. Arbeiten

Werk (n)	verk (n)	['værk]
Fabrik (f)	fabrikk (m)	[fa'brik]
Werkstatt (f)	verkstad (m)	['værkˌstad]
Betrieb (m)	produksjonsplass (m)	[prʊdʊk'ṣʉns ˌplas]

Industrie (f)	industri (m)	[indʉ'stri]
Industrie-	industriell	[indʉstri'ɛl]
Schwerindustrie (f)	tungindustri (m)	['tʉŋ ˌindʉ'stri]
Leichtindustrie (f)	lettindustri (m)	['letˌindʉ'stri]

Produktion (f)	produksjon (m)	[prʊdʉk'ṣʉn]
produzieren (vt)	å produsere	[ɔ prʊdʉ'serə]
Rohstoff (m)	råstoffer (n pl)	['rɔˌstɔfər]

Vorarbeiter (m), Meister (m)	formann, bas (m)	['fɔrman], ['bas]
Arbeitsteam (n)	arbeidslag (n)	['arbæjdsˌlag]
Arbeiter (m)	arbeider (m)	['arˌbæjdər]

Arbeitstag (m)	arbeidsdag (m)	['arbæjdsˌda]
Pause (f)	hvilepause (m)	['vilepaʊse]
Versammlung (f)	møte (n)	['møtə]
besprechen (vt)	å drøfte, å diskutere	[ɔ 'drœftə], [ɔ diskʉ'terə]

Plan (m)	plan (m)	['plan]
den Plan erfüllen	å oppfylle planen	[ɔ 'ɔpˌfʏlə 'planən]
Arbeitsertrag (m)	produksjonsmål (n)	[prʊdʊk'ṣʉns ˌmol]
Qualität (f)	kvalitet (m)	[kvali'tɛt]
Prüfung, Kontrolle (f)	kontroll (m)	[kʊn'trɔl]
Gütekontrolle (f)	kvalitetskontroll (m)	[kvali'tɛt kʊn'trɔl]

Arbeitsplatzsicherheit (f)	arbeidervern (n)	['arbæjdərˌvæːn]
Disziplin (f)	disiplin (m)	[disip'lin]
Übertretung (f)	brudd (n)	['brʉd]

übertreten (vt)	å bryte	[ɔ 'brytə]
Streik (m)	streik (m)	['stræjk]
Streikender (m)	streiker (m)	['stræjkər]
streiken (vi)	å streike	[ɔ 'stræjkə]
Gewerkschaft (f)	fagforening (m/f)	['fɑgfɔˌreniŋ]

erfinden (vt)	å oppfinne	[ɔ 'ɔpˌfinə]
Erfindung (f)	oppfinnelse (m)	['ɔpˌfinəlsə]
Erforschung (f)	forskning (m)	['fɔːˌskniŋ]
verbessern (vt)	å forbedre	[ɔ fɔr'bɛdrə]
Technologie (f)	teknologi (m)	[tɛknʊlʊ'gi]
technische Zeichnung (f)	teknisk tegning (m/f)	['tɛknisk ˌtæjniŋ]

Ladung (f)	last (m/f)	['lɑst]
Ladearbeiter (m)	lastearbeider (m)	['lɑstəˈɑrˌbæjdər]
laden (vt)	å laste	[ɔ 'lɑstə]
Beladung (f)	lasting (m/f)	['lɑstiŋ]
entladen (vt)	å lesse av	[ɔ 'lese ɑ:]
Entladung (f)	avlessing (m/f)	['ɑvˌlesiŋ]

Transport (m)	transport (m)	[trɑns'pɔːt]
Transportunternehmen (n)	transportfirma (n)	[trɑns'pɔːt ˌfirmɑ]
transportieren (vt)	å transportere	[ɔ trɑnspɔː'ʈerə]

Güterwagen (m)	godsvogn (m/f)	['gʊtsˌvɔŋn]
Zisterne (f)	tank (m)	['tɑnk]
Lastkraftwagen (m)	lastebil (m)	['lɑstəˌbil]

| Werkzeugmaschine (f) | verktøymaskin (m) | ['værktøj mɑˌʂin] |
| Mechanismus (m) | mekanisme (m) | [mekɑ'nismə] |

Industrieabfälle (pl)	industrielt avfall (n)	[indʉstri'ɛlt 'ɑvˌfɑl]
Verpacken (n)	pakning (m/f)	['pɑkniŋ]
verpacken (vt)	å pakke	[ɔ 'pɑkə]

107. Vertrag. Zustimmung

Vertrag (m), Auftrag (m)	kontrakt (m)	[kʊn'trɑkt]
Vereinbarung (f)	avtale (m)	['ɑvˌtɑlə]
Anhang (m)	tillegg, bilag (n)	['tiˌleg], ['biˌlɑg]

einen Vertrag abschließen	å inngå kontrakt	[ɔ 'inˌgɔ kʊn'trɑkt]
Unterschrift (f)	underskrift (m/f)	['ʉnəˌskrift]
unterschreiben (vt)	å underskrive	[ɔ 'ʉnəˌskrivə]
Stempel (m)	stempel (n)	['stɛmpəl]

Vertragsgegenstand (m)	kontraktens gjenstand (m)	[kʊn'trɑktəns 'jɛnˌstɑn]
Punkt (m)	klausul (m)	[klɑʊ'sʉl]
Parteien (pl)	parter (m pl)	['pɑːʈər]
rechtmäßige Anschrift (f)	juridisk adresse (m/f)	[jʉ'ridisk ɑ'drɛsə]

Vertrag brechen	å bryte kontrakten	[ɔ 'brytə kʊn'trɑktən]
Verpflichtung (f)	forpliktelse (m)	[fɔr'pliktəlsə]
Verantwortlichkeit (f)	ansvar (n)	['ɑnˌsvɑr]

Force majeure (f)	force majeure (m)	[ˌfɔrs ma'ʒøːr]
Streit (m)	tvist (m)	['tvist]
Strafsanktionen (pl)	straffeavgifter (m pl)	['strafə av'jiftər]

108. Import & Export

Import (m)	import (m)	[im'pɔːt]
Importeur (m)	importør (m)	[impɔ:'tør]
importieren (vt)	å importere	[ɔ impɔ:'ʈerə]
Import-	import-	[im'pɔːʈ-]

Export (m)	eksport (m)	[ɛks'pɔːt]
Exporteur (m)	eksportør (m)	[ɛkspɔ:'ʈør]
exportieren (vt)	å eksportere	[ɔ ɛkspɔ:'ʈerə]
Export-	eksport-	[ɛks'pɔːʈ-]

| Waren (pl) | vare (m/f) | ['varə] |
| Partie (f), Ladung (f) | parti (n) | [pɑː'ʈi] |

Gewicht (n)	vekt (m)	['vɛkt]
Volumen (n)	volum (n)	[vɔ'lʉm]
Kubikmeter (m)	kubikkmeter (m)	[kʉ'bik‚metər]

Hersteller (m)	produsent (m)	[prʉdʉ'sɛnt]
Transportunternehmen (n)	transportfirma (n)	[trɑns'pɔːʈ ‚firmɑ]
Container (m)	container (m)	[kɔn'tɛjnər]

Grenze (f)	grense (m/f)	['grɛnsə]
Zollamt (n)	toll (m)	['tɔl]
Zoll (m)	tollavgift (m)	['tɔl av'jift]
Zollbeamter (m)	tollbetjent (m)	['tɔlbe‚tjɛnt]
Schmuggel (m)	smugling (m/f)	['smʉgliŋ]
Schmuggelware (f)	smuglergods (n)	['smʉglə‚gʉts]

109. Finanzen

Aktie (f)	aksje (m)	['akʂə]
Obligation (f)	obligasjon (m)	[ɔbligɑ'ʂʉn]
Wechsel (m)	veksel (m)	['vɛksəl]

| Börse (f) | børs (m) | ['bœʂ] |
| Aktienkurs (m) | aksjekurs (m) | ['akʂə‚kʉʂ] |

| billiger werden | å gå ned | [ɔ 'gɔ ne] |
| teuer werden | å gå opp | [ɔ 'gɔ ɔp] |

Anteil (m)	andel (m)	['an‚del]
Mehrheitsbeteiligung (f)	aksjemajoritet (m)	['akʂə‚majori'tet]
Investitionen (pl)	investering (m/f)	[inve'steriŋ]
investieren (vt)	å investere	[ɔ inve'sterə]
Prozent (n)	prosent (m)	[prʉ'sɛnt]
Zinsen (pl)	rente (m/f)	['rɛntə]

Gewinn (m)	profitt (m), fortjeneste (m/f)	[prɔ'fit], [fɔːˈtjenɛstə]
gewinnbringend	profitabel	[prɔfiˈtabəl]
Steuer (f)	skatt (m)	[ˈskat]

Währung (f)	valuta (m)	[vaˈlʉta]
Landes-	nasjonal	[naʂʉ'nal]
Geldumtausch (m)	veksling (m/f)	[ˈvɛkʂliŋ]

Buchhalter (m)	regnskapsfører (m)	[ˈrɛjnskapsˌførər]
Buchhaltung (f)	bokføring (m/f)	[ˈbʊkˈføriŋ]

Bankrott (m)	fallitt (m)	[faˈlit]
Zusammenbruch (m)	krakk (n)	[ˈkrak]
Pleite (f)	ruin (m)	[rʉˈin]
pleite gehen	å ruinere seg	[ɔ rʉiˈnerə sæj]
Inflation (f)	inflasjon (m)	[inflaˈʂʊn]
Abwertung (f)	devaluering (m)	[devalʉˈeriŋ]

Kapital (n)	kapital (m)	[kapiˈtal]
Einkommen (n)	inntekt (m/f), innkomst (m)	[ˈinˌtɛkt], [ˈinˌkɔmst]
Umsatz (m)	omsetning (m/f)	[ˈɔmˌsɛtniŋ]
Mittel (Reserven)	ressurser (m pl)	[reˈsʉʂər]
Geldmittel (pl)	pengemidler (m pl)	[ˈpɛŋəˌmidlər]
Gemeinkosten (pl)	faste utgifter (m/f pl)	[ˈfastə ˈʉtˌjiftər]
reduzieren (vt)	å redusere	[ɔ redʉˈserə]

110. Marketing

Marketing (n)	markedsføring (m/f)	[ˈmarkədsˌføriŋ]
Markt (m)	marked (n)	[ˈmarkəd]
Marktsegment (n)	markedssegment (n)	[ˈmarkəds seg'mɛnt]
Produkt (n)	produkt (n)	[prʉˈdʉkt]
Waren (pl)	vare (m/f)	[ˈvarə]

Schutzmarke (f)	merkenavn (n)	[ˈmærkəˌnavn]
Handelsmarke (f)	varemerke (n)	[ˈvarəˌmærkə]
Firmenzeichen (n)	firmamerke (n)	[ˈfirmaˌmærkə]
Logo (n)	logo (m)	[ˈlugʉ]

Nachfrage (f)	etterspørsel (m)	[ˈɛtəˌspœʂəl]
Angebot (n)	tilbud (n)	[ˈtilˌbʉd]

Bedürfnis (n)	behov (n)	[beˈhʊv]
Verbraucher (m)	forbruker (m)	[fɔrˈbrʉkər]

Analyse (f)	analyse (m)	[anaˈlysə]
analysieren (vt)	å analysere	[ɔ analyˈserə]

Positionierung (f)	posisjonering (m/f)	[pʊsiʂʉˈneriŋ]
positionieren (vt)	å posisjonere	[ɔ pʊsiʂʉˈnerə]

Preis (m)	pris (m)	[ˈpris]
Preispolitik (f)	prispolitikk (m)	[ˈpris pʊliˈtik]
Preisbildung (f)	prisdannelse (m)	[ˈprisˌdanəlsə]

111. Werbung

Werbung (f)	reklame (m)	[rɛ'klaɱə]
werben (vt)	å reklamere	[ɔ rɛkla'merə]
Budget (n)	budsjett (n)	[bʉd'ʂɛt]

Werbeanzeige (f)	annonse (m)	[a'nɔnsə]
Fernsehwerbung (f)	TV-reklame (m)	['tɛvɛ rɛ'klaɱə]
Radiowerbung (f)	radioreklame (m)	['radiʉ rɛ'klaɱə]
Außenwerbung (f)	utendørsreklame (m)	['ʉtən,dœʂ rɛ'klaɱə]

Massenmedien (pl)	massemedier (n pl)	['masə,mediər]
Zeitschrift (f)	tidsskrift (n)	['tid,skrift]
Image (n)	image (m)	['imidʒ]

Losung (f)	slogan (n)	['slɔgan]
Motto (n)	motto (n)	['mɔtʉ]

Kampagne (f)	kampanje (m)	[kam'panjə]
Werbekampagne (f)	reklamekampanje (m)	[rɛ'klaɱə kam'panjə]
Zielgruppe (f)	målgruppe (m/f)	['mɔːl,grʉpə]

Visitenkarte (f)	visittkort (n)	[vi'sit,kɔːt]
Flugblatt (n)	reklameblad (n)	[rɛ'klaɱə,bla]
Broschüre (f)	brosjyre (m)	[brɔ'ʂyrə]
Faltblatt (n)	folder (m)	['fɔlər]
Informationsblatt (n)	nyhetsbrev (n)	['nyhets,brev]

Firmenschild (n)	skilt (n)	['ʂilt]
Plakat (n)	plakat, poster (m)	['pla,kat], ['pɔstər]
Werbeschild (n)	reklameskilt (m/f)	[rɛ'klaɱə,ʂilt]

112. Bankgeschäft

Bank (f)	bank (m)	['bank]
Filiale (f)	avdeling (m)	['av,deliŋ]

Berater (m)	konsulent (m)	[kʉnsʉ'lent]
Leiter (m)	forstander (m)	[fɔ'ʂtandər]

Konto (n)	bankkonto (m)	['bank,kɔntʉ]
Kontonummer (f)	kontonummer (n)	['kɔntʉ,nʉmər]
Kontokorrent (n)	sjekkonto (m)	['ʂɛk,kɔntʉ]
Sparkonto (n)	sparekonto (m)	['sparə,kɔntʉ]

ein Konto eröffnen	å åpne en konto	[ɔ 'ɔpnə en 'kɔntʉ]
das Konto schließen	å lukke kontoen	[ɔ 'lʉkə 'kɔntʉən]
einzahlen (vt)	å sette inn på kontoen	[ɔ 'sɛtə in pɔ 'kɔntʉən]
abheben (vt)	å ta ut fra kontoen	[ɔ 'ta ʉt fra 'kɔntʉən]

Einzahlung (f)	innskudd (n)	['in,skʉd]
eine Einzahlung machen	å sette inn	[ɔ 'sɛtə in]
Überweisung (f)	overføring (m/f)	['ɔvər,føriŋ]

überweisen (vt)	å overføre	[ɔ 'ɔvərˌførə]
Summe (f)	sum (m)	['sʉm]
Wieviel?	Hvor mye?	[vʊr 'mye]

Unterschrift (f)	underskrift (m/f)	['ʉnəˌskrift]
unterschreiben (vt)	å underskrive	[ɔ 'ʉnəˌskrivə]

Kreditkarte (f)	kredittkort (n)	[krɛ'ditˌkɔːt]
Code (m)	kode (m)	['kʊdə]
Kreditkartennummer (f)	kreditkortnummer (n)	[krɛ'ditˌkɔːt 'nʉmər]
Geldautomat (m)	minibank (m)	['miniˌbɑnk]

Scheck (m)	sjekk (m)	['ʂɛk]
einen Scheck schreiben	å skrive en sjekk	[ɔ 'skrivə en 'ʂɛk]
Scheckbuch (n)	sjekkbok (m/f)	['ʂɛkˌbʊk]

Darlehen (m)	lån (n)	['lɔn]
ein Darlehen beantragen	å søke om lån	[ɔ ˌsøkə ɔm 'lɔn]
ein Darlehen aufnehmen	å få lån	[ɔ 'fɔ 'lɔn]
ein Darlehen geben	å gi lån	[ɔ 'ji 'lɔn]
Sicherheit (f)	garanti (m)	[gɑrɑn'ti]

113. Telefon. Telefongespräche

Telefon (n)	telefon (m)	[tele'fʊn]
Mobiltelefon (n)	mobiltelefon (m)	[mʊ'bil tele'fʊn]
Anrufbeantworter (m)	telefonsvarer (m)	[tele'fʊnˌsvɑrər]

anrufen (vt)	å ringe	[ɔ 'riŋə]
Anruf (m)	telefonsamtale (m)	[tele'fʊn 'samˌtalə]

eine Nummer wählen	å slå et nummer	[ɔ 'slɔ et 'nʉmər]
Hallo!	Hallo!	[hɑ'lʊ]
fragen (vt)	å spørre	[ɔ 'spørə]
antworten (vi)	å svare	[ɔ 'svɑrə]
hören (vt)	å høre	[ɔ 'hørə]
gut (~ aussehen)	godt	['gɔt]
schlecht (Adv)	dårlig	['doːḷi]
Störungen (pl)	støy (m)	['støj]

Hörer (m)	telefonrør (n)	[tele'fʊnˌrør]
den Hörer abnehmen	å ta telefonen	[ɔ 'ta tele'fʊnən]
auflegen (den Hörer ~)	å legge på røret	[ɔ 'legə pɔ 'rørə]

besetzt	opptatt	['ɔpˌtat]
läuten (vi)	å ringe	[ɔ 'riŋə]
Telefonbuch (n)	telefonkatalog (m)	[tele'fʊn kata'lɔg]

Orts-	lokal-	[lɔ'kal-]
Ortsgespräch (n)	lokalsamtale (m)	[lɔ'kal 'samˌtalə]
Auslands-	internasjonal	['intɛːnɑʂʉˌnal]
Auslandsgespräch (n)	internasjonal samtale (m)	['intɛːnɑʂʉˌnal 'samˌtalə]
Fern-	riks-	['riks-]
Ferngespräch (n)	rikssamtale (m)	['riks 'samˌtalə]

114. Mobiltelefon

Mobiltelefon (n)	mobiltelefon (m)	[mʊ'bil tele'fʊn]
Display (n)	skjerm (m)	['særm]
Knopf (m)	knapp (m)	['knɑp]
SIM-Karte (f)	SIM-kort (n)	['sim‚kɔːt]

Batterie (f)	batteri (n)	[batɛ'ri]
leer sein (Batterie)	å bli utladet	[ɔ 'bli 'ʉt‚lɑdət]
Ladegerät (n)	lader (m)	['lɑdər]

Menü (n)	meny (m)	[me'ny]
Einstellungen (pl)	innstillinger (m/f pl)	['in‚stiliŋər]
Melodie (f)	melodi (m)	[melɔ'di]
auswählen (vt)	å velge	[ɔ 'vɛlgə]

Rechner (m)	regnemaskin (m)	['rɛjnə mɑ‚ʂin]
Anrufbeantworter (m)	telefonsvarer (m)	[tele'fʊn‚svɑrər]
Wecker (m)	vekkerklokka (m/f)	['vɛkər‚klɔkɑ]
Kontakte (pl)	kontakter (m pl)	[kʊn'tɑktər]

| SMS-Nachricht (f) | SMS-beskjed (m) | [ɛsɛm'ɛs bɛ‚ʂɛ] |
| Teilnehmer (m) | abonnent (m) | [abɔ'nɛnt] |

115. Bürobedarf

| Kugelschreiber (m) | kulepenn (m) | ['kʉːlə‚pɛn] |
| Federhalter (m) | fyllepenn (m) | ['fʏlə‚pɛn] |

Bleistift (m)	blyant (m)	['bly‚ɑnt]
Faserschreiber (m)	merkepenn (m)	['mærkə‚pɛn]
Filzstift (m)	tusjpenn (m)	['tʉʂ‚pɛn]

| Notizblock (m) | notatbok (m/f) | [nʊ'tɑt‚bʊk] |
| Terminkalender (m) | dagbok (m/f) | ['dɑg‚bʊk] |

Lineal (n)	linjal (m)	[li'njɑl]
Rechner (m)	regnemaskin (m)	['rɛjnə mɑ‚ʂin]
Radiergummi (m)	viskelær (n)	['viskə‚lær]
Reißzwecke (f)	tegnestift (m)	['tæjnə‚stift]
Heftklammer (f)	binders (m)	['bindɛʂ]

Klebstoff (m)	lim (n)	['lim]
Hefter (m)	stiftemaskin (m)	['stiftə mɑ‚ʂin]
Locher (m)	hullemaskin (m)	['hʉlə mɑ‚ʂin]
Bleistiftspitzer (m)	blyantspisser (m)	['blyant‚spisər]

116. Verschiedene Dokumente

| Bericht (m) | rapport (m) | [ra'pɔːt] |
| Abkommen (n) | avtale (m) | ['ɑv‚tɑlə] |

Anmeldeformular (n)	**søknadsskjema** (n)	['søknads‚ʂema]
Original-	**ekte**	['ɛktə]
Namensschild (n)	**badge** (n)	['bædʒ]
Visitenkarte (f)	**visittkort** (n)	[vi'sit‚kɔ:t]

Zertifikat (n)	**sertifikat** (n)	[sæ:ţifi'kɑt]
Scheck (m)	**sjekk** (m)	['ʂɛk]
Rechnung (im Restaurant)	**regning** (m/f)	['rɛjniŋ]
Verfassung (f)	**grunnlov** (m)	['grʉn‚lov]

Vertrag (m)	**avtale** (m)	['av‚talə]
Kopie (f)	**kopi** (m)	[kʉ'pi]
Kopie (~ des Vertrages)	**eksemplar** (n)	[ɛksɛm'plɑr]

Zolldeklaration (f)	**tolldeklarasjon** (m)	['tɔldɛklɑrɑ'ʂʉn]
Dokument (n)	**dokument** (n)	[dokʉ'mɛnt]
Führerschein (m)	**førerkort** (n)	['førər‚kɔ:t]
Anlage (f)	**tillegg, bilag** (n)	['ti‚leg], ['bi‚lag]
Fragebogen (m)	**skjema** (n)	['ʂema]

Ausweis (m)	**legitimasjon** (m)	[legitimɑ'ʂʉn]
Anfrage (f)	**forespørsel** (m)	['forə‚spœşəl]
Einladungskarte (f)	**invitasjonskort** (n)	[invitɑ'ʂʉns‚kɔ:t]
Rechnung (von Firma)	**faktura** (m)	[fak'tʉrɑ]

Gesetz (n)	**lov** (m)	['lɔv]
Brief (m)	**brev** (n)	['brev]
Briefbogen (n)	**brevpapir** (n)	['brev‚pa'pir]
Liste (schwarze ~)	**liste** (m/f)	['listə]
Manuskript (n)	**manuskript** (n)	[manʉ'skript]
Informationsblatt (n)	**nyhetsbrev** (n)	['nyhets‚brev]
Zettel (m)	**lapp, seddel** (m)	['lɑp], ['sɛdəl]

Passierschein (m)	**adgangskort** (n)	['adgaŋs‚kɔ:t]
Pass (m)	**pass** (n)	['pas]
Erlaubnis (f)	**tillatelse** (m)	['ti‚latəlsə]
Lebenslauf (m)	**CV** (m/n)	['sɛvɛ]
Schuldschein (m)	**skyldbrev, gjeldsbrev** (m/f)	['ʂyl‚brev], ['jɛl‚brev]
Quittung (f)	**kvittering** (m/f)	[kvi'təriŋ]

Kassenzettel (m)	**kassalapp** (m)	['kasa‚lap]
Bericht (m)	**rapport** (m)	[ra'pɔ:t]

vorzeigen (vt)	**å vise**	[ɔ 'visə]
unterschreiben (vt)	**å underskrive**	[ɔ 'ʉnə‚skrivə]
Unterschrift (f)	**underskrift** (m/f)	['ʉnə‚skrift]
Stempel (m)	**stempel** (n)	['stɛmpəl]

Text (m)	**tekst** (m/f)	['tɛkst]
Eintrittskarte (f)	**billett** (m)	[bi'let]

streichen (vt)	**å stryke ut**	[ɔ 'strykə ʉt]
ausfüllen (vt)	**å utfylle**	[ɔ 'ʉt‚fʏlə]

Frachtbrief (m)	**fraktbrev** (n)	['frakt‚brev]
Testament (n)	**testament** (n)	[tɛstɑ'mɛnt]

117. Geschäftsarten

Buchführung (f)	bokføringstjenester (m pl)	['bʊkˌføriŋs 'tjenɛstər]
Werbung (f)	reklame (m)	[rɛ'klamə]
Werbeagentur (f)	reklamebyrå (n)	[rɛ'klamə byˌro]
Klimaanlagen (pl)	klimaanlegg (n pl)	['klima'anˌleg]
Fluggesellschaft (f)	flyselskap (n)	['flysəlˌskap]
Spirituosen (pl)	alkoholholdige drikke (m pl)	[alkʊ'hʊlˌhɔldiə 'drikə]
Antiquitäten (pl)	antikviteter (m pl)	[antikvi'tetər]
Kunstgalerie (f)	kunstgalleri (n)	['kʊnst gale'ri]
Rechnungsprüfung (f)	revisjonstjenester (m pl)	[revi'şʊnsˌtjenɛstər]
Bankwesen (n)	bankvirksomhet (m/f)	['bankˌvirksɔmhet]
Bar (f)	bar (m)	['bar]
Schönheitssalon (m)	skjønnhetssalong (m)	['şønhɛts sa'lɔŋ]
Buchhandlung (f)	bokhandel (m)	['bʊkˌhandəl]
Bierbrauerei (f)	bryggeri (n)	[brʏge'ri]
Bürogebäude (n)	forretningssenter (n)	[fɔ'rɛtniŋsˌsɛntər]
Business-Schule (f)	handelsskole (m)	['handəlsˌskʊlə]
Kasino (n)	kasino (n)	[ka'sinʊ]
Bau (m)	byggeri (m/f)	[bʏgə'ri]
Beratung (f)	konsulenttjenester (m pl)	[kʊnsu'lent ˌtjenɛstər]
Stomatologie (f)	tannklinik (m)	['tankli'nik]
Design (n)	design (m)	['desajn]
Apotheke (f)	apotek (n)	[apʊ'tek]
chemische Reinigung (f)	renseri (n)	[rɛnse'ri]
Personalagentur (f)	rekrutteringsbyrå (n)	['rekrʉˌteriŋs byˌro]
Finanzdienstleistungen (pl)	finansielle tjenester (m pl)	[finan'sielə ˌtjenɛstər]
Nahrungsmittel (pl)	matvarer (m/f pl)	['matˌvarər]
Bestattungsinstitut (n)	begravelsesbyrå (n)	[be'gravəlsəs byˌro]
Möbel (n)	møbler (n pl)	['møblər]
Kleidung (f)	klær (n)	['klær]
Hotel (n)	hotell (n)	[hʊ'tɛl]
Eis (n)	iskrem (m)	['iskrɛm]
Industrie (f)	industri (m)	[indʉ'stri]
Versicherung (f)	forsikring (m/f)	[fɔ'şikriŋ]
Internet (n)	Internett	['intəˌŋɛt]
Investitionen (pl)	investering (m/f)	[inve'steriŋ]
Juwelier (m)	juveler (m)	[jʉ'velər]
Juwelierwaren (pl)	smykker (n pl)	['smʏkər]
Wäscherei (f)	vaskeri (n)	[vaske'ri]
Rechtsberatung (f)	juridisk rådgiver (m pl)	[jʉ'ridisk 'rɔdˌjivər]
Leichtindustrie (f)	lettindustri (m)	['letˌindʉ'stri]
Zeitschrift (f)	magasin, tidsskrift (n)	[maga'sin], ['tidˌskrift]
Versandhandel (m)	postordresalg (m)	['postˌɔrdrə'salg]
Medizin (f)	medisin (m)	[medi'sin]
Kino (Filmtheater)	kino (m)	['çinʊ]
Museum (n)	museum (n)	[mʉ'seum]

Nachrichtenagentur (f)	nyhetsbyrå (n)	['nyhets by,ro]
Zeitung (f)	avis (m/f)	[a'vis]
Nachtklub (m)	nattklubb (m)	['nat,klʉb]

Erdöl (n)	olje (m)	['ɔljə]
Kurierdienst (m)	budtjeneste (m)	[bʉd'tjenɛstə]
Pharmaindustrie (f)	legemidler (pl)	['legə'midlər]
Druckindustrie (f)	trykkeri (n)	[trʏkə'ri]
Verlag (m)	forlag (n)	['fɔ:ˌɑg]

Rundfunk (m)	radio (m)	['rɑdiʉ]
Immobilien (pl)	fast eiendom (m)	[ˌfɑst 'æjən,dɔm]
Restaurant (n)	restaurant (m)	[rɛstʉ'raŋ]

Sicherheitsagentur (f)	sikkerhetsselskap (n)	['sikərhɛts 'sel,skɑp]
Sport (m)	sport, idrett (m)	['spɔ:t], ['idrɛt]
Börse (f)	børs (m)	['bœʂ]
Laden (m)	forretning, butikk (m)	[fɔ'rɛtniŋ], [bʉ'tik]
Supermarkt (m)	supermarked (n)	['sʉpə,market]
Schwimmbad (n)	svømmebasseng (n)	['svœmə,bɑ'sɛŋ]

Atelier (n)	skredderi (n)	[skrɛdə'ri]
Fernsehen (n)	televisjon (m)	['televi,sʉn]
Theater (n)	teater (n)	[te'ɑtər]
Handel (m)	handel (m)	['handəl]
Transporte (pl)	transport (m)	[trans'pɔ:t]
Reisen (pl)	turisme (m)	[tʉ'rismə]

Tierarzt (m)	dyrlege, veterinær (m)	['dyr,legə], [vetəri'nær]
Warenlager (n)	lager (n)	['lagər]
Müllabfuhr (f)	avfallstømming (m/f)	['ɑvfɑls,tømiŋ]

Arbeit. Geschäft. Teil 2

118. Show. Ausstellung

Ausstellung (f)	messe (m/f)	['mɛsə]
Handelsausstellung (f)	varemesse (m/f)	['varə‚mɛsə]
Teilnahme (f)	deltagelse (m)	['del‚tagəlsə]
teilnehmen (vi)	å delta	[ɔ 'dɛlta]
Teilnehmer (m)	deltaker (m)	['del‚takər]
Direktor (m)	direktør (m)	[dirɛk'tør]
Messeverwaltung (f)	arrangørkontor (m)	[araŋ'ʂør kʉn'tʊr]
Organisator (m)	arrangør (m)	[araŋ'ʂør]
veranstalten (vt)	å organisere	[ɔ ɔrgani'serə]
Anmeldeformular (n)	påmeldingsskjema (n)	['pɔmeliŋs‚ʂɛma]
ausfüllen (vt)	å utfylle	[ɔ 'ʉt‚fylə]
Details (pl)	detaljer (m pl)	[de'taljer]
Information (f)	informasjon (m)	[infɔrma'ʂʉn]
Preis (m)	pris (m)	['pris]
einschließlich	inklusive	['inklʉ‚sivə]
einschließen (vt)	å inkludere	[ɔ inklʉ'derə]
zahlen (vt)	å betale	[ɔ be'talə]
Anmeldegebühr (f)	registreringsavgift (m/f)	[rɛgi'strɛriŋs av'jift]
Eingang (m)	inngang (m)	['in‚gaŋ]
Pavillon (m)	paviljong (m)	[pavi'ljoŋ]
registrieren (vt)	å registrere	[ɔ regi'strerə]
Namensschild (n)	badge (n)	['bædʒ]
Stand (m)	messestand (m)	['mɛsə‚stan]
reservieren (vt)	å reservere	[ɔ resɛr'verə]
Vitrine (f)	glassmonter (m)	['glas‚mɔntər]
Strahler (m)	lampe (m/f), spotlys (n)	['lampə], ['spɔt‚lys]
Design (n)	design (m)	['desajn]
stellen (vt)	å plassere	[ɔ pla'serə]
gelegen sein	å bli plasseret	[ɔ 'bli pla'serət]
Distributor (m)	distributør (m)	[distribʉ'tør]
Lieferant (m)	leverandør (m)	[levəran'dør]
liefern (vt)	å levere	[ɔ le'verə]
Land (n)	land (n)	['lan]
ausländisch	utenlandsk	['ʉtən‚lansk]
Produkt (n)	produkt (n)	[prʉ'dʉkt]
Assoziation (f)	forening (m/f)	[fɔ'reniŋ]
Konferenzraum (m)	konferansesal (m)	[kʉnfə'ransə‚sal]

| Kongress (m) | kongress (m) | [kʊn'grɛs] |
| Wettbewerb (m) | tevling (m) | ['tɛvliŋ] |

Besucher (m)	besøkende (m)	[be'søkenə]
besuchen (vt)	å besøke	[ɔ be'søkə]
Auftraggeber (m)	kunde (m)	['kʊndə]

119. Massenmedien

Zeitung (f)	avis (m/f)	[a'vis]
Zeitschrift (f)	magasin, tidsskrift (n)	[maga'sin], ['tid‚skrift]
Presse (f)	presse (m/f)	['prɛsə]
Rundfunk (m)	radio (m)	['radiʊ]
Rundfunkstation (f)	radiostasjon (m)	['radiʊˌsta'şʊn]
Fernsehen (n)	televisjon (m)	['televiˌşʊn]

Moderator (m)	programleder (m)	[prʊ'gramˌledər]
Sprecher (m)	nyhetsoppleser (m)	['nyhets'ɔpˌlesər]
Kommentator (m)	kommentator (m)	[kʊmən'tatʊr]

Journalist (m)	journalist (m)	[şuːˌŋa'list]
Korrespondent (m)	korrespondent (m)	[kʊrespɔn'dɛnt]
Bildberichterstatter (m)	pressefotograf (m)	['prɛsə fɔtɔ'graf]
Reporter (m)	reporter (m)	[re'pɔːţər]

| Redakteur (m) | redaktør (m) | [rɛdak'tør] |
| Chefredakteur (m) | sjefredaktør (m) | ['şɛf rɛdak'tør] |

abonnieren (vt)	å abonnere	[ɔ abɔ'nerə]
Abonnement (n)	abonnement (n)	[abɔnə'maŋ]
Abonnent (m)	abonnent (m)	[abɔ'nɛnt]
lesen (vi, vt)	å lese	[ɔ 'lesə]
Leser (m)	leser (m)	['lesər]

Auflage (f)	opplag (n)	['ɔpˌlag]
monatlich (Adj)	månedlig	['moːnədli]
wöchentlich (Adj)	ukentlig	['ʉkəntli]
Ausgabe (Zeitschrift)	nummer (n)	['nʉmər]
neueste (~ Ausgabe)	ny, fersk	['ny], ['fæşk]

Titel (m)	overskrift (m)	['ɔvəˌşkrift]
Notiz (f)	notis (m)	[nʊ'tis]
Rubrik (f)	rubrikk (m)	[rʉ'brik]
Artikel (m)	artikkel (m)	[aː'ţikəl]
Seite (f)	side (m/f)	['sidə]

Reportage (f)	reportasje (m)	[repɔː'ţaşə]
Ereignis (n)	hendelse (m)	['hɛndəlsə]
Sensation (f)	sensasjon (m)	[sɛnsa'şʊn]
Skandal (m)	skandale (m)	[skan'dalə]
skandalös	skandaløs	[skanda'løs]
groß (-er Skandal)	stor	['stʊr]
Sendung (f)	program (n)	[prʊ'gram]
Interview (n)	intervju (n)	[intə'vjʉː]

| Live-Übertragung (f) | direktesending (m/f) | [di'rɛktə‚sɛniŋ] |
| Kanal (m) | kanal (m) | [ka'nal] |

120. Landwirtschaft

Landwirtschaft (f)	landbruk (n)	['lan‚brʉk]
Bauer (m)	bonde (m)	['bɔnə]
Bäuerin (f)	bondekone (m/f)	['bɔnə‚kʉnə]
Farmer (m)	gårdbruker, bonde (m)	['gɔːr‚brʉkər], ['bɔnə]

| Traktor (m) | traktor (m) | ['traktʉr] |
| Mähdrescher (m) | skurtresker (m) | ['skʉːˌtrɛskər] |

Pflug (m)	plog (m)	['plug]
pflügen (vt)	å pløye	[ɔ 'pløjə]
Acker (m)	pløyemark (m/f)	['pløjə‚mark]
Furche (f)	fure (m)	['fʉrə]

säen (vt)	å så	[ɔ 'sɔ]
Sämaschine (f)	såmaskin (m)	['soːma‚ʂin]
Saat (f)	såing (m/f)	['soːiŋ]

| Sense (f) | ljå (m) | ['ljoː] |
| mähen (vt) | å meie, å slå | [ɔ 'mæjə], [ɔ 'slɔ] |

| Schaufel (f) | spade (m) | ['spadə] |
| graben (vt) | å grave | [ɔ 'gravə] |

Hacke (f)	hakke (m/f)	['hakə]
jäten (vt)	å hakke	[ɔ 'hakə]
Unkraut (n)	ugras (n)	[ʉ'gras]

Gießkanne (f)	vannkanne (f)	['van‚kanə]
gießen (vt)	å vanne	[ɔ 'vanə]
Bewässerung (f)	vanning (m/f)	['vaniŋ]

| Heugabel (f) | greip (m) | ['græjp] |
| Rechen (m) | rive (m/f) | ['rivə] |

Dünger (m)	gjødsel (m/f)	['jøtsəl]
düngen (vt)	å gjødsle	[ɔ 'jøtslə]
Mist (m)	møkk (m/f)	['møk]

Feld (n)	åker (m)	['oːker]
Wiese (f)	eng (m/f)	['ɛŋ]
Gemüsegarten (m)	kjøkkenhage (m)	['çœkən‚hagə]
Obstgarten (m)	frukthage (m)	['frʉkt‚hagə]

weiden (vt)	å beite	[ɔ 'bæjtə]
Hirt (m)	gjeter, hyrde (m)	['jetər], ['hʏrdə]
Weide (f)	beite (n), beitemark (m/f)	['bæjtə], ['bæjtə‚mark]

| Viehzucht (f) | husdyrhold (n) | ['hʉsdyr‚hɔl] |
| Schafzucht (f) | sauehold (n) | ['saʊə‚hɔl] |

Plantage (f)	plantasje (m)	[plɑn'tɑʂə]
Beet (n)	rad (m/f)	['rɑd]
Treibhaus (n)	drivhus (n)	['driv,hʉs]

| Dürre (f) | tørke (m/f) | ['tœrkə] |
| dürr, trocken | tørr | ['tœr] |

Getreide (n)	korn (n)	['kʊːn]
Getreidepflanzen (pl)	cerealer (n pl)	[sere'ɑlər]
ernten (vt)	å høste	[ɔ 'høstə]

Müller (m)	møller (m)	['mølər]
Mühle (f)	mølle (m/f)	['mølə]
mahlen (vt)	å male	[ɔ 'mɑlə]
Mehl (n)	mel (n)	['mel]
Stroh (n)	halm (m)	['hɑlm]

121. Gebäude. Bauabwicklung

Baustelle (f)	byggeplass (m)	['bʏgə,plɑs]
bauen (vt)	å bygge	[ɔ 'bʏgə]
Bauarbeiter (m)	bygningsarbeider (m)	['bʏgniŋs 'ɑr,bæejər]

Projekt (n)	prosjekt (n)	[prʊ'ʂɛkt]
Architekt (m)	arkitekt (m)	[ɑrki'tɛkt]
Arbeiter (m)	arbeider (m)	['ɑr,bæejdər]

Fundament (n)	fundament (n)	[fʉndɑ'mɛnt]
Dach (n)	tak (n)	['tɑk]
Pfahl (m)	pæl (m)	['pæl]
Wand (f)	mur, vegg (m)	['mʉr], ['vɛg]

| Bewehrungsstahl (m) | armeringsjern (n) | [ɑr'meriŋs'jæːn] |
| Gerüst (n) | stillas (n) | [sti'lɑs] |

Beton (m)	betong (m)	[be'tɔŋ]
Granit (m)	granitt (m)	[grɑ'nit]
Stein (m)	stein (m)	['stæjn]
Ziegel (m)	tegl (n), murstein (m)	['tæjl], ['mʉ,stæjn]

Sand (m)	sand (m)	['sɑn]
Zement (m)	sement (m)	[se'mɛnt]
Putz (m)	puss (m)	['pʉs]
verputzen (vt)	å pusse	[ɔ 'pʉsə]

Farbe (f)	maling (m/f)	['mɑliŋ]
färben (vt)	å male	[ɔ 'mɑlə]
Fass (n), Tonne (f)	tønne (m)	['tœnə]

Kran (m)	heisekran (m/f)	['hæjsə,krɑn]
aufheben (vt)	å løfte	[ɔ 'lœftə]
herunterlassen (vt)	å heise ned	[ɔ 'hæjsə ne]
Planierraupe (f)	bulldoser (m)	['bʉl,dusər]
Bagger (m)	gravemaskin (m)	['grɑvə mɑ'ʂin]

Baggerschaufel (f)	skuffe (m/f)	['skʉfə]
graben (vt)	å grave	[ɔ 'grɑvə]
Schutzhelm (m)	hjelm (m)	['jɛlm]

122. Wissenschaft. Forschung. Wissenschaftler

Wissenschaft (f)	vitenskap (m)	['vitən‚skɑp]
wissenschaftlich	vitenskapelig	['vitən‚skɑpəli]
Wissenschaftler (m)	vitenskapsmann (m)	['vitən‚skɑps mɑn]
Theorie (f)	teori (m)	[teʉ'ri]

Axiom (n)	aksiom (n)	[ɑksi'ɔm]
Analyse (f)	analyse (m)	[ɑnɑ'lysə]
analysieren (vt)	å analysere	[ɔ ɑnɑly'serə]
Argument (n)	argument (n)	[ɑrgʉ'mɛnt]
Substanz (f)	stoff (n), substans (m)	['stɔf], [sʉb'stɑns]

Hypothese (f)	hypotese (m)	[hypʉ'tesə]
Dilemma (n)	dilemma (n)	[di'lemɑ]
Dissertation (f)	avhandling (m/f)	['ɑv‚hɑndliŋ]
Dogma (n)	dogme (n)	['dɔgmə]

Doktrin (f)	doktrine (m)	[dɔk'trinə]
Forschung (f)	forskning (m)	['fɔːʂkniŋ]
forschen (vi)	å forske	[ɔ 'fɔːʂkə]
Kontrolle (f)	test (m), prøve (m/f)	['tɛst], ['prøvə]
Labor (n)	laboratorium (n)	[lɑbʉrɑ'tɔrium]

Methode (f)	metode (m)	[me'tɔdə]
Molekül (n)	molekyl (n)	[mʉle'kyl]
Monitoring (n)	overvåking (m/f)	['ɔvər‚vɔkiŋ]
Entdeckung (f)	oppdagelse (m)	['ɔp‚dɑgəlsə]

Postulat (n)	postulat (n)	[pɔstʉ'lɑt]
Prinzip (n)	prinsipp (n)	[prin'sip]
Prognose (f)	prognose (m)	[prʉg'nʉsə]
prognostizieren (vt)	å prognostisere	[ɔ prʉgnʉsti'serə]

Synthese (f)	syntese (m)	[syn'tesə]
Tendenz (f)	tendens (m)	[tɛn'dɛns]
Theorem (n)	teorem (n)	[teʉ'rɛm]

| Lehre (Doktrin) | lære (m/f pl) | ['lærə] |
| Tatsache (f) | faktum (n) | ['fɑktum] |

| Expedition (f) | ekspedisjon (m) | [ɛkspedi'ʂun] |
| Experiment (n) | eksperiment (n) | [ɛksperi'mɛnt] |

Akademiemitglied (n)	akademiker (m)	[ɑkɑ'demikər]
Bachelor (m)	bachelor (m)	['bɑtʂɛlor]
Doktor (m)	doktor (m)	['dɔktʉr]
Dozent (m)	dosent (m)	[dʉ'sɛnt]
Magister (m)	magister (m)	[mɑ'gistər]
Professor (m)	professor (m)	[prʉ'fɛsʉr]

Berufe und Tätigkeiten

123. Arbeitsuche. Kündigung

Arbeit (f), Stelle (f)	arbeid (n), jobb (m)	['arbæj], ['job]
Belegschaft (f)	ansatte (pl)	['anˌsatə]
Personal (n)	personale (n)	[pæʂu'nalə]
Karriere (f)	karriere (m)	[kari'ɛrə]
Perspektive (f)	utsikter (m pl)	['ʉtˌsiktər]
Können (n)	mesterskap (n)	['mɛstæˌʂkap]
Auswahl (f)	utvelgelse (m)	['ʉtˌvɛlgəlsə]
Personalagentur (f)	rekrutteringsbyrå (n)	['rekrʉˌteriŋs byˌro]
Lebenslauf (m)	CV (m/n)	['sɛvɛ]
Vorstellungsgespräch (n)	jobbintervju (n)	['job ˌintər'vjʉ]
Vakanz (f)	vakanse (m)	['vakansə]
Gehalt (n)	lønn (m/f)	['lœn]
festes Gehalt (n)	fastlønn (m/f)	['fastˌlœn]
Arbeitslohn (m)	betaling (m/f)	[be'taliŋ]
Stellung (f)	stilling (m/f)	['stiliŋ]
Pflicht (f)	plikt (m/f)	['plikt]
Aufgabenspektrum (n)	arbeidsplikter (m/f pl)	['arbæjdsˌpliktər]
beschäftigt	opptatt	['ɔpˌtat]
kündigen (vt)	å avskjedige	[ɔ 'afˌʂedigə]
Kündigung (f)	avskjedigelse (m)	['afʂeˌdigəlsə]
Arbeitslosigkeit (f)	arbeidsløshet (m)	['arbæjdsløsˌhet]
Arbeitslose (m)	arbeidsløs (m)	['arbæjdsˌløs]
Rente (f), Ruhestand (m)	pensjon (m)	[pan'ʂun]
in Rente gehen	å gå av med pensjon	[ɔ 'gɔ a: me pan'ʂun]

124. Geschäftsleute

Direktor (m)	direktør (m)	[dirɛk'tør]
Leiter (m)	forstander (m)	[fɔ'ʂtandər]
Boss (m)	boss (m)	['bɔs]
Vorgesetzte (m)	overordnet (m)	['ɔvərˌɔrdnet]
Vorgesetzten (pl)	overordnede (pl)	['ɔvərˌɔrdnedə]
Präsident (m)	president (m)	[prɛsi'dɛnt]
Vorsitzende (m)	styreformann (m)	['styrəˌfɔrman]
Stellvertreter (m)	stedfortreder (m)	['stedfɔːˌtredər]
Helfer (m)	assistent (m)	[asi'stɛnt]

| Sekretär (m) | sekretær (m) | [sɛkrə'tær] |
| Privatsekretär (m) | privatsekretær (m) | [pri'vat sɛkrə'tær] |

Geschäftsmann (m)	forretningsmann (m)	[fɔ'rɛtniŋs‚man]
Unternehmer (m)	entreprenør (m)	[ɛntreprə'nør]
Gründer (m)	grunnlegger (m)	['grʉn‚legər]
gründen (vt)	å grunnlegge, å stifte	[ɔ 'grʉn‚legə], [ɔ 'stiftə]

Gründungsmitglied (n)	stifter (m)	['stiftər]
Partner (m)	partner (m)	['pɑːʈnər]
Aktionär (m)	aksjonær (m)	[akʂʉ'nær]

Millionär (m)	millionær (m)	[milju'nær]
Milliardär (m)	milliardær (m)	[milja:'ɖær]
Besitzer (m)	eier (m)	['æjər]
Landbesitzer (m)	jordeier (m)	['juːr‚æjər]

Kunde (m)	kunde (m)	['kʉndə]
Stammkunde (m)	fast kunde (m)	[‚fast 'kʉndə]
Käufer (m)	kjøper (m)	['çœːpər]
Besucher (m)	besøkende (m)	[be'søkenə]

Fachmann (m)	yrkesmann (m)	['yrkəs‚man]
Experte (m)	ekspert (m)	[ɛks'pæːt]
Spezialist (m)	spesialist (m)	[spesia'list]

| Bankier (m) | bankier (m) | [banki'e] |
| Makler (m) | mekler, megler (m) | ['mɛklər] |

Kassierer (m)	kasserer (m)	[ka'serər]
Buchhalter (m)	regnskapsfører (m)	['rɛjnskaps‚førər]
Wächter (m)	sikkerhetsvakt (m/f)	['sikərhɛts‚vakt]

Investor (m)	investor (m)	[in'vɛstʉr]
Schuldner (m)	skyldner (m)	['ʂylnər]
Gläubiger (m)	kreditor (m)	['krɛditʉr]
Kreditnehmer (m)	låntaker (m)	['lɔn‚takər]

| Importeur (m) | importør (m) | [impɔ:'ʈør] |
| Exporteur (m) | eksportør (m) | [ɛkspɔ:'ʈør] |

Hersteller (m)	produsent (m)	[prʉdʉ'sɛnt]
Distributor (m)	distributør (m)	[distribʉ'tør]
Vermittler (m)	mellommann (m)	['mɛlɔ‚man]

Berater (m)	konsulent (m)	[kʉnsʉ'lent]
Vertreter (m)	representant (m)	[represɛn'tant]
Agent (m)	agent (m)	[a'gɛnt]
Versicherungsagent (m)	forsikringsagent (m)	[fɔ'ʂikriŋs a'gɛnt]

125. Dienstleistungsberufe

| Koch (m) | kokk (m) | ['kʉk] |
| Chefkoch (m) | sjefkokk (m) | ['ʂɛf‚kʉk] |

Bäcker (m)	baker (m)	['bakər]
Barmixer (m)	bartender (m)	['ba:ˌtɛndər]
Kellner (m)	servitør (m)	['særvi'tør]
Kellnerin (f)	servitrise (m/f)	[særvi'trisə]

Rechtsanwalt (m)	advokat (m)	[advʋ'kat]
Jurist (m)	jurist (m)	[jʉ'rist]
Notar (m)	notar (m)	[nʋ'tar]

Elektriker (m)	elektriker (m)	[ɛ'lektrikər]
Klempner (m)	rørlegger (m)	['rørˌlegər]
Zimmermann (m)	tømmermann (m)	['tœmərˌman]

Masseur (m)	massør (m)	[ma'sør]
Masseurin (f)	massøse (m)	[ma'søsə]
Arzt (m)	lege (m)	['legə]

Taxifahrer (m)	taxisjåfør (m)	['taksi ʂɔ'før]
Fahrer (m)	sjåfør (m)	[ʂɔ'før]
Ausfahrer (m)	bud (n)	['bʉd]

Zimmermädchen (n)	stuepike (m/f)	['stʉəˌpikə]
Wächter (m)	sikkerhetsvakt (m/f)	['sikərhɛtsˌvakt]
Flugbegleiterin (f)	flyvertinne (m/f)	[flyvɛ:'ʈinə]

Lehrer (m)	lærer (m)	['lærər]
Bibliothekar (m)	bibliotekar (m)	[bibliʋ'tekar]
Übersetzer (m)	oversetter (m)	['ɔvəˌsɛtər]
Dolmetscher (m)	tolk (m)	['tɔlk]
Fremdenführer (m)	guide (m)	['gajd]

Friseur (m)	frisør (m)	[fri'sør]
Briefträger (m)	postbud (n)	['pɔstˌbʉd]
Verkäufer (m)	forselger (m)	[fɔ'ʂɛlər]

Gärtner (m)	gartner (m)	['ga:ʈnər]
Diener (m)	tjener (m)	['tjenər]
Magd (f)	tjenestepike (m/f)	['tjenɛstəˌpikə]
Putzfrau (f)	vaskedame (m/f)	['vaskəˌdamə]

126. Militärdienst und Ränge

einfacher Soldat (m)	menig (m)	['meni]
Feldwebel (m)	sersjant (m)	[sær'ʂant]
Leutnant (m)	løytnant (m)	['løjtˌnant]
Hauptmann (m)	kaptein (m)	[kap'tæjn]

Major (m)	major (m)	[ma'jɔr]
Oberst (m)	oberst (m)	['ʋbɛʂt]
General (m)	general (m)	[gene'ral]
Marschall (m)	marskalk (m)	['marʂal]
Admiral (m)	admiral (m)	[admi'ral]
Militärperson (f)	militær (m)	[mili'tær]
Soldat (m)	soldat (m)	[sʋl'dat]

| Offizier (m) | offiser (m) | [ɔfiˈsɛr] |
| Kommandeur (m) | befalshaver (m) | [beˈfalsˌhavər] |

Grenzsoldat (m)	grensevakt (m/f)	[ˈgrɛnsəˌvakt]
Funker (m)	radiooperatør (m)	[ˈradiʊ ʊpəraˈtør]
Aufklärer (m)	oppklaringssoldat (m)	[ˈɔpˌklariŋ sʊlˈdat]
Pionier (m)	pioner (m)	[piʊˈner]
Schütze (m)	skytter (m)	[ˈʂytər]
Steuermann (m)	styrmann (m)	[ˈstyrˌman]

127. Beamte. Priester

| König (m) | konge (m) | [ˈkʊŋə] |
| Königin (f) | dronning (m/f) | [ˈdrɔniŋ] |

| Prinz (m) | prins (m) | [ˈprins] |
| Prinzessin (f) | prinsesse (m/f) | [prinˈsɛsə] |

| Zar (m) | tsar (m) | [ˈtsɑr] |
| Zarin (f) | tsarina (m) | [tsɑˈrinɑ] |

Präsident (m)	president (m)	[prɛsiˈdɛnt]
Minister (m)	minister (m)	[miˈnistər]
Ministerpräsident (m)	statsminister (m)	[ˈstats miˈnistər]
Senator (m)	senator (m)	[seˈnatʊr]

Diplomat (m)	diplomat (m)	[diplʊˈmat]
Konsul (m)	konsul (m)	[ˈkʊnˌsʉl]
Botschafter (m)	ambassadør (m)	[ambasaˈdør]
Ratgeber (m)	rådgiver (m)	[ˈrɔdˌjivər]

Beamte (m)	embetsmann (m)	[ˈɛmbetsˌman]
Präfekt (m)	prefekt (m)	[prɛˈfɛkt]
Bürgermeister (m)	borgermester (m)	[bɔrgərˈmɛstər]

| Richter (m) | dommer (m) | [ˈdɔmər] |
| Staatsanwalt (m) | anklager (m) | [ˈanˌklagər] |

Missionar (m)	misjonær (m)	[miʂʊˈnær]
Mönch (m)	munk (m)	[ˈmʉnk]
Abt (m)	abbed (m)	[ˈabed]
Rabbiner (m)	rabbiner (m)	[raˈbinər]

Wesir (m)	vesir (m)	[vɛˈsir]
Schah (n)	sjah (m)	[ˈʂa]
Scheich (m)	sjeik (m)	[ˈʂæjk]

128. Landwirtschaftliche Berufe

Bienenzüchter (m)	birøkter (m)	[ˈbiˌrøktər]
Hirt (m)	gjeter, hyrde (m)	[ˈjetər], [ˈhyrdə]
Agronom (m)	agronom (m)	[agrʊˈnʊm]

| Viehzüchter (m) | husdyrholder (m) | ['husdyr,holdər] |
| Tierarzt (m) | dyrlege, veterinær (m) | ['dyr,legə], [vetəri'nær] |

Farmer (m)	gårdbruker, bonde (m)	['gɔːr,brukər], ['bɔnə]
Winzer (m)	vinmaker (m)	['vin,makər]
Zoologe (m)	zoolog (m)	[su:'lɔg]
Cowboy (m)	cowboy (m)	['kaw,bɔj]

129. Künstler

| Schauspieler (m) | skuespiller (m) | ['skuə,spilər] |
| Schauspielerin (f) | skuespillerinne (m/f) | ['skuə,spilə'rinə] |

| Sänger (m) | sanger (m) | ['saŋər] |
| Sängerin (f) | sangerinne (m/f) | [saŋə'rinə] |

| Tänzer (m) | danser (m) | ['dansər] |
| Tänzerin (f) | danserinne (m/f) | [danse'rinə] |

| Künstler (m) | skuespiller (m) | ['skuə,spilər] |
| Künstlerin (f) | skuespillerinne (m/f) | ['skuə,spilə'rinə] |

Musiker (m)	musiker (m)	['musikər]
Pianist (m)	pianist (m)	[pia'nist]
Gitarrist (m)	gitarspiller (m)	[gi'tar,spilər]

Dirigent (m)	dirigent (m)	[diri'gɛnt]
Komponist (m)	komponist (m)	[kumpu'nist]
Manager (m)	impresario (m)	[impre'sariu]

Regisseur (m)	regissør (m)	[rɛʂi'sør]
Produzent (m)	produsent (m)	[prudu'sɛnt]
Drehbuchautor (m)	manusforfatter (m)	['manus fɔr'fatər]
Kritiker (m)	kritiker (m)	['kritikər]

Schriftsteller (m)	forfatter (m)	[fɔr'fatər]
Dichter (m)	poet, dikter (m)	['pɔɛt], ['diktər]
Bildhauer (m)	skulptør (m)	[skulp'tør]
Maler (m)	kunstner (m)	['kunstnər]

Jongleur (m)	sjonglør (m)	[ʂɔŋ'lør]
Clown (m)	klovn (m)	['klɔvn]
Akrobat (m)	akrobat (m)	[akru'bat]
Zauberkünstler (m)	tryllekunstner (m)	['trʏlə,kunstnər]

130. Verschiedene Berufe

Arzt (m)	lege (m)	['legə]
Krankenschwester (f)	sykepleierske (m/f)	['sykə,plæjeʂkə]
Psychiater (m)	psykiater (m)	[syki'atər]
Zahnarzt (m)	tannlege (m)	['tan,legə]
Chirurg (m)	kirurg (m)	[çi'rurg]

| Astronaut (m) | astronaut (m) | [astrʊ'naʊt] |
| Astronom (m) | astronom (m) | [astrʊ'nʊm] |

Fahrer (Taxi-)	fører (m)	['fører]
Lokomotivführer (m)	lokfører (m)	['lʊk̩fører]
Mechaniker (m)	mekaniker (m)	[me'kanikər]

Bergarbeiter (m)	gruvearbeider (m)	['grʊvə'ar̩bæjdər]
Arbeiter (m)	arbeider (m)	['ar̩bæjdər]
Schlosser (m)	låsesmed (m)	['lo:sə̩sme]
Tischler (m)	snekker (m)	['snɛkər]
Dreher (m)	dreier (m)	['dræjər]
Bauarbeiter (m)	bygningsarbeider (m)	['bʏgniŋs 'ar̩bæjer]
Schweißer (m)	sveiser (m)	['svæjsər]

Professor (m)	professor (m)	[prʊ'fɛsʊr]
Architekt (m)	arkitekt (m)	[arki'tɛkt]
Historiker (m)	historiker (m)	[hi'stʊrikər]
Wissenschaftler (m)	vitenskapsmann (m)	['vitən̩skaps man]
Physiker (m)	fysiker (m)	['fysikər]
Chemiker (m)	kjemiker (m)	['çemikər]

Archäologe (m)	arkeolog (m)	[̩arkeʊ'lɔg]
Geologe (m)	geolog (m)	[geʊ'lɔg]
Forscher (m)	forsker (m)	['fɔʂkər]

| Kinderfrau (f) | babysitter (m) | ['bɛby̩sitər] |
| Lehrer (m) | lærer, pedagog (m) | [lærər], [peda'gɔg] |

Redakteur (m)	redaktør (m)	[rɛdak'tør]
Chefredakteur (m)	sjefredaktør (m)	['ʂɛf rɛdak'tør]
Korrespondent (m)	korrespondent (m)	[kʊrespon'dɛnt]
Schreibkraft (f)	maskinskriverske (m)	[ma'ʂin ̩skrivɛʂkə]

Designer (m)	designer (m)	[de'sajnər]
Computerspezialist (m)	dataekspert (m)	['data ɛks'pɛ:t]
Programmierer (m)	programmerer (m)	[prʊgra'merər]
Ingenieur (m)	ingeniør (m)	[inʂə'njør]

Seemann (m)	sjømann (m)	['ʂø̩man]
Matrose (m)	matros (m)	[ma'trʊs]
Retter (m)	redningsmann (m)	['rɛdniŋs̩man]

Feuerwehrmann (m)	brannmann (m)	['bran̩man]
Polizist (m)	politi (m)	[pʊli'ti]
Nachtwächter (m)	nattvakt (m)	['nat̩vakt]
Detektiv (m)	detektiv (m)	[detɛk'tiv]

Zollbeamter (m)	tollbetjent (m)	['tɔlbe̩tjɛnt]
Leibwächter (m)	livvakt (m/f)	['liv̩vakt]
Gefängniswärter (m)	fangevokter (m)	['faŋe̩vɔktər]
Inspektor (m)	inspektør (m)	[inspɛk'tør]

Sportler (m)	idrettsmann (m)	['idrɛts̩man]
Trainer (m)	trener (m)	['trenər]
Fleischer (m)	slakter (m)	['ʂlaktər]

Schuster (m)	skomaker (m)	['sku̇,makər]
Geschäftsmann (m)	handelsmann (m)	['handəls,man]
Ladearbeiter (m)	lastearbeider (m)	['lastə'ar,bæjdər]

| Modedesigner (m) | moteskaper (m) | ['mu̇tə,skapər] |
| Modell (n) | modell (m) | [mu̇'dɛl] |

131. Beschäftigung. Sozialstatus

| Schüler (m) | skolegutt (m) | ['sku̇lə,gu̇t] |
| Student (m) | student (m) | [stu̇'dɛnt] |

Philosoph (m)	filosof (m)	[filu̇'su̇f]
Ökonom (m)	økonom (m)	[øku̇'nu̇m]
Erfinder (m)	oppfinner (m)	['ɔp,finər]

Arbeitslose (m)	arbeidsløs (m)	['arbæjds,løs]
Rentner (m)	pensjonist (m)	[panʂu̇'nist]
Spion (m)	spion (m)	[spi'un]

Gefangene (m)	fange (m)	['faŋə]
Streikender (m)	streiker (m)	['stræjkər]
Bürokrat (m)	byråkrat (m)	[byrɔ'krat]
Reisende (m)	reisende (m)	['ræjsenə]

Homosexuelle (m)	homofil (m)	['humu̇,fil]
Hacker (m)	hacker (m)	['hakər]
Hippie (m)	hippie (m)	['hipi]

Bandit (m)	banditt (m)	[ban'dit]
Killer (m)	leiemorder (m)	['læjə,mu̇rdər]
Drogenabhängiger (m)	narkoman (m)	[narku̇'man]
Drogenhändler (m)	narkolanger (m)	['narkɔ,laŋər]
Prostituierte (f)	prostituert (m)	[pru̇stitu̇'e:t]
Zuhälter (m)	hallik (m)	['halik]

Zauberer (m)	trollmann (m)	['trɔl,man]
Zauberin (f)	trollkjerring (m/f)	['trɔl,çærin]
Seeräuber (m)	pirat, sjørøver (m)	['pi'rat], ['ʂø,røvər]
Sklave (m)	slave (m)	['slavə]
Samurai (m)	samurai (m)	[samu̇'raj]
Wilde (m)	villmann (m)	['vil,man]

Sport

Sportler (m)	idrettsmann (m)	['idrɛts‚man]
Sportart (f)	idrettsgren (m/f)	['idrɛts‚gren]
Basketball (m)	basketball (m)	['basketbal]
Basketballspieler (m)	basketballspiller (m)	['basketbal‚spilər]
Baseball (m, n)	baseball (m)	['bɛjsbɔl]
Baseballspieler (m)	baseballspiller (m)	['bɛjsbɔl‚spilər]
Fußball (m)	fotball (m)	['futbal]
Fußballspieler (m)	fotballspiller (m)	['futbal‚spilər]
Torwart (m)	målmann (m)	['moːl‚man]
Eishockey (n)	ishockey (m)	['is‚hɔki]
Eishockeyspieler (m)	ishockeyspiller (m)	['is‚hɔki 'spilər]
Volleyball (m)	volleyball (m)	['vɔlibal]
Volleyballspieler (m)	volleyballspiller (m)	['vɔlibal‚spilər]
Boxen (n)	boksing (m)	['bɔksiŋ]
Boxer (m)	bokser (m)	['bɔksər]
Ringen (n)	bryting (m/f)	['brytiŋ]
Ringkämpfer (m)	bryter (m)	['brytər]
Karate (n)	karate (m)	[ka'rate]
Karatekämpfer (m)	karateutøver (m)	[ka'rate 'ʉ‚tøvər]
Judo (n)	judo (m)	['jʉdɔ]
Judoka (m)	judobryter (m)	['jʉdɔ‚brytər]
Tennis (n)	tennis (m)	['tɛnis]
Tennisspieler (m)	tennisspiller (m)	['tɛnis‚spilər]
Schwimmen (n)	svømming (m/f)	['svœmiŋ]
Schwimmer (m)	svømmer (m)	['svœmər]
Fechten (n)	fekting (m)	['fɛktiŋ]
Fechter (m)	fekter (m)	['fɛktər]
Schach (n)	sjakk (m)	['ʂak]
Schachspieler (m)	sjakkspiller (m)	['ʂak‚spilər]
Bergsteigen (n)	alpinisme (m)	[alpi'nismə]
Bergsteiger (m)	alpinist (m)	[alpi'nist]
Lauf (m)	løp (n)	['løp]

Läufer (m)	løper (m)	['løpər]
Leichtathletik (f)	friidrett (m)	['fri: 'i̯drɛt]
Athlet (m)	atlet (m)	[at'let]

| Pferdesport (m) | ridesport (m) | ['ridə͜spɔ:t] |
| Reiter (m) | rytter (m) | ['rʏtər] |

Eiskunstlauf (m)	kunstløp (n)	['kʉnst͜løp]
Eiskunstläufer (m)	kunstløper (m)	['kʉnst͜løpər]
Eiskunstläuferin (f)	kunstløperske (m/f)	['kʉnst͜løpəʂkə]

| Gewichtheben (n) | vektløfting (m/f) | ['vɛkt͜lœftiŋ] |
| Gewichtheber (m) | vektløfter (m) | ['vɛkt͜lœftər] |

| Autorennen (n) | billøp (m), bilrace (n) | ['bil͜løp], ['bil͜rɑs] |
| Rennfahrer (m) | racerfører (m) | ['resə͜førər] |

| Radfahren (n) | sykkelsport (m) | ['sʏkəl͜spɔ:t] |
| Radfahrer (m) | syklist (m) | [sʏk'list] |

Weitsprung (m)	lengdehopp (n pl)	['leŋdə͜hɔp]
Stabhochsprung (m)	stavhopp (n)	['stɑv͜hɔp]
Springer (m)	hopper (m)	['hɔpər]

133. Sportarten. Verschiedenes

American Football (m)	amerikansk fotball (m)	[ameri'kansk 'fʉtbɑl]
Federballspiel (n)	badminton (m)	['bɛdminton]
Biathlon (n)	skiskyting (m/f)	['ʂi͜ʂytiŋ]
Billard (n)	biljard (m)	[bil'ja:d]

Bob (m)	bobsleigh (m)	['bɔbslej]
Bodybuilding (n)	kroppsbygging (m/f)	['krɔps͜bʏgiŋ]
Wasserballspiel (n)	vannpolo (m)	['van͜pʉlʉ]
Handball (m)	håndball (m)	['hɔn͜bal]
Golf (n)	golf (m)	['gɔlf]

Rudern (n)	roing (m/f)	['rʉiŋ]
Tauchen (n)	dykking (m/f)	['dʏkiŋ]
Skilanglauf (m)	langrenn (n), skirenn (n)	['laŋ͜rɛn], ['ʂi͜rɛn]
Tischtennis (n)	bordtennis (m)	['bʉr͜tɛnis]

Segelsport (m)	seiling (m/f)	['sæjliŋ]
Rallye (f, n)	rally (n)	['rɛli]
Rugby (n)	rugby (m)	['rygbi]
Snowboard (n)	snøbrett (n)	['snø͜brɛt]
Bogenschießen (n)	bueskyting (m/f)	['bʉ:ə͜ʂytiŋ]

134. Fitnessstudio

| Hantel (f) | vektstang (m/f) | ['vɛkt͜staŋ] |
| Hanteln (pl) | manualer (m pl) | ['manʉ͜alər] |

Trainingsgerät (n)	treningsapparat (n)	['treniŋs ɑpɑ'rɑt]
Fahrradtrainer (m)	trimsykkel (m)	['trim͵sʏkəl]
Laufband (n)	løpebånd (n)	['løpə͵bɔːn]

Reck (n)	svingstang (m/f)	['sviŋstɑŋ]
Barren (m)	barre (m)	['bɑrə]
Sprungpferd (n)	hest (m)	['hɛst]
Matte (f)	matte (m/f)	['mɑtə]

Sprungseil (n)	hoppetau (n)	['hɔpə͵tɑʊ]
Aerobic (n)	aerobic (m)	[aɛ'rɔbik]
Yoga (m)	yoga (m)	['jɔgɑ]

135. Hockey

Eishockey (n)	ishockey (m)	['is͵hɔki]
Eishockeyspieler (m)	ishockeyspiller (m)	['is͵hɔki 'spilər]
Hockey spielen	å spille ishockey	[ɔ 'spilə 'is͵hɔki]
Eis (n)	is (m)	['is]

Puck (m)	puck (m)	['puk]
Hockeyschläger (m)	kølle (m/f)	['kølə]
Schlittschuhe (pl)	skøyter (m/f pl)	['søjtər]

| Bord (m) | vant (n) | ['vɑnt] |
| Schuss (m) | skudd (n) | ['skʉd] |

Torwart (m)	målvakt (m/f)	['moːl͵vɑkt]
Tor (n)	mål (n)	['mol]
ein Tor schießen	å score mål	[ɔ 'skɔrə ͵mol]

Drittel (n)	periode (m)	[pæri'ʉdə]
zweites Drittel (n)	andre periode (m)	['ɑndrə pæri'ʉdə]
Ersatzbank (f)	reservebenk (m)	[re'sɛrvə͵bɛnk]

136. Fußball

Fußball (m)	fotball (m)	['fʉtbɑl]
Fußballspieler (m)	fotballspiller (m)	['fʉtbɑl͵spilər]
Fußball spielen	å spille fotball	[ɔ 'spilə 'fʉtbɑl]

Oberliga (f)	øverste liga (m)	['øvəʂtə ͵liga]
Fußballclub (m)	fotballklubb (m)	['fʉtbɑl͵klʉb]
Trainer (m)	trener (m)	['trenər]
Besitzer (m)	eier (m)	['æjər]

Mannschaft (f)	lag (n)	['lɑg]
Mannschaftskapitän (m)	kaptein (m) på laget	[kɑp'tæjn pɔ 'lɑge]
Spieler (m)	spiller (m)	['spilər]
Ersatzspieler (m)	reservespiller (m)	[re'sɛrvə͵spilər]
Stürmer (m)	spiss, angriper (m)	['spis], ['ɑn͵gripər]
Mittelstürmer (m)	sentral spiss (m)	[sɛn'trɑl ͵spis]

Torjäger (m)	målscorer (m)	['moːlˌskɔrər]
Verteidiger (m)	forsvarer, back (m)	['fɔˌsvarər], ['bɛk]
Läufer (m)	midtbanespiller (m)	['mitˌbanə 'spilər]

Spiel (n)	kamp (m)	['kamp]
sich begegnen	å møtes	[ɔ 'møtəs]
Finale (n)	finale (m)	[fi'nalə]
Halbfinale (n)	semifinale (m)	[ˌsemifi'nalə]
Meisterschaft (f)	mesterskap (n)	['mɛstæˌskap]

Halbzeit (f)	omgang (m)	['ɔmgaŋ]
erste Halbzeit (f)	første omgang (m)	['fœʂtə ˌɔmgaŋ]
Halbzeit (Pause)	halvtid (m)	['halˌtid]

Tor (n)	mål (n)	['mol]
Torwart (m)	målmann (m), målvakt (m/f)	['moːlˌman], ['moːlˌvakt]
Torpfosten (m)	stolpe (m)	['stɔlpə]
Torlatte (f)	tverrligger (m)	['tvæːˌligər]
Netz (n)	nett (n)	['nɛt]
ein Tor zulassen	å slippe inn et mål	[ɔ 'ʂlipə in et 'mol]

Ball (m)	ball (m)	['bal]
Pass (m)	pasning (m/f)	['pasniŋ]
Schuss (m)	spark (m/n)	['spark]
schießen (vi)	å sparke	[ɔ 'sparkə]
Freistoß (m)	frispark (m/n)	['friˌspark]
Eckball (m)	hjørnespark (m/n)	['jœːɳəˌspark]

Attacke (f)	angrep (n)	['anˌgrɛp]
Gegenangriff (m)	kontring (m/f)	['kɔntriŋ]
Kombination (f)	kombinasjon (m)	[kʊmbina'ʂʊn]

Schiedsrichter (m)	dommer (m)	['dɔmər]
pfeifen (vi)	å blåse i fløyte	[ɔ 'blɔːsə i 'fløjtə]
Pfeife (f)	plystring (m/f)	['plʏstriŋ]
Foul (n)	brudd (n), forseelse (m)	['brʉd], [fɔ'ʂeəlsə]
foulen (vt)	å begå en forseelse	[ɔ be'gɔ en fɔ'ʂeəlsə]
vom Platz verweisen	å utvise	[ɔ 'ʉtˌvisə]

gelbe Karte (f)	gult kort (n)	['gʉlt ˌkɔːt]
rote Karte (f)	rødt kort (n)	['røt kɔːt]
Disqualifizierung (f)	diskvalifisering (m)	['diskvalifiˌseriŋ]
disqualifizieren (vt)	å diskvalifisere	[ɔ 'diskvalifiˌserə]

Elfmeter (m)	straffespark (m/n)	['strafəˌspark]
Mauer (f)	mur (m)	['mʉr]
schießen (ein Tor ~)	å score	[ɔ 'skɔrə]
Tor (n)	mål (n)	['mol]
ein Tor schießen	å score mål	[ɔ 'skɔrə ˌmol]

Wechsel (m)	erstatning (m)	['æˌʂtatniŋ]
ersetzen (vt)	å bytte ut	[ɔ 'bʏtə ʉt]
Regeln (pl)	regler (m pl)	['rɛglər]
Taktik (f)	taktikk (m)	[tak'tik]
Stadion (n)	stadion (m/n)	['stadiɔn]
Tribüne (f)	tribune (m)	[tri'bʉnə]

Anhänger (m)	fan (m)	['fæn]
schreien (vi)	å skrike	[ɔ 'skrikə]

Anzeigetafel (f)	måltavle (m/f)	['moːlˌtavlə]
Ergebnis (n)	resultat (n)	[resʉl'tat]

Niederlage (f)	nederlag (n)	['nedəˌlag]
verlieren (vt)	å tape	[ɔ 'tapə]

Unentschieden (n)	uavgjort (m)	[ʉːav'joːt]
unentschieden spielen	å spille uavgjort	[ɔ 'spilə ʉːav'joːt]

Sieg (m)	seier (m)	['sæjər]
gewinnen (vt)	å vinne	[ɔ 'vinə]
Meister (m)	mester (m)	['mɛstər]
der beste	best	['bɛst]
gratulieren (vi)	å gratulere	[ɔ gratʉ'lerə]

Kommentator (m)	kommentator (m)	[kʊmən'tatʊr]
kommentieren (vt)	å kommentere	[ɔ kʊmən'terə]
Übertragung (f)	sending (m/f)	['sɛniŋ]

137. Ski alpin

Ski (pl)	ski (m/f pl)	['ʂi]
Ski laufen	å gå på ski	[ɔ 'gɔ pɔ 'ʂi]
Skiort (m)	skisted (n)	['ʂistəd]
Skilift (m)	skiheis (m)	['ʂiˌhæjs]

Skistöcke (pl)	skistaver (m pl)	['ʂiˌstaver]
Abhang (m)	skråning (m)	['skrɔniŋ]
Slalom (m)	slalåm (m)	['ʂlalɔm]

138. Tennis Golf

Golf (n)	golf (m)	['gɔlf]
Golfklub (m)	golfklubb (m)	['gɔlfˌklʉb]
Golfspieler (m)	golfspiller (m)	['gɔlfˌspilər]

Loch (n)	hull (n)	['hʉl]
Schläger (m)	kølle (m/f)	['kølə]
Golfwagen (m)	golftralle (m/f)	['gɔlfˌtralə]

Tennis (n)	tennis (m)	['tɛnis]
Tennisplatz (m)	tennisbane (m)	['tɛnisˌbanə]

Aufschlag (m)	serve (m)	['sɛrv]
angeben (vt)	å serve	[ɔ 'sɛrvə]

Tennisschläger (m)	racket (m)	['rɛket]
Netz (n)	nett (n)	['nɛt]
Ball (m)	ball (m)	['bal]

139. Schach

Schach (n)	sjakk (m)	['ʂak]
Schachfiguren (pl)	sjakkbrikker (m/f pl)	['ʂak͵brikər]
Schachspieler (m)	sjakkspiller (m)	['ʂak͵spilər]
Schachbrett (n)	sjakkbrett (n)	['ʂak͵brɛt]
Figur (f)	sjakbrikke (m/f)	['ʂak͵brikə]
Weißen (pl)	hvite brikker (m/f pl)	['vitə ͵brikər]
Schwarze (pl)	svarte brikker (m/f pl)	['svɑːʈə ͵brikər]
Bauer (m)	bonde (m)	['bɔnə]
Läufer (m)	løper (m)	['løpər]
Springer (m)	springer (m)	['spriŋər]
Turm (m)	tårn (n)	['toːŋ]
Königin (f)	dronning (m/f)	['drɔniŋ]
König (m)	konge (m)	['kʊŋə]
Zug (m)	trekk (n)	['trɛk]
einen Zug machen	å flytte	[ɔ 'flytə]
opfern (vt)	å ofre	[ɔ 'ɔfrə]
Rochade (f)	rokade (m)	[rʊ'kadə]
Schach (n)	sjakk (m)	['ʂak]
Matt (n)	matt (m)	['mat]
Schachturnier (n)	sjakkturnering (m/f)	['ʂak tʉr͵neriŋ]
Großmeister (m)	stormester (m)	['stʉr͵mɛstər]
Kombination (f)	kombinasjon (m)	[kʊmbina'ʂʊn]
Partie (f), Spiel (n)	parti (n)	[pɑː'ʈi]
Damespiel (n)	damspill (n)	['dam͵spil]

140. Boxen

Boxen (n)	boksing (m)	['bɔksiŋ]
Boxkampf (m)	kamp (m)	['kamp]
Zweikampf (m)	boksekamp (m)	['bɔksə͵kamp]
Runde (f)	runde (m)	['rʉndə]
Ring (m)	ring (m)	['riŋ]
Gong (m, n)	gong (m)	['gɔŋ]
Schlag (m)	støt, slag (n)	['støt], ['ʂlag]
Knockdown (m)	knockdown (m)	[nɔk'daʊn]
Knockout (m)	knockout (m)	[nɔk'aʊt]
k.o. schlagen (vt)	å slå ut	[ɔ 'ʂlɔ ʉt]
Boxhandschuh (m)	boksehanske (m)	['bɔksə͵hanskə]
Schiedsrichter (m)	dommer (m)	['dɔmər]
Leichtgewicht (n)	lettvekt (m/f)	['let͵vɛkt]
Mittelgewicht (n)	mellomvekt (m/f)	['mɛlɔm͵vɛkt]
Schwergewicht (n)	tungvekt (m/f)	['tʉŋ͵vɛkt]

141. Sport. Verschiedenes

Olympische Spiele (pl)	de olympiske leker	[de u'lvmpiske 'lekər]
Sieger (m)	seierherre (m)	['sæejər,hɛrə]
siegen (vi)	å vinne, å seire	[ɔ 'vinə], [ɔ 'sæejrə]
gewinnen (Sieger sein)	å vinne	[ɔ 'vinə]
Tabellenführer (m)	leder (m)	['ledər]
führen (vi)	å lede	[ɔ 'ledə]
der erste Platz	førsteplass (m)	['fœʂtə,plɑs]
der zweite Platz	annenplass (m)	['anən,plɑs]
der dritte Platz	tredjeplass (m)	['trɛdjə,plɑs]
Medaille (f)	medalje (m)	[me'dɑljə]
Trophäe (f)	trofé (m/n)	[trɔ'fe]
Pokal (m)	pokal (m)	[pɔ'kɑl]
Siegerpreis m (m)	pris (m)	['pris]
Hauptpreis (m)	hovedpris (m)	['hʊvəd,pris]
Rekord (m)	rekord (m)	[re'kɔrd]
einen Rekord aufstellen	å sette rekord	[ɔ 'sɛtə re'kɔrd]
Finale (n)	finale (m)	[fi'nɑlə]
Final-	finale-	[fi'nɑlə-]
Meister (m)	mester (m)	['mɛstər]
Meisterschaft (f)	mesterskap (n)	['mɛstæ,ʂkɑp]
Stadion (n)	stadion (m/n)	['stɑdiɔn]
Tribüne (f)	tribune (m)	[tri'bʉnə]
Fan (m)	fan (m)	['fæn]
Gegner (m)	motstander (m)	['mʊt,stɑnər]
Start (m)	start (m)	['stɑ:t]
Ziel (n), Finish (n)	mål (n), målstrek (m)	['mo:l], ['mo:l,strek]
Niederlage (f)	nederlag (n)	['nedə,lɑg]
verlieren (vt)	å tape	[ɔ 'tɑpə]
Schiedsrichter (m)	dommer (m)	['dɔmər]
Jury (f)	jury (m)	['jʉry]
Ergebnis (n)	resultat (n)	[resʉl'tat]
Unentschieden (n)	uavgjort (n)	[ʉ:av'jo:t]
unentschieden spielen	å spille uavgjort	[ɔ 'spilə ʉ:av'jo:t]
Punkt (m)	poeng (n)	[pɔ'ɛŋ]
Ergebnis (n)	resultat (n)	[resʉl'tat]
Spielabschnitt (m)	periode (m)	[pæri'ʊdə]
Halbzeit (f), Pause (f)	halvtid (m)	['hal,tid]
Doping (n)	doping (m)	['dʊpiŋ]
bestrafen (vt)	å straffe	[ɔ 'strɑfə]
disqualifizieren (vt)	å diskvalifisere	[ɔ 'diskvalifi,serə]
Sportgerät (n)	redskap (m/n)	['rɛd,skɑp]

Speer (m)	**spyd** (n)	['spyd]
Kugel (im Kugelstoßen)	**kule** (m/f)	['kʉːlə]
Kugel (f), Ball (m)	**kule** (m/f), **ball** (m)	['kʉːlə], ['bɑl]
Ziel (n)	**mål** (n)	['mol]
Zielscheibe (f)	**målskive** (m/f)	['moːlˌsivə]
schießen (vi)	**å skyte**	[ɔ 'sytə]
genau (Adj)	**fulltreffer**	['fʉlˌtrɛfər]
Trainer (m)	**trener** (m)	['trenər]
trainieren (vt)	**å trene**	[ɔ 'trenə]
trainieren (vi)	**å trene**	[ɔ 'trenə]
Training (n)	**trening** (m/f)	['treniŋ]
Turnhalle (f)	**idrettssal** (m)	['idrɛtsˌsɑl]
Übung (f)	**øvelse** (m)	['øvəlsə]
Aufwärmen (n)	**oppvarming** (m/f)	['ɔpˌvarmiŋ]

Ausbildung

| Schule (f) | skole (m/f) | ['skʊlə] |
| Schulleiter (m) | rektor (m) | ['rektʊr] |

Schüler (m)	elev (m)	[e'lev]
Schülerin (f)	elev (m)	[e'lev]
Schuljunge (m)	skolegutt (m)	['skʊlə͵gʊt]
Schulmädchen (f)	skolepike (m)	['skʊlə͵pikə]

lehren (vt)	å undervise	[ɔ 'ʉnər͵visə]
lernen (Englisch ~)	å lære	[ɔ 'lærə]
auswendig lernen	å lære utenat	[ɔ 'lærə 'ʉtənat]

lernen (vi)	å lære	[ɔ 'lærə]
in der Schule sein	å gå på skolen	[ɔ 'gɔ pɔ 'skʊlən]
die Schule besuchen	å gå på skolen	[ɔ 'gɔ pɔ 'skʊlən]

| Alphabet (n) | alfabet (n) | [alfa'bet] |
| Fach (n) | fag (n) | ['fag] |

Klassenraum (m)	klasserom (m/f)	['klasə͵rʊm]
Stunde (f)	time (m)	['timə]
Pause (f)	frikvarter (n)	['frikvaː͵ʈər]
Schulglocke (f)	skoleklokke (m/f)	['skʊlə͵klɔkə]
Schulbank (f)	skolepult (m)	['skʊlə͵pʉlt]
Tafel (f)	tavle (m/f)	['tavlə]

Note (f)	karakter (m)	[karak'ter]
gute Note (f)	god karakter (m)	['gʊ karak'ter]
schlechte Note (f)	dårlig karakter (m)	['doːl̩i karak'ter]
eine Note geben	å gi en karakter	[ɔ 'ji en karak'ter]

Fehler (m)	feil (m)	['fæjl]
Fehler machen	å gjøre feil	[ɔ 'jørə ͵fæjl]
korrigieren (vt)	å rette	[ɔ 'rɛtə]
Spickzettel (m)	fuskelapp (m)	['fʉskə͵lap]

| Hausaufgabe (f) | lekser (m/f pl) | ['leksər] |
| Übung (f) | øvelse (m) | ['øvəlsə] |

anwesend sein	å være til stede	[ɔ 'værə til 'stedə]
fehlen (in der Schule ~)	å være fraværende	[ɔ 'værə 'fra͵værənə]
versäumen (Schule ~)	å skulke skolen	[ɔ 'skʉlkə 'skʊlən]

bestrafen (vt)	å straffe	[ɔ 'strafə]
Strafe (f)	straff, avstraffelse (m)	['straf], ['af͵strafəlsə]
Benehmen (n)	oppførsel (m)	['ɔp͵fœʂəl]

Zeugnis (n)	karakterbok (m/f)	[karak'ter,bʉk]
Bleistift (m)	blyant (m)	['bly,ant]
Radiergummi (m)	viskelær (n)	['viskə,lær]
Kreide (f)	kritt (n)	['krit]
Federkasten (m)	pennal (n)	[pɛ'nal]

Schulranzen (m)	skoleveske (m/f)	['skʉlə,vɛskə]
Kugelschreiber, Stift (m)	penn (m)	['pɛn]
Heft (n)	skrivebok (m/f)	['skrivə,bʉk]
Lehrbuch (n)	lærebok (m/f)	['lærə,bʉk]
Zirkel (m)	passer (m)	['pasər]

zeichnen (vt)	å tegne	[ɔ 'tæjnə]
Zeichnung (f)	teknisk tegning (m/f)	['tɛknisk ,tæjniŋ]

Gedicht (n)	dikt (n)	['dikt]
auswendig (Adv)	utenat	['ʉtən,at]
auswendig lernen	å lære utenat	[ɔ 'lærə 'ʉtənat]

Ferien (pl)	skoleferie (m)	['skʉlə,fɛriə]
in den Ferien sein	å være på ferie	[ɔ 'værə pɔ 'fɛriə]
Ferien verbringen	å tilbringe ferien	[ɔ 'til,briŋə 'fɛriən]

Test (m), Prüfung (f)	prøve (m/f)	['prøvə]
Aufsatz (m)	essay (n)	[ɛ'sɛj]
Diktat (n)	diktat (m)	[dik'tat]
Prüfung (f)	eksamen (m)	[ɛk'samən]
Prüfungen ablegen	å ta eksamen	[ɔ 'ta ɛk'samən]
Experiment (n)	forsøk (n)	['fɔ'søk]

143. Hochschule. Universität

Akademie (f)	akademi (n)	[akade'mi]
Universität (f)	universitet (n)	[ʉnivæʂi'tet]
Fakultät (f)	fakultet (n)	[fakʉl'tet]

Student (m)	student (m)	[stʉ'dɛnt]
Studentin (f)	kvinnelig student (m)	['kvinəli stʉ'dɛnt]
Lehrer (m)	lærer, foreleser (m)	['lærər], ['fʉrə,lesər]

Hörsaal (m)	auditorium (n)	[,aʉdi'tʉrium]
Hochschulabsolvent (m)	alumn (m)	[a'lʉmn]

Diplom (n)	diplom (n)	[di'plʊm]
Dissertation (f)	avhandling (m/f)	['av,handliŋ]

Forschung (f)	studie (m)	['stʉdiə]
Labor (n)	laboratorium (n)	[labʉra'tɔrium]

Vorlesung (f)	forelesning (m)	['fɔrə,lesniŋ]
Kommilitone (m)	studiekamerat (m)	['stʉdiə kamə,rat]

Stipendium (n)	stipendium (n)	[sti'pɛndium]
akademischer Grad (m)	akademisk grad (m)	[aka'demisk ,grad]

144. Naturwissenschaften. Fächer

Mathematik (f)	matematikk (m)	[matəma'tik]
Algebra (f)	algebra (m)	['algə‚bra]
Geometrie (f)	geometri (m)	[geʊme'tri]
Astronomie (f)	astronomi (m)	[astrʊnʊ'mi]
Biologie (f)	biologi (m)	[biʊlʊ'gi]
Erdkunde (f)	geografi (m)	[geʊgra'fi]
Geologie (f)	geologi (m)	[geʊlʊ'gi]
Geschichte (f)	historie (m/f)	[hi'stʊriə]
Medizin (f)	medisin (m)	[medi'sin]
Pädagogik (f)	pedagogikk (m)	[pedagʊ'gik]
Recht (n)	rett (m)	['rɛt]
Physik (f)	fysikk (m)	[fy'sik]
Chemie (f)	kjemi (m)	[çe'mi]
Philosophie (f)	filosofi (m)	[filʊsʊ'fi]
Psychologie (f)	psykologi (m)	[sikʊlʊ'gi]

145. Schrift Rechtschreibung

Grammatik (f)	grammatikk (m)	[grama'tik]
Lexik (f)	ordforråd (n)	['uːrfʊ‚rɔd]
Phonetik (f)	fonetikk (m)	[fʊne'tik]
Substantiv (n)	substantiv (n)	['sʉbstan‚tiv]
Adjektiv (n)	adjektiv (n)	['adjɛk‚tiv]
Verb (n)	verb (n)	['værb]
Adverb (n)	adverb (n)	[ad'væːb]
Pronomen (n)	pronomen (n)	[prʊ'nʊmən]
Interjektion (f)	interjeksjon (m)	[interjɛk'ʂʊn]
Präposition (f)	preposisjon (m)	[prɛpʊsi'ʂʊn]
Wurzel (f)	rot (m/f)	['rʊt]
Endung (f)	endelse (m)	['ɛnəlsə]
Vorsilbe (f)	prefiks (n)	[prɛ'fiks]
Silbe (f)	stavelse (m)	['stavəlsə]
Suffix (n), Nachsilbe (f)	suffiks (n)	[sʉ'fiks]
Betonung (f)	betoning (m), trykk (n)	['be'tɔniŋ], ['trʏk]
Apostroph (m)	apostrof (m)	[apʊ'strɔf]
Punkt (m)	punktum (n)	['pʉnktum]
Komma (n)	komma (n)	['kɔma]
Semikolon (n)	semikolon (n)	[‚semikʊ'lɔn]
Doppelpunkt (m)	kolon (n)	['kʊlɔn]
Auslassungspunkte (pl)	tre prikker (m pl)	['tre 'prikər]
Fragezeichen (n)	spørsmålstegn (n)	['spɔɛʂmɔls‚tæjn]
Ausrufezeichen (n)	utropstegn (n)	['ʉtrʊps‚tæjn]

Anführungszeichen (pl)	anførselstegn (n pl)	[an'fœsɛls,tejn]
in Anführungszeichen	i anførselstegn	[i an'fœsɛls,tejn]
runde Klammern (pl)	parentes (m)	[parɛn'tes]
in Klammern	i parentes	[i parɛn'tes]
Bindestrich (m)	bindestrek (m)	['binə,strek]
Gedankenstrich (m)	tankestrek (m)	['tankə,strek]
Leerzeichen (n)	mellomrom (n)	['mɛlɔm,rʊm]
Buchstabe (m)	bokstav (m)	['bʊkstɑv]
Großbuchstabe (m)	stor bokstav (m)	['stʊr 'bʊkstɑv]
Vokal (m)	vokal (m)	[vʊ'kɑl]
Konsonant (m)	konsonant (m)	[kʊnsʊ'nɑnt]
Satz (m)	setning (m)	['sɛtniŋ]
Subjekt (n)	subjekt (n)	[sʉb'jɛkt]
Prädikat (n)	predikat (n)	[prɛdi'kɑt]
Zeile (f)	linje (m)	['linjə]
in einer neuen Zeile	på ny linje	[pɔ ny 'linjə]
Absatz (m)	avsnitt (n)	['af,snit]
Wort (n)	ord (n)	['uːr]
Wortverbindung (f)	ordgruppe (m/f)	['uːr,grʉpə]
Redensart (f)	uttrykk (n)	['ʉt,trʏk]
Synonym (n)	synonym (n)	[synʉ'nym]
Antonym (n)	antonym (n)	[antʉ'nym]
Regel (f)	regel (m)	['rɛgəl]
Ausnahme (f)	unntak (n)	['ʉn,tɑk]
richtig (Adj)	riktig	['rikti]
Konjugation (f)	bøyning (m/f)	['bøjniŋ]
Deklination (f)	bøyning (m/f)	['bøjniŋ]
Kasus (m)	kasus (m)	['kɑsʉs]
Frage (f)	spørsmål (n)	['spœs,mɔl]
unterstreichen (vt)	å understreke	[ɔ 'ʉnə,strekə]
punktierte Linie (f)	prikket linje (m)	['prikət 'linjə]

146. Fremdsprachen

Sprache (f)	språk (n)	['sprɔk]
Fremd-	fremmed-	['fremə-]
Fremdsprache (f)	fremmedspråk (n)	['fremed,sprɔk]
studieren (z.B. Jura ~)	å studere	[ɔ stʉ'derə]
lernen (Englisch ~)	å lære	[ɔ 'lærə]
lesen (vi, vt)	å lese	[ɔ 'lese]
sprechen (vi, vt)	å tale	[ɔ 'talə]
verstehen (vt)	å forstå	[ɔ fɔ'stɔ]
schreiben (vi, vt)	å skrive	[ɔ 'skrivə]
schnell (Adv)	fort	['fʊːt]
langsam (Adv)	langsomt	['laŋsɔmt]

fließend (Adv)	flytende	['flytnə]
Regeln (pl)	regler (m pl)	['rɛglər]
Grammatik (f)	grammatikk (m)	[grama'tik]
Vokabular (n)	ordforråd (n)	['u:rfu̩ˌrɔd]
Phonetik (f)	fonetikk (m)	[fune'tik]

Lehrbuch (n)	lærebok (m/f)	['lærəˌbuk]
Wörterbuch (n)	ordbok (m/f)	['u:rˌbuk]
Selbstlernbuch (n)	lærebok (m/f) for selvstudium	['lærəˌbuk fɔ 'selˌstudium]
Sprachführer (m)	parlør (m)	[pa:'lør]

Kassette (f)	kassett (m)	[ka'sɛt]
Videokassette (f)	videokassett (m)	['videu ka'sɛt]
CD (f)	CD-rom (m)	['sɛdɛˌrum]
DVD (f)	DVD (m)	[deve'de]

Alphabet (n)	alfabet (n)	[alfa'bet]
buchstabieren (vt)	å stave	[ɔ 'stavə]
Aussprache (f)	uttale (m)	['utˌtalə]

Akzent (m)	aksent (m)	[ak'saŋ]
mit Akzent	med aksent	[me ak'saŋ]
ohne Akzent	uten aksent	['utən ak'saŋ]

Wort (n)	ord (n)	['u:r]
Bedeutung (f)	betydning (m)	[be'tydniŋ]

Kurse (pl)	kurs (n)	['kuʂ]
sich einschreiben	å anmelde seg	[ɔ 'anˌmɛlə sæj]
Lehrer (m)	lærer (m)	['lærər]

Übertragung (f)	oversettelse (m)	['oveˌsɛtəlsə]
Übersetzung (f)	oversettelse (m)	['oveˌsɛtəlsə]
Übersetzer (m)	oversetter (m)	['oveˌsɛtər]
Dolmetscher (m)	tolk (m)	['tɔlk]

Polyglott (m, f)	polyglott (m)	[pulˠ'glɔt]
Gedächtnis (n)	minne (n), hukommelse (m)	['minə], [hu'kɔməlsə]

147. Märchenfiguren

Weihnachtsmann (m)	Julenissen	['juləˌnisən]
Aschenputtel (n)	Askepott	['askəˌpɔt]
Nixe (f)	havfrue (m/f)	['havˌfruə]
Neptun (m)	Neptun	[nɛp'tun]

Zauberer (m)	trollmann (m)	['trɔlˌman]
Zauberin (f)	fe (m)	['fe]
magisch, Zauber-	trylle-	['trɣlə-]
Zauberstab (m)	tryllestav (m)	['trɣləˌstav]

Märchen (n)	eventyr (n)	['ɛvənˌtyr]
Wunder (n)	mirakel (n)	[mi'rakəl]

| Zwerg (m) | gnom, dverg (m) | ['gnʊm], ['dvɛrg] |
| sich verwandeln in ... | å forvandle seg til ... | [ɔ fɔr'vɑndlə sæj til ...] |

Geist (m)	spøkelse (n)	['spøkəlsə]
Gespenst (n)	fantom (m)	[fɑn'tɔm]
Ungeheuer (n)	monster (n)	['mɔnstər]
Drache (m)	drage (m)	['drɑgə]
Riese (m)	gigant (m)	[gi'gɑnt]

148. Sternzeichen

Widder (m)	Væren (m)	['væʀən]
Stier (m)	Tyren (m)	['tyʀən]
Zwillinge (pl)	Tvillingene (m pl)	['tviliŋənə]
Krebs (m)	Krepsen (m)	['kʀɛpsən]
Löwe (m)	Løven (m)	['løvən]
Jungfrau (f)	Jomfruen (m)	['ʉmfrʉən]

Waage (f)	Vekten (m)	['vɛktən]
Skorpion (m)	Skorpionen	[skɔrpi'ʊnən]
Schütze (m)	Skytten (m)	['ʂytən]
Steinbock (m)	Steinbukken (m)	['stæjn,bʉkən]
Wassermann (m)	Vannmannen (m)	['vɑn,mɑnən]
Fische (pl)	Fiskene (pl)	['fiskenə]

Charakter (m)	karakter (m)	[kɑrɑk'ter]
Charakterzüge (pl)	karaktertrekk (n pl)	[kɑrɑk'ter,trɛk]
Benehmen (n)	oppførsel (m)	['ɔp,fœʂəl]
wahrsagen (vt)	å spå	[ɔ 'spɔ]
Wahrsagerin (f)	spåkone (m/f)	['spɔ:,kɔnə]
Horoskop (n)	horoskop (n)	[hʉrʊ'skɔp]

Kunst

Theater (n)	teater (n)	[te'atər]
Oper (f)	opera (m)	['ʊpera]
Operette (f)	operette (m)	[ʊpe'rɛtə]
Ballett (n)	ballett (m)	[ba'let]
Theaterplakat (n)	plakat (m)	[pla'kat]
Truppe (f)	teatertrupp (m)	[te'atər‚trʊp]
Tournee (f)	turné (m)	[tʉr'ne:]
auf Tournee sein	å være på turné	[ɔ 'værə pɔ tʉr'ne:]
proben (vt)	å repetere	[ɔ repe'terə]
Probe (f)	repetisjon (m)	[repeti'ʂʊn]
Spielplan (m)	repertoar (n)	[repæ:ʈʊ'ar]
Aufführung (f)	forestilling (m/f)	['fɔrə‚stiliŋ]
Vorstellung (f)	teaterstykke (n)	[te'atər‚stʏkə]
Theaterstück (n)	skuespill (n)	['skʉə‚spil]
Karte (f)	billett (m)	[bi'let]
Theaterkasse (f)	billettluke (m/f)	[bi'let‚lʉkə]
Halle (f)	lobby, foajé (m)	['lɔbi], [fʊa'je]
Garderobe (f)	garderobe (m)	[ga:də'rʊbə]
Garderobennummer (f)	garderobemerke (n)	[ga:də'rʊbə 'mærkə]
Opernglas (n)	kikkert (m)	['çikɛ:ʈ]
Platzanweiser (m)	plassanviser (m)	['plas an‚visər]
Parkett (n)	parkett (m)	[par'kɛt]
Balkon (m)	balkong (m)	[bal'kɔŋ]
der erste Rang	første losjerad (m)	['fœʂtə ‚lʊʂerad]
Loge (f)	losje (m)	['lʊʂə]
Reihe (f)	rad (m/f)	['rad]
Platz (m)	plass (m)	['plas]
Publikum (n)	publikum (n)	['pʉblikum]
Zuschauer (m)	tilskuer (m)	['til‚skuər]
klatschen (vi)	å klappe	[ɔ 'klapə]
Applaus (m)	applaus (m)	[a'plaʊs]
Ovation (f)	bifall (n)	['bi‚fal]
Bühne (f)	scene (m)	['se:nə]
Vorhang (m)	teppe (n)	['tɛpə]
Dekoration (f)	dekorasjon (m)	[dekʊra'ʂʊn]
Kulissen (pl)	kulisser (m pl)	[kʉ'lisər]
Szene (f)	scene (m)	['se:nə]
Akt (m)	akt (m)	['akt]
Pause (f)	mellomakt (m)	['mɛlɔm‚akt]

150. Kino

Schauspieler (m)	skuespiller (m)	['skʉəˌspilər]
Schauspielerin (f)	skuespillerinne (m/f)	['skʉəˌspiləˈrinə]
Kino (n)	filmindustri (m)	['film indʉ'stri]
Film (m)	film (m)	['film]
Folge (f)	del (m)	['del]
Krimi (m)	kriminalfilm (m)	[krimi'nalˌfilm]
Actionfilm (m)	actionfilm (m)	['ɛkʂənˌfilm]
Abenteuerfilm (m)	eventyrfilm (m)	['ɛvəntyrˌfilm]
Science-Fiction-Film (m)	Sci-Fi film (m)	['sajˌfaj film]
Horrorfilm (m)	skrekkfilm (m)	['skrɛkˌfilm]
Komödie (f)	komedie (m)	['kʉ'mediə]
Melodrama (n)	melodrama (n)	[melɔ'drama]
Drama (n)	drama (n)	['drama]
Spielfilm (m)	spillefilm (m)	['spiləˌfilm]
Dokumentarfilm (m)	dokumentarfilm (m)	[dɔkʉmɛn'tar ˌfilm]
Zeichentrickfilm (m)	tegnefilm (m)	['tæjnəˌfilm]
Stummfilm (m)	stumfilm (m)	['stʉmˌfilm]
Rolle (f)	rolle (m/f)	['rɔlə]
Hauptrolle (f)	hovedrolle (m)	['hʉvədˌrɔle]
spielen (Schauspieler)	å spille	[ɔ 'spilə]
Filmstar (m)	filmstjerne (m)	['filmˌstjæ:ŋə]
bekannt	kjent	['çɛnt]
berühmt	berømt	[be'rømt]
populär	populær	[pʉpʉ'lær]
Drehbuch (n)	manus (n)	['manʉs]
Drehbuchautor (m)	manusforfatter (m)	['manʉs fɔr'fatər]
Regisseur (m)	regissør (m)	[rɛʂi'sør]
Produzent (m)	produsent (m)	[prʉdʉ'sɛnt]
Assistent (m)	assistent (m)	[asi'stɛnt]
Kameramann (m)	kameramann (m)	['kameraˌman]
Stuntman (m)	stuntmann (m)	['stantˌman]
Double (n)	stand-in (m)	[ˌstand'in]
einen Film drehen	å spille inn en film	[ɔ 'spilə in en 'film]
Probe (f)	prøve (m/f)	['prøvə]
Dreharbeiten (pl)	opptak (n)	['ɔpˌtak]
Filmteam (n)	filmteam (n)	['filmˌtim]
Filmset (m)	opptaksplass (m)	['ɔptaksˌplas]
Filmkamera (f)	filmkamera (n)	['filmˌkamera]
Kino (n)	kino (m)	['çinʉ]
Leinwand (f)	filmduk (m)	['filmˌdʉk]
einen Film zeigen	å vise en film	[ɔ 'visə ən 'film]
Tonspur (f)	lydspor (n)	['lydˌspʉr]
Spezialeffekte (pl)	spesialeffekter (m pl)	['spesi'al e'fɛktər]

Untertitel (pl)	undertekster (m/f)	['ʉnə,tɛkstər]
Abspann (m)	rulletekst (m)	['rʉlə,tɛkst]
Übersetzung (f)	oversettelse (m)	['ɔvə,sɛtəlsə]

151. Gemälde

Kunst (f)	kunst (m)	['kʉnst]
schönen Künste (pl)	de skjønne kunster	[de 'ʂønə 'kʉnstər]
Kunstgalerie (f)	kunstgalleri (n)	['kʉnst gale'ri]
Kunstausstellung (f)	maleriutstilling (m/f)	[,male'ri ʉt,stiliŋ]

Malerei (f)	malerkunst (m)	['malər,kʉnst]
Graphik (f)	grafikk (m)	[gra'fik]
abstrakte Kunst (f)	abstrakt kunst (m)	[ab'strakt 'kʉnst]
Impressionismus (m)	impresjonisme (m)	[imprɛʂu'nismə]

Bild (n)	maleri (m/f)	[,male'ri]
Zeichnung (Kohle- usw.)	tegning (m/f)	['tæjniŋ]
Plakat (n)	plakat, poster (m)	['pla,kat], ['pɔstər]

Illustration (f)	illustrasjon (m)	[ilʉstra'ʂun]
Miniatur (f)	miniatyr (m)	[minia'tyr]
Kopie (f)	kopi (m)	[kʉ'pi]
Reproduktion (f)	reproduksjon (m)	[reprʉdʉk'ʂun]

Mosaik (n)	mosaikk (m)	[mʉsa'ik]
Glasmalerei (f)	glassmaleri (n)	['glas,male'ri]
Fresko (n)	freske (m)	['frɛskə]
Gravüre (f)	gravyr (m)	[gra'vyr]

Büste (f)	byste (m)	['bʏstə]
Skulptur (f)	skulptur (m)	[skʉlp'tʉr]
Statue (f)	statue (m)	['statʉə]
Gips (m)	gips (m)	['jips]
aus Gips	gips-	['jips-]

Porträt (n)	portrett (n)	[pɔ:'trɛt]
Selbstporträt (n)	selvportrett (n)	['sɛl,pɔ:'trɛt]
Landschaftsbild (n)	landskapsmaleri (n)	['lanskaps,male'ri]
Stillleben (n)	stilleben (n)	['stil,lebən]
Karikatur (f)	karikatur (m)	[karika'tʉr]
Entwurf (m)	skisse (m/f)	['ʂisə]

Farbe (f)	maling (m/f)	['maliŋ]
Aquarellfarbe (f)	akvarell (m)	[akva'rɛl]
Öl (n)	olje (m)	['ɔljə]
Bleistift (m)	blyant (m)	['bly,ant]
Tusche (f)	tusj (m/n)	['tʉʂ]
Kohle (f)	kull (n)	['kʉl]

zeichnen (vt)	å tegne	[ɔ 'tæjnə]
malen (vi, vt)	å male	[ɔ 'malə]
Modell stehen	å posere	[ɔ pɔ'serə]
Modell (Mask.)	modell (m)	[mʉ'dɛl]

Modell (Fem.)   **modell** (m)   [mʊ'dɛl]
Maler (m)   **kunstner** (m)   ['kʉnstnər]
Kunstwerk (n)   **kunstverk** (n)   ['kʉnstˌværk]
Meisterwerk (n)   **mesterverk** (n)   ['mɛstɛrˌværk]
Atelier (n), Werkstatt (f)   **atelier** (n)   [ate'lje]

Leinwand (f)   **kanvas** (m/n), **lerret** (n)   ['kɑnvɑs], ['leret]
Staffelei (f)   **staffeli** (n)   [stɑfe'li]
Palette (f)   **palett** (m)   [pɑ'let]

Rahmen (m)   **ramme** (m/f)   ['rɑmə]
Restauration (f)   **restaurering** (m)   [rɛstaʊ'reriŋ]
restaurieren (vt)   **å restaurere**   [ɔ rɛstaʊ'rerə]

152. Literatur und Dichtkunst

Literatur (f)   **litteratur** (m)   [litərɑ'tʉr]
Autor (m)   **forfatter** (m)   [for'fɑtər]
Pseudonym (n)   **pseudonym** (n)   [sewdʊ'nym]

Buch (n)   **bok** (m/f)   ['bʊk]
Band (m)   **bind** (m)   ['bin]
Inhaltsverzeichnis (n)   **innholdsfortegnelse** (m)   ['inhɔls fɔ:'ʈæjnəlsə]
Seite (f)   **side** (m/f)   ['sidə]
Hauptperson (f)   **hovedperson** (m)   ['hʊvəd pæ'ʂʊn]
Autogramm (n)   **autograf** (m)   [aʊtʊ'grɑf]

Kurzgeschichte (f)   **novelle** (m/f)   [nʊ'vɛlə]
Erzählung (f)   **kortroman** (m)   ['kʊːʈ rʊˌmɑn]
Roman (m)   **roman** (m)   [rʊ'mɑn]
Werk (Buch usw.)   **verk** (n)   ['værk]
Fabel (f)   **fabel** (m)   ['fɑbəl]
Krimi (m)   **kriminalroman** (m)   [krimi'nɑl rʊˌmɑn]

Gedicht (n)   **dikt** (n)   ['dikt]
Dichtung (f), Poesie (f)   **poesi** (m)   [pɔɛ'si]
Gedicht (n)   **epos** (n)   ['ɛpɔs]
Dichter (m)   **poet, dikter** (m)   ['pɔɛt], ['diktər]

schöne Literatur (f)   **skjønnlitteratur** (m)   ['ʂøn litərɑ'tʉr]
Science-Fiction (f)   **science fiction** (m)   ['sɑjəns ˌfikʂn]
Abenteuer (n)   **eventyr** (n pl)   ['ɛvənˌtyr]
Schülerliteratur (pl)   **undervisningslitteratur** (m)   ['ʉnərˌvisniŋs litərɑ'tʉr]
Kinderliteratur (f)   **barnelitteratur** (m)   ['bɑːɳə litərɑ'tʉr]

153. Zirkus

Zirkus (m)   **sirkus** (m/n)   ['sirkʉs]
Wanderzirkus (m)   **ambulerende sirkus** (n)   ['ɑmbʉˌlerɛnə 'sirkʉs]
Programm (n)   **program** (n)   [prʊ'grɑm]
Vorstellung (f)   **forestilling** (m/f)   ['fɔrəˌstiliŋ]
Nummer (f)   **nummer** (n)   ['nʉmər]

Manege (f)	manesje, arena (m)	[mɑ'neʂə], [ɑ'renɑ]
Pantomime (f)	pantomime (m)	[pɑntʊ'mimə]
Clown (m)	klovn (m)	['klɔvn]

Akrobat (m)	akrobat (m)	[ɑkrʊ'bɑt]
Akrobatik (f)	akrobatikk (m)	[ɑkrʊbɑ'tik]
Turner (m)	gymnast (m)	[gʏm'nɑst]
Turnen (n)	gymnastikk (m)	[gʏmnɑ'stik]
Salto (m)	salto (m)	['sɑltʊ]

Kraftmensch (m)	atlet (m)	[ɑt'let]
Bändiger, Dompteur (m)	dyretemmer (m)	['dyrə‚tɛmər]
Reiter (m)	rytter (m)	['rʏtər]
Assistent (m)	assistent (m)	[ɑsi'stɛnt]

Trick (m)	trikk, triks (n)	['trik], ['triks]
Zaubertrick (m)	trylletriks (n)	['trʏlə‚triks]
Zauberkünstler (m)	tryllekunstner (m)	['trʏlə‚kʉnstnər]

Jongleur (m)	sjonglør (m)	[ʂɔŋ'lør]
jonglieren (vi)	å sjonglere	[ɔ 'ʂɔŋ‚lerə]
Dresseur (m)	dressør (m)	[drɛ'sør]
Dressur (f)	dressur (m)	[drɛ'sʉr]
dressieren (vt)	å dressere	[ɔ drɛ'serə]

154. Musik. Popmusik

Musik (f)	musikk (m)	[mʉ'sik]
Musiker (m)	musiker (m)	['mʉsikər]
Musikinstrument (n)	musikkinstrument (n)	[mʉ'sik instrʉ'mɛnt]
spielen (auf der Gitarre ~)	å spille ...	[ɔ 'spilə ...]

Gitarre (f)	gitar (m)	['gi‚tar]
Geige (f)	fiolin (m)	[fiʊ'lin]
Cello (n)	cello (m)	['sɛlʊ]
Kontrabass (m)	kontrabass (m)	['kʉntra‚bas]
Harfe (f)	harpe (m)	['harpə]

Klavier (n)	piano (n)	[pi'anʊ]
Flügel (m)	flygel (n)	['flygəl]
Orgel (f)	orgel (n)	['ɔrgəl]

Blasinstrumente (pl)	blåseinstrumenter (n pl)	['blo:sə instrʉ'mɛntər]
Oboe (f)	obo (m)	[ʊ'bʊ]
Saxophon (n)	saksofon (m)	[saksʊ'fʊn]
Klarinette (f)	klarinett (m)	[klɑri'nɛt]
Flöte (f)	fløyte (m)	['fløjtə]
Trompete (f)	trompet (m)	[trʊm'pet]

Akkordeon (n)	trekkspill (n)	['trɛk‚spil]
Trommel (f)	tromme (m)	['trʊmə]

Duo (n)	duett (m)	[dʉ'ɛt]
Trio (n)	trio (m)	['triʊ]

Quartett (n)	kvartett (m)	[kvɑːˈtɛt]
Chor (m)	kor (n)	[ˈkʊr]
Orchester (n)	orkester (n)	[ɔrˈkɛstər]

Popmusik (f)	popmusikk (m)	[ˈpɔp mʉˈsik]
Rockmusik (f)	rockmusikk (m)	[ˈrɔk mʉˈsik]
Rockgruppe (f)	rockeband (n)	[ˈrɔkəˌbɛnd]
Jazz (m)	jazz (m)	[ˈjas]

| Idol (n) | idol (n) | [iˈdʊl] |
| Verehrer (m) | beundrer (m) | [beˈʉndrər] |

Konzert (n)	konsert (m)	[kʊnˈsæːt]
Sinfonie (f)	symfoni (m)	[sʏmfʉˈni]
Komposition (f)	komposisjon (m)	[kʊmpʊziˈʂʊn]
komponieren (vt)	å komponere	[ɔ kʊmpʉˈnerə]

Gesang (m)	synging (m/f)	[ˈsʏŋiŋ]
Lied (n)	sang (m)	[ˈsɑŋ]
Melodie (f)	melodi (m)	[melɔˈdi]
Rhythmus (m)	rytme (m)	[ˈrʏtmə]
Blues (m)	blues (m)	[ˈblʉs]

Noten (pl)	noter (m pl)	[ˈnʊtər]
Taktstock (m)	taktstokk (m)	[ˈtɑktˌstɔk]
Bogen (m)	bue, boge (m)	[ˈbʉːə], [ˈbɔgə]
Saite (f)	streng (m)	[ˈstrɛŋ]
Koffer (Violinen-)	futteral (n), kasse (m/f)	[ˈfʉteˈrɑl], [ˈkɑsə]

Erholung. Unterhaltung. Reisen

155. Ausflug. Reisen

Tourismus (m)	turisme (m)	[tʉ'rismə]
Tourist (m)	turist (m)	[tʉ'rist]
Reise (f)	reise (m/f)	['ræjsə]
Abenteuer (n)	eventyr (n)	['ɛvənˌtyr]
Fahrt (f)	tripp (m)	['trip]

Urlaub (m)	ferie (m)	['fɛriə]
auf Urlaub sein	å være på ferie	[ɔ 'værə pɔ 'fɛriə]
Erholung (f)	hvile (m/f)	['vilə]

Zug (m)	tog (n)	['tɔg]
mit dem Zug	med tog	[me 'tɔg]
Flugzeug (n)	fly (n)	['fly]
mit dem Flugzeug	med fly	[me 'fly]
mit dem Auto	med bil	[me 'bil]
mit dem Schiff	med skip	[me 'ʂip]

Gepäck (n)	bagasje (m)	[bɑ'gɑʂə]
Koffer (m)	koffert (m)	['kʉfɛ:t]
Gepäckwagen (m)	bagasjetralle (m/f)	[bɑ'gɑʂəˌtrɑlə]

Pass (m)	pass (n)	['pɑs]
Visum (n)	visum (n)	['visʉm]
Fahrkarte (f)	billett (m)	[bi'let]
Flugticket (n)	flybillett (m)	['fly bi'let]

Reiseführer (m)	reisehåndbok (m/f)	['ræjsəˌhɔnbʉk]
Landkarte (f)	kart (n)	['kɑ:t]
Gegend (f)	område (n)	['ɔmˌro:də]
Ort (wunderbarer ~)	sted (n)	['sted]

exotisch	eksotisk	[ɛk'sʉtisk]
erstaunlich (Adj)	forunderlig	[fɔ'rʉnde:ḷi]

Gruppe (f)	gruppe (m)	['grʉpə]
Ausflug (m)	utflukt (m/f)	['ʉtˌflʉkt]
Reiseleiter (m)	guide (m)	['gɑjd]

156. Hotel

Hotel (n)	hotell (n)	[hʊ'tɛl]
Motel (n)	motell (n)	[mʊ'tɛl]
drei Sterne	trestjernet	['treˌstjæ:ŋə]
fünf Sterne	femstjernet	['fɛmˌstjæ:ŋə]

absteigen (vi) å bo [ɔ 'buː]
Hotelzimmer (n) rom (n) ['rʊm]
Einzelzimmer (n) enkeltrom (n) ['ɛnkelt̩rʊm]
Zweibettzimmer (n) dobbeltrom (n) ['dɔbəlt̩rʊm]
reservieren (vt) å reservere rom [ɔ resɛr'verə 'rʊm]

Halbpension (f) halvpensjon (m) ['hɑl pɑn̩ʂʊn]
Vollpension (f) fullpensjon (m) ['fʉl pɑn̩ʂʊn]

mit Bad med badekar [me 'bɑdə̩kɑr]
mit Dusche med dusj [me 'dʉʂ]
Satellitenfernsehen (n) satellitt-TV (m) [sɑtɛ'lit 'tɛvɛ]
Klimaanlage (f) klimaanlegg (n) ['klimɑ'ɑn̩leg]
Handtuch (n) håndkle (n) ['hɔn̩kle]
Schlüssel (m) nøkkel (m) ['nøkəl]

Verwalter (m) administrator (m) [admini'strɑːtʊr]
Zimmermädchen (n) stuepike (m/f) ['stʉə̩pikə]
Träger (m) pikkolo (m) ['pikɔlɔ]
Portier (m) portier (m) [pɔː'tje]

Restaurant (n) restaurant (m) [rɛstʊ'rɑŋ]
Bar (f) bar (m) ['bɑr]
Frühstück (n) frokost (m) ['frʊkɔst]
Abendessen (n) middag (m) ['mi̩dɑ]
Buffet (n) buffet (m) [bʉ'fɛ]

Foyer (n) hall, lobby (m) ['hɑl], ['lɔbi]
Aufzug (m), Fahrstuhl (m) heis (m) ['hæjs]

BITTE NICHT STÖREN! VENNLIGST ['vɛnligt
  IKKE FORSTYRR! ike fɔ'ʂtyr]
RAUCHEN VERBOTEN! RØYKING FORBUDT ['røjkiŋ fɔr'bʉt]

157. Bücher. Lesen

Buch (n) bok (m/f) ['bʊk]
Autor (m) forfatter (m) [fɔr'fɑtər]
Schriftsteller (m) forfatter (m) [fɔr'fɑtər]
verfassen (vt) å skrive [ɔ 'skrivə]

Leser (m) leser (m) ['lesər]
lesen (vi, vt) å lese [ɔ 'lesə]
Lesen (n) lesning (m/f) ['lesniŋ]

still (~ lesen) for seg selv [fɔr sæj 'sɛl]
laut (Adv) høyt ['højt]

verlegen (vt) å publisere [ɔ pʉbli'serə]
Ausgabe (f) publisering (m/f) [pʉbli'seriŋ]
Herausgeber (m) forlegger (m) ['fɔː̩leger]
Verlag (m) forlag (n) ['fɔː̩lɑg]
erscheinen (Buch) å komme ut [ɔ 'kɔmə ʉt]
Erscheinen (n) utgivelse (m) ['ʉt̩jivəlsə]

Auflage (f)	opplag (n)	['ɔpˌlag]
Buchhandlung (f)	bokhandel (m)	['bʊkˌhandəl]
Bibliothek (f)	bibliotek (n)	[bibliʊ'tek]

Erzählung (f)	kortroman (m)	['kʊːt rʊˌman]
Kurzgeschichte (f)	novelle (m/f)	[nʊ'vɛlə]
Roman (m)	roman (m)	[rʊ'man]
Krimi (m)	kriminalroman (m)	[krimi'nal rʊˌman]

Memoiren (pl)	memoarer (pl)	[memʊ'arər]
Legende (f)	legende (m)	['le'gɛndə]
Mythos (m)	myte (m)	['myːtə]

Gedichte (pl)	dikt (n pl)	['dikt]
Autobiographie (f)	selvbiografi (m)	['sɛlˌbiʊgra'fi]
ausgewählte Werke (pl)	utvalgte verker (n pl)	['ʉtˌvalgtə 'værkər]
Science-Fiction (f)	science fiction (m)	['sajəns ˌfikʂn]
Titel (m)	tittel (m)	['titəl]
Einleitung (f)	innledning (m)	['inˌledniŋ]
Titelseite (f)	tittelblad (n)	['titəlˌbla]

Kapitel (n)	kapitel (n)	[ka'pitəl]
Auszug (m)	utdrag (n)	['ʉtˌdrag]
Episode (f)	episode (m)	[ɛpi'sʊdə]

Sujet (n)	handling (m/f)	['handliŋ]
Inhalt (m)	innhold (n)	['inˌhɔl]
Inhaltsverzeichnis (n)	innholdsfortegnelse (m)	['inhɔls fɔːˈʈæjnəlsə]
Hauptperson (f)	hovedperson (m)	['hʊvəd pæˈʂʊn]

Band (m)	bind (n)	['bin]
Buchdecke (f)	omslag (n)	['ɔmˌslag]
Einband (m)	bokbind (n)	['bʊkˌbin]
Lesezeichen (n)	bokmerke (n)	['bʊkˌmærkə]

Seite (f)	side (m/f)	['sidə]
blättern (vi)	å bla	[ɔ 'bla]
Ränder (pl)	marger (m pl)	['margər]
Notiz (f)	annotering (n)	[anʊ'tɛriŋ]
Anmerkung (f)	anmerkning (m)	['anˌmærkniŋ]

Text (m)	tekst (m/f)	['tɛkst]
Schrift (f)	skrift, font (m)	['skrift], ['fɔnt]
Druckfehler (m)	trykkfeil (m)	['trʏkˌfæjl]

Übersetzung (f)	oversettelse (m)	['ɔvəˌʂɛtəlsə]
übersetzen (vt)	å oversette	[ɔ 'ɔvəˌʂɛtə]
Original (n)	original (m)	[ɔrigi'nal]

berühmt	berømt	[be'rømt]
unbekannt	ukjent	['ʉˌçɛnt]
interessant	interessant	[intere'san]
Bestseller (m)	bestselger (m)	['bɛstˌsɛlər]
Wörterbuch (n)	ordbok (m/f)	['uːrˌbʊk]
Lehrbuch (n)	lærebok (m/f)	['lærəˌbʊk]
Enzyklopädie (f)	encyklopedi (m)	[ɛnsʏklɔpe'di]

158. Jagen. Fischen

Jagd (f)	jakt (m/f)	['jakt]
jagen (vi)	å jage	[ɔ 'jagə]
Jäger (m)	jeger (m)	['jɛːgər]
schießen (vi)	å skyte	[ɔ 'ṣytə]
Gewehr (n)	gevær (n)	[ge'vær]
Patrone (f)	patron (m)	[pɑ'trʊn]
Schrot (n)	hagl (n)	['hɑgl]
Falle (f)	saks (m/f)	['sɑks]
Schlinge (f)	felle (m/f)	['fɛlə]
in die Falle gehen	å fanges i felle	[ɔ 'faŋəs i 'fɛlə]
eine Falle stellen	å sette opp felle	[ɔ 'sɛtə ɔp 'fɛlə]
Wilddieb (m)	tyvskytter (m)	['tyf,ṣytər]
Wild (n)	vilt (n)	['vilt]
Jagdhund (m)	jakthund (m)	['jakt,hʉn]
Safari (f)	safari (m)	[sɑ'fari]
ausgestopftes Tier (n)	utstoppet dyr (n)	['ʉt,stɔpet ,dyr]
Fischer (m)	fisker (m)	['fiskər]
Fischen (n)	fiske (n)	['fiskə]
angeln, fischen (vt)	å fiske	[ɔ 'fiskə]
Angel (f)	fiskestang (m/f)	['fiskə,staŋ]
Angelschnur (f)	fiskesnøre (n)	['fiskə,snøre]
Haken (m)	krok (m)	['krʊk]
Schwimmer (m)	dupp (m)	['dʉp]
Köder (m)	agn (m)	['aŋn]
die Angel auswerfen	å kaste ut	[ɔ 'kastə ʉt]
anbeißen (vi)	å bite	[ɔ 'bitə]
Fang (m)	fangst (m)	['faŋst]
Eisloch (n)	hull (n) i isen	['hʉl i ,isən]
Netz (n)	nett (n)	['nɛt]
Boot (n)	båt (m)	['bɔt]
mit dem Netz fangen	å fiske med nett	[ɔ 'fiskə me 'nɛt]
das Netz hineinwerfen	å kaste nettet	[ɔ 'kastə 'nɛtə]
das Netz einholen	å hale opp nettet	[ɔ 'halə ɔp 'nɛtə]
ins Netz gehen	å bli fanget i nett	[ɔ 'bli 'faŋət i 'nɛt]
Walfänger (m)	hvalfanger (m)	['val,faŋər]
Walfangschiff (n)	hvalbåt (m)	['val,bɔt]
Harpune (f)	harpun (m)	[har'pʉn]

159. Spiele. Billard

Billard (n)	biljard (m)	[bil'ja:ɖ]
Billardzimmer (n)	biljardsalong (m)	[bil'ja:ɖsɑ,lɔŋ]
Billardkugel (f)	biljardkule (m/f)	[bil'ja:ɖ‚kʉ:lə]

eine Kugel einlochen	å støte en kule	[ɔ 'støtə en 'kʉːlə]
Queue (n)	kø (m)	['kø]
Tasche (f), Loch (n)	hull (n)	['hʉl]

160. Spiele. Kartenspiele

Karo (n)	ruter (m pl)	['rʉtər]
Pik (n)	spar (m pl)	['spɑr]
Herz (n)	hjerter (m)	['jæːʈər]
Kreuz (n)	kløver (m)	['kløvər]

As (n)	ess (n)	['ɛs]
König (m)	konge (m)	['kʉŋə]
Dame (f)	dame (m/f)	['dɑmə]
Bube (m)	knekt (m)	['knɛkt]

Spielkarte (f)	kort (n)	['kɔːʈ]
Karten (pl)	kort (n pl)	['kɔːʈ]
Trumpf (m)	trumf (m)	['trʉmf]
Kartenspiel (abgenutztes ~)	kortstokk (m)	['kɔːʈˌstɔk]

Punkt (m)	poeng (n)	[pɔ'ɛŋ]
ausgeben (vt)	å gi, å dele ut	[ɔ 'jiˌ], [ɔ 'delə ʉt]
mischen (vt)	å blande	[ɔ 'blɑnə]
Zug (m)	trekk (n)	['trɛk]
Falschspieler (m)	falskspiller (m)	['fɑlskˌspilər]

161. Kasino. Roulette

Kasino (n)	kasino (n)	[kɑ'sinʉ]
Roulette (n)	rulett (m)	[rʉ'let]
Einsatz (m)	innsats (m)	['inˌsɑts]
setzen (auf etwas ~)	å satse	[ɔ 'sɑtsə]

Rot (n)	rød (m)	['rø]
Schwarz (n)	svart (m)	['svɑːʈ]
auf Rot setzen	å satse på rød	[ɔ 'sɑtsə pɔ 'rø]
auf Schwarz setzen	å satse på svart	[ɔ 'sɑtsə pɔ 'svɑːʈ]

Croupier (m)	croupier, dealer (m)	[kru'pje], ['dilər]
das Rad drehen	å snurre hjulet	[ɔ 'snʉrə 'jʉle]
Spielregeln (pl)	spilleregler (m pl)	['spiləˌreglər]
Spielmarke (f)	sjetong (m)	[ʂɛ'toŋ]

| gewinnen (vt) | å vinne | [ɔ 'vinə] |
| Gewinn (m) | gevinst (m) | [ge'vinst] |

| verlieren (vt) | å tape | [ɔ 'tɑpə] |
| Verlust (m) | tap (n) | ['tɑp] |

| Spieler (m) | spiller (m) | ['spilər] |
| Blackjack (n) | blackjack (m) | ['blekˌʂɛk] |

Würfelspiel (n)	terningspill (n)	['tæ:ŋiŋ‚spil]
Würfeln (pl)	terninger (m/f pl)	['tæ:ŋiŋər]
Spielautomat (m)	spilleautomat (m)	['spilə aʊtʊ'mɑt]

162. Erholung. Spiele. Verschiedenes

spazieren gehen (vi)	å spasere	[ɔ spa'serə]
Spaziergang (m)	spasertur (m)	[spɑ'sɛ:‚tʉr]
Fahrt (im Wagen)	kjøretur (m)	['çœ:rə‚tʉr]
Abenteuer (n)	eventyr (n)	['ɛvən‚tyr]
Picknick (n)	piknik (m)	['piknik]

Spiel (n)	spill (n)	['spil]
Spieler (m)	spiller (m)	['spilər]
Partie (f)	parti (n)	[pɑ:'ţi]

Sammler (m)	samler (m)	['sɑmlər]
sammeln (vt)	å samle	[ɔ 'sɑmlə]
Sammlung (f)	samling (m/f)	['sɑmliŋ]

Kreuzworträtsel (n)	kryssord (n)	['krʏs‚ʊ:r]
Rennbahn (f)	travbane (m)	['trɑv‚banə]
Diskothek (f)	diskotek (n)	[diskʊ'tek]

| Sauna (f) | sauna (m) | ['saʊna] |
| Lotterie (f) | lotteri (n) | [lɔte'ri] |

Wanderung (f)	campingtur (m)	['kɑmpiŋ‚tʉr]
Lager (n)	leir (m)	['læjr]
Zelt (n)	telt (n)	['tɛlt]
Kompass (m)	kompass (m/n)	[kʊm'pɑs]
Tourist (m)	camper (m)	['kɑmpər]

fernsehen (vi)	å se på	[ɔ 'se pɔ]
Fernsehzuschauer (m)	TV-seer (m)	['tɛvɛ ‚se:ər]
Fernsehsendung (f)	TV-show (n)	['tɛvɛ ‚ɕɔ:w]

163. Fotografie

| Kamera (f) | kamera (n) | ['kɑmera] |
| Foto (n) | foto, fotografi (n) | ['fɔtɔ], ['fɔtɔgra'fi] |

Fotograf (m)	fotograf (m)	[fɔtɔ'grɑf]
Fotostudio (n)	fotostudio (n)	['fɔtɔ‚stʉdiɔ]
Fotoalbum (n)	fotoalbum (n)	['fɔtɔ‚albʉm]

Objektiv (n)	objektiv (n)	[ɔbjɛk'tiv]
Teleobjektiv (n)	teleobjektiv (n)	['teleɔbjek'tiv]
Filter (n)	filter (n)	['filtər]
Linse (f)	linse (m/f)	['linsə]
Optik (f)	optikk (m)	[ɔp'tik]
Blende (f)	blender (m)	['blenər]

| Belichtungszeit (f) | eksponeringstid (m/f) | [εkspu'neriŋs‚tid] |
| Sucher (m) | søker (m) | ['søkər] |

Digitalkamera (f)	digitalkamera (n)	[digi'tal ‚kamera]
Stativ (n)	stativ (m)	[sta'tiv]
Blitzgerät (n)	blits (m)	['blits]

fotografieren (vt)	å fotografere	[ɔ fotɔgra'ferə]
aufnehmen (vt)	å ta bilder	[ɔ 'ta 'bildər]
sich fotografieren lassen	å bli fotografert	[ɔ 'bli fotɔgra'fɛːt]

Fokus (m)	fokus (n)	['fokʉs]
den Fokus einstellen	å stille skarphet	[ɔ 'stilə 'skarp‚het]
scharf (~ abgebildet)	skarp	['skarp]
Schärfe (f)	skarphet (m)	['skarp‚het]

| Kontrast (m) | kontrast (m) | [kʊn'trast] |
| kontrastreich | kontrast- | [kʊn'trast-] |

Aufnahme (f)	bilde (n)	['bildə]
Negativ (n)	negativ (m/n)	['nega‚tiv]
Rollfilm (m)	film (m)	['film]
Einzelbild (n)	bilde (n)	['bildə]
drucken (vt)	å skrive ut	[ɔ skrivə ʉt]

164. Strand. Schwimmen

Strand (m)	badestrand (m/f)	['badə‚stran]
Sand (m)	sand (m)	['san]
menschenleer	øde	['ødə]

Bräune (f)	solbrenthet (m)	['sʊlbrɛnt‚het]
sich bräunen	å sole seg	[ɔ 'sʊlə sæj]
gebräunt	solbrent	['sʊl‚brɛnt]
Sonnencreme (f)	solkrem (m)	['sʊl‚krɛm]

Bikini (m)	bikini (m)	[bi'kini]
Badeanzug (m)	badedrakt (m/f)	['badə‚drakt]
Badehose (f)	badebukser (m/f)	['badə‚bʉksər]

Schwimmbad (n)	svømmebasseng (n)	['svœmə‚ba'sɛŋ]
schwimmen (vi)	å svømme	[ɔ 'svœmə]
Dusche (f)	dusj (m)	['dʉʂ]
sich umkleiden	å kle seg om	[ɔ 'kle sæj ‚ɔm]
Handtuch (n)	håndkle (n)	['hɔn‚kle]

| Boot (n) | båt (m) | ['bɔt] |
| Motorboot (n) | motorbåt (m) | ['motʉr‚bɔt] |

Wasserski (m)	vannski (m pl)	['van‚si]
Tretboot (n)	pedalbåt (m)	['pe'dal‚bɔt]
Surfen (n)	surfing (m/f)	['sørfiŋ]
Surfer (m)	surfer (m)	['sørfər]
Tauchgerät (n)	scuba (n)	['skʉba]

Schwimmflossen (pl)	svømmeføtter (m pl)	['svœmə‚fœtər]
Maske (f)	maske (m/f)	['maskə]
Taucher (m)	dykker (m)	['dʏkər]
tauchen (vi)	å dykke	[ɔ 'dʏkə]
unter Wasser	under vannet	['ʉnər 'vanə]
Sonnenschirm (m)	parasoll (m)	[para'sɔl]
Liege (f)	liggestol (m)	['ligə‚stʉl]
Sonnenbrille (f)	solbriller (m pl)	['sʉl‚brilər]
Schwimmmatratze (f)	luftmadrass (m)	['lʉftma‚dras]
spielen (vi, vt)	å leke	[ɔ 'lekə]
schwimmen gehen	å bade	[ɔ 'badə]
Ball (m)	ball (m)	['bal]
aufblasen (vt)	å blåse opp	[ɔ 'blɔːsə ɔp]
aufblasbar	luft-, oppblåsbar	['lʉft-], [ɔp'blɔːsbar]
Welle (f)	bølge (m)	['bølgə]
Boje (f)	bøye (m)	['bøjə]
ertrinken (vi)	å drukne	[ɔ 'drʉknə]
retten (vt)	å redde	[ɔ 'rɛdə]
Schwimmweste (f)	redningsvest (m)	['rɛdniŋs‚vɛst]
beobachten (vt)	å observere	[ɔ ɔbsɛr'verə]
Bademeister (m)	badevakt (m/f)	['badə‚vakt]

TECHNISCHES ZUBEHÖR. TRANSPORT

Technisches Zubehör

165. Computer

Computer (m)	datamaskin (m)	['data maˌʂin]
Laptop (m), Notebook (n)	bærbar, laptop (m)	['bærˌbar], ['laptɔp]
einschalten (vt)	å slå på	[ɔ 'ʂlɔ pɔ]
abstellen (vt)	å slå av	[ɔ 'ʂlɔ aː]
Tastatur (f)	tastatur (n)	[tasta'tʉr]
Taste (f)	tast (m)	['tast]
Maus (f)	mus (m/f)	['mʉs]
Mousepad (n)	musematte (m/f)	['mʉseˌmate]
Knopf (m)	knapp (m)	['knap]
Cursor (m)	markør (m)	[mar'kør]
Monitor (m)	monitor (m)	['mɔnitɔr]
Schirm (m)	skjerm (m)	['ʂærm]
Festplatte (f)	harddisk (m)	['harˌdisk]
Festplattengröße (f)	harddiskkapasitet (m)	['harˌdisk kapasi'tet]
Speicher (m)	minne (n)	['mine]
Arbeitsspeicher (m)	hovedminne (n)	['hɔvedˌmine]
Datei (f)	fil (m)	['fil]
Ordner (m)	mappe (m/f)	['mape]
öffnen (vt)	å åpne	[ɔ 'ɔpne]
schließen (vt)	å lukke	[ɔ 'lʉke]
speichern (vt)	å lagre	[ɔ 'lagre]
löschen (vt)	å slette, å fjerne	[ɔ 'ʂlete], [ɔ 'fjæːɳe]
kopieren (vt)	å kopiere	[ɔ kʉ'pjere]
sortieren (vt)	å sortere	[ɔ sɔː'ʈere]
transferieren (vt)	å overføre	[ɔ 'ɔverˌføre]
Programm (n)	program (n)	[prʉ'gram]
Software (f)	programvare (m/f)	[prʉ'gramˌvare]
Programmierer (m)	programmerer (m)	[prʉgra'merer]
programmieren (vt)	å programmere	[ɔ prʉgra'mere]
Hacker (m)	hacker (m)	['haker]
Kennwort (n)	passord (n)	['pasˌuːr]
Virus (m, n)	virus (m)	['virʉs]
entdecken (vt)	å oppdage	[ɔ 'ɔpˌdage]
Byte (n)	byte (m)	['bajt]

Megabyte (n)	megabyte (m)	['mega͵bajt]
Daten (pl)	data (m pl)	['data]
Datenbank (f)	database (m)	['data͵base]

Kabel (n)	kabel (m)	['kabəl]
trennen (vt)	å koble fra	[ɔ 'kɔblə fra]
anschließen (vt)	å koble	[ɔ 'kɔblə]

166. Internet. E-Mail

Internet (n)	Internett	['intə͵nɛt]
Browser (m)	nettleser (m)	['nɛt͵lesər]
Suchmaschine (f)	søkemotor (m)	['søkə͵motʊr]
Provider (m)	leverandør (m)	[levəran'dør]

Webmaster (m)	webmaster (m)	['vɛb͵mastər]
Website (f)	webside, hjemmeside (m/f)	['vɛb͵sidə], ['jɛmə͵sidə]
Webseite (f)	nettside (m)	['nɛt͵sidə]

Adresse (f)	adresse (m)	[a'drɛsə]
Adressbuch (n)	adressebok (f)	[a'drɛsə͵bʊk]

Mailbox (f)	postkasse (m/f)	['pɔst͵kasə]
Post (f)	post (m)	['pɔst]
überfüllt (-er Briefkasten)	full	['fʊl]

Mitteilung (f)	melding (m/f)	['mɛliŋ]
eingehenden Nachrichten	innkommende meldinger	['in͵kɔmənə 'mɛliŋər]
ausgehenden Nachrichten	utgående meldinger	['ʉt͵gɔənə 'mɛliŋər]
Absender (m)	avsender (m)	['af͵sɛnər]
senden (vt)	å sende	[ɔ 'sɛnə]
Absendung (f)	avsending (m)	['af͵sɛniŋ]
Empfänger (m)	mottaker (m)	['mɔt͵takər]
empfangen (vt)	å motta	[ɔ 'mɔta]

Briefwechsel (m)	korrespondanse (m)	[kʊrespɔn'dansə]
im Briefwechsel stehen	å brevveksle	[ɔ 'brɛv͵vɛkslə]

Datei (f)	fil (m)	['fil]
herunterladen (vt)	å laste ned	[ɔ 'lastə 'ne]
schaffen (vt)	å opprette	[ɔ 'ɔp͵rɛtə]
löschen (vt)	å slette, å fjerne	[ɔ 'ʂletə], [ɔ 'fjæ:ɳə]
gelöscht (Datei)	slettet	['ʂletət]

Verbindung (f)	forbindelse (m)	[fɔr'binəlsə]
Geschwindigkeit (f)	hastighet (m/f)	['hasti͵het]
Modem (n)	modem (n)	['mʊ'dɛm]
Zugang (m)	tilgang (m)	['til͵gaŋ]
Port (m)	port (m)	['pɔ:ʈ]

Anschluss (m)	tilkobling (m/f)	['til͵kɔbliŋ]
sich anschließen	å koble	[ɔ 'kɔblə]
auswählen (vt)	å velge	[ɔ 'vɛlgə]
suchen (vt)	å søke etter ...	[ɔ 'søkə ͵ɛtər ...]

167. Elektrizität

Elektrizität (f)	elektrisitet (m)	[ɛlektrisi'tet]
elektrisch	elektrisk	[ɛ'lektrisk]
Elektrizitätswerk (n)	kraftverk (n)	['kraft‚værk]
Energie (f)	energi (m)	[ɛnær'gi]
Strom (m)	elkraft (m/f)	['ɛl‚kraft]

Glühbirne (f)	lyspære (m/f)	['lys‚pærə]
Taschenlampe (f)	lommelykt (m/f)	['lʉmə‚lykt]
Straßenlaterne (f)	gatelykt (m/f)	['gatə‚lykt]

Licht (n)	lys (n)	['lys]
einschalten (vt)	å slå på	[ɔ 'slɔ pɔ]
ausschalten (vt)	å slå av	[ɔ 'slɔ ɑ:]
das Licht ausschalten	å slokke lyset	[ɔ 'slɔkə 'lysə]

durchbrennen (vi)	å brenne ut	[ɔ 'brɛnə ʉt]
Kurzschluss (m)	kortslutning (m)	['kʉ:t‚slʉtniŋ]
Riß (m)	kabelbrudd (n)	['kabəl‚brʉd]
Kontakt (m)	kontakt (m)	[kʉn'takt]

Schalter (m)	strømbryter (m)	['strøm‚brytər]
Steckdose (f)	stikkontakt (m)	['stik kʉn‚takt]
Stecker (m)	støpsel (n)	['støpsəl]
Verlängerung (f)	skjøteledning (m)	['ṣøtə‚ledniŋ]

Sicherung (f)	sikring (m)	['sikriŋ]
Leitungsdraht (m)	ledning (m)	['ledniŋ]
Verdrahtung (f)	ledningsnett (n)	['ledniŋs‚nɛt]

Ampere (n)	ampere (m)	[am'pɛr]
Stromstärke (f)	strømstyrke (m)	['strøm‚styrkə]
Volt (n)	volt (m)	['vɔlt]
Voltspannung (f)	spenning (m/f)	['spɛniŋ]

Elektrogerät (n)	elektrisk apparat (n)	[ɛ'lektrisk apa'rat]
Indikator (m)	indikator (m)	[indi'katʉr]

Elektriker (m)	elektriker (m)	[ɛ'lektrikər]
löten (vt)	å lodde	[ɔ 'lɔdə]
Lötkolben (m)	loddebolt (m)	['lɔdə‚bɔlt]
Strom (m)	strøm (m)	['strøm]

168. Werkzeug

Werkzeug (n)	verktøy (n)	['værk‚tøj]
Werkzeuge (pl)	verktøy (n pl)	['værk‚tøj]
Ausrüstung (f)	utstyr (n)	['ʉt‚styr]

Hammer (m)	hammer (m)	['hamər]
Schraubenzieher (m)	skrutrekker (m)	['skrʉ‚trɛkər]
Axt (f)	øks (m/f)	['øks]

Säge (f)	sag (m/f)	['sag]
sägen (vt)	å sage	[ɔ 'sagə]
Hobel (m)	høvel (m)	['høvəl]
hobeln (vt)	å høvle	[ɔ 'høvlə]
Lötkolben (m)	loddebolt (m)	['lɔdə‚bɔlt]
löten (vt)	å lodde	[ɔ 'lɔdə]

Feile (f)	fil (m/f)	['fil]
Kneifzange (f)	knipetang (m/f)	['knipə‚taŋ]
Flachzange (f)	flattang (m/f)	['flɑt‚taŋ]
Stemmeisen (n)	hoggjern, huggjern (n)	['hʊgjæ:ɳ]

Bohrer (m)	bor (m/n)	['bʊr]
Bohrmaschine (f)	boremaskin (m)	['bɔre mɑ‚ʂin]
bohren (vt)	å bore	[ɔ 'bɔrə]

| Messer (n) | kniv (m) | ['kniv] |
| Klinge (f) | blad (n) | ['blɑ] |

scharf (-e Messer usw.)	skarp	['skɑrp]
stumpf	sløv	['sløv]
stumpf werden (vi)	å bli sløv	[ɔ 'bli 'sløv]
schärfen (vt)	å skjerpe, å slipe	[ɔ 'ʂɛrpə], [ɔ 'ʂlipə]

Bolzen (m)	bolt (m)	['bɔlt]
Mutter (f)	mutter (m)	['mʉtər]
Gewinde (n)	gjenge (n)	['jɛŋə]
Holzschraube (f)	skrue (m)	['skrʉə]

| Nagel (m) | spiker (m) | ['spikər] |
| Nagelkopf (m) | spikerhode (n) | ['spikər‚hʊdə] |

Lineal (n)	linjal (m)	[li'njɑl]
Metermaß (n)	målebånd (n)	['mo:lə‚bɔn]
Wasserwaage (f)	vater, vaterpass (n)	['vɑtər], ['vɑtər‚pɑs]
Lupe (f)	lupe (m/f)	['lʉpə]

Messinstrument (n)	måleinstrument (n)	['mo:lə instrʉ'mɛnt]
messen (vt)	å måle	[ɔ 'mo:lə]
Skala (f)	skala (m)	['skɑlɑ]
Ablesung (f)	avlesninger (m/f pl)	['ɑv‚lesniŋər]

| Kompressor (m) | kompressor (m) | [kʊm'presʊr] |
| Mikroskop (n) | mikroskop (n) | [mikrʉ'skʊp] |

Pumpe (f)	pumpe (m/f)	['pʉmpə]
Roboter (m)	robot (m)	['rɔbɔt]
Laser (m)	laser (m)	['lɑsər]

Schraubenschlüssel (m)	skrunøkkel (m)	['skrʉ‚nøkəl]
Klebeband (n)	pakketeip (m)	['pɑkə‚tɛjp]
Klebstoff (m)	lim (n)	['lim]

Sandpapier (n)	sandpapir (n)	['sɑnpɑ‚pir]
Sprungfeder (f)	fjær (m/f)	['fjær]
Magnet (m)	magnet (m)	[mɑŋ'net]

Handschuhe (pl)	hansker (m pl)	['hɑnskər]
Leine (f)	reip, rep (n)	['ræjp], ['rɛp]
Schnur (f)	snor (m/f)	['snʊr]
Draht (m)	ledning (m)	['lɛdniŋ]
Kabel (n)	kabel (m)	['kɑbəl]

schwerer Hammer (m)	slegge (m/f)	['ʂlegə]
Brecheisen (n)	spett, jernspett (n)	['spɛt], ['jæːn̩ˌspɛt]
Leiter (f)	stige (m)	['stiːə]
Trittleiter (f)	trappstige (m/f)	['trɑpˌstiːə]

zudrehen (vt)	å skru fast	[ɔ 'skrʉ 'fɑst]
abdrehen (vt)	å skru løs	[ɔ 'skrʉ ˌløs]
zusammendrücken (vt)	å klemme	[ɔ 'klemə]
ankleben (vt)	å klistre, å lime	[ɔ 'klistrə], [ɔ 'limə]
schneiden (vt)	å skjære	[ɔ 'ʂæːrə]

Störung (f)	funksjonsfeil (m)	['fʉnkʂɔnsˌfæjl]
Reparatur (f)	reparasjon (m)	[repɑrɑ'ʂʊn]
reparieren (vt)	å reparere	[ɔ repɑ'rerə]
einstellen (vt)	å justere	[ɔ jʉ'sterə]

prüfen (vt)	å sjekke	[ɔ 'ʂɛkə]
Prüfung (f)	kontroll (m)	[kʊn'trɔl]
Ablesung (f)	avlesninger (m/f pl)	['ɑvˌlesniŋər]

| sicher (zuverlässigen) | pålitelig | [pɔ'liteli] |
| kompliziert (Adj) | komplisert | [kʊmpli'sɛːt] |

verrosten (vi)	å ruste	[ɔ 'rʉstə]
rostig	rusten, rustet	['rʉstən], ['rʉstət]
Rost (m)	rust (m/f)	['rʉst]

Transport

Flugzeug (n)	fly (n)	['fly]
Flugticket (n)	flybillett (m)	['fly bi'let]
Fluggesellschaft (f)	flyselskap (n)	['flysəl‚skɑp]
Flughafen (m)	flyplass (m)	['fly‚plɑs]
Überschall-	overlyds-	['ɔvə‚lyds-]
Flugkapitän (m)	kaptein (m)	[kɑp'tæjn]
Besatzung (f)	besetning (m/f)	[be'sɛtniŋ]
Pilot (m)	pilot (m)	[pi'lɔt]
Flugbegleiterin (f)	flyvertinne (m/f)	[flyvɛ:'ʈinə]
Steuermann (m)	styrmann (m)	['styr‚mɑn]
Flügel (pl)	vinger (m pl)	['viŋər]
Schwanz (m)	hale (m)	['hɑlə]
Kabine (f)	cockpit, førerkabin (m)	['kɔkpit], ['førərkɑ‚bin]
Motor (m)	motor (m)	['mɔtʊr]
Fahrgestell (n)	landingshjul (n)	['lɑniŋs‚jʉl]
Turbine (f)	turbin (m)	[tʉr'bin]
Propeller (m)	propell (m)	[prʊ'pɛl]
Flugschreiber (m)	svart boks (m)	['svɑ:ʈ bɔks]
Steuerrad (n)	ratt (n)	['rɑt]
Treibstoff (m)	brensel (n)	['brɛnsəl]
Sicherheitskarte (f)	sikkerhetsbrosjyre (m)	['sikərhɛts‚brɔ'ʂyrə]
Sauerstoffmaske (f)	oksygenmaske (m/f)	['ɔksygən‚mɑskə]
Uniform (f)	uniform (m)	[ʉni'fɔrm]
Rettungsweste (f)	redningsvest (m)	['rɛdniŋs‚vɛst]
Fallschirm (m)	fallskjerm (m)	['fɑl‚ʂærm]
Abflug, Start (m)	start (m)	['stɑ:ʈ]
starten (vi)	å løfte	[ɔ 'lœftə]
Startbahn (f)	startbane (m)	['stɑ:ʈ‚bɑnə]
Sicht (f)	siktbarhet (m)	['siktbɑr‚het]
Flug (m)	flyging (m/f)	['flygiŋ]
Höhe (f)	høyde (m)	['højdə]
Luftloch (n)	lufthull (n)	['lʉft‚hʉl]
Platz (m)	plass (m)	['plɑs]
Kopfhörer (m)	hodetelefoner (n pl)	['hɔdətelə‚fʊnər]
Klapptisch (m)	klappbord (n)	['klɑp‚bʊr]
Bullauge (n)	vindu (n)	['vindʉ]
Durchgang (m)	midtgang (m)	['mit‚gɑŋ]

170. Zug

Zug (m)	tog (n)	['tɔg]
elektrischer Zug (m)	lokaltog (n)	[lɔ'kal‚tɔg]
Schnellzug (m)	ekspresstog (n)	[ɛks'prɛs‚tɔg]
Diesellok (f)	diesellokomotiv (n)	['disəl lukɔmɔ'tiv]
Dampflok (f)	damplokomotiv (n)	['damp lukɔmɔ'tiv]

Personenwagen (m)	vogn (m)	['vɔŋn]
Speisewagen (m)	restaurantvogn (m/f)	[rɛstu'raŋ‚vɔŋn]

Schienen (pl)	skinner (m/f pl)	['ʂinər]
Eisenbahn (f)	jernbane (m)	['jæːɳ‚banə]
Bahnschwelle (f)	sville (m/f)	['svilə]

Bahnsteig (m)	perrong, plattform (m/f)	[pɛ'rɔŋ], ['platfɔrm]
Gleis (n)	spor (n)	['spur]
Eisenbahnsignal (n)	semafor (m)	[sema'fur]
Station (f)	stasjon (m)	[stɑ'ʂun]

Lokomotivführer (m)	lokfører (m)	['luk‚førər]
Träger (m)	bærer (m)	['bæərər]
Schaffner (m)	betjent (m)	['be'tjɛnt]
Fahrgast (m)	passasjer (m)	[pasa'ʂɛr]
Fahrkartenkontrolleur (m)	billett inspektør (m)	[bi'let inspɛk'tør]

Flur (m)	korridor (m)	[kuri'dɔr]
Notbremse (f)	nødbrems (m)	['nød‚brɛms]

Abteil (n)	kupé (m)	[ku'pe]
Liegeplatz (m), Schlafkoje (f)	køye (m/f)	['køjə]
oberer Liegeplatz (m)	overkøye (m/f)	['ɔvər‚køjə]
unterer Liegeplatz (m)	underkøye (m/f)	['unər‚køjə]
Bettwäsche (f)	sengetøy (n)	['sɛŋə‚tøj]

Fahrkarte (f)	billett (m)	[bi'let]
Fahrplan (f)	rutetabell (m)	['rutə‚ta'bɛl]
Anzeigetafel (f)	informasjonstavle (m/f)	[infɔrma'ʂuns ‚tavlə]

abfahren (der Zug)	å avgå	[ɔ 'avgɔ]
Abfahrt (f)	avgang (m)	['av‚gaŋ]

ankommen (der Zug)	å ankomme	[ɔ 'an‚kɔmə]
Ankunft (f)	ankomst (m)	['an‚kɔmst]

mit dem Zug kommen	å ankomme med toget	[ɔ 'an‚kɔmə me 'tɔgə]
in den Zug einsteigen	å gå på toget	[ɔ 'gɔ pɔ 'tɔgə]
aus dem Zug aussteigen	å gå av toget	[ɔ 'gɔ ɑː 'tɔgə]

Zugunglück (n)	togulykke (m/n)	['tɔg u'lʏkə]
entgleisen (vi)	å spore av	[ɔ 'spurə ɑː]
Dampflok (f)	damplokomotiv (n)	['damp lukɔmɔ'tiv]
Heizer (m)	fyrbøter (m)	['fyr‚bøtər]
Feuerbüchse (f)	fyrrom (n)	['fyr‚rum]
Kohle (f)	kull (n)	['kul]

171. Schiff

| Schiff (n) | skip (n) | ['ṣip] |
| Fahrzeug (n) | fartøy (n) | ['faːˌtøj] |

Dampfer (m)	dampskip (n)	['dɑmpˌṣip]
Motorschiff (n)	elvebåt (m)	['ɛlvəˌbɔt]
Kreuzfahrtschiff (n)	cruiseskip (n)	['krʉsˌṣip]
Kreuzer (m)	krysser (m)	['krʏsər]

Jacht (f)	jakt (m/f)	['jakt]
Schlepper (m)	bukserbåt (m)	[bʉk'serˌbɔt]
Lastkahn (m)	lastepram (m)	['lɑstəˌprɑm]
Fähre (f)	ferje, ferge (m/f)	['færjə], ['færgə]

| Segelschiff (n) | seilbåt (n) | ['sæjlˌbɔt] |
| Brigantine (f) | brigantin (m) | [brigɑn'tin] |

| Eisbrecher (m) | isbryter (m) | ['isˌbrytər] |
| U-Boot (n) | ubåt (m) | ['ʉːˌbɔt] |

Boot (n)	båt (m)	['bɔt]
Dingi (n), Beiboot (n)	jolle (m/f)	['jɔlə]
Rettungsboot (n)	livbåt (m)	['livˌbɔt]
Motorboot (n)	motorbåt (m)	['mɔtʊrˌbɔt]

Kapitän (m)	kaptein (m)	[kɑp'tæjn]
Matrose (m)	matros (m)	[mɑ'trʊs]
Seemann (m)	sjømann (m)	['ṣøˌmɑn]
Besatzung (f)	besetning (m/f)	[be'sɛtniŋ]

Bootsmann (m)	båtsmann (m)	['bɔsˌmɑn]
Schiffsjunge (m)	skipsgutt, jungmann (m)	['ṣipsˌgʉt], ['jʉŋˌmɑn]
Schiffskoch (m)	kokk (m)	['kʊk]
Schiffsarzt (m)	skipslege (m)	['ṣipsˌlegə]

Deck (n)	dekk (n)	['dɛk]
Mast (m)	mast (m/f)	['mɑst]
Segel (n)	seil (n)	['sæjl]

Schiffsraum (m)	lasterom (n)	['lɑstəˌrʊm]
Bug (m)	baug (m)	['bæu]
Heck (n)	akterende (m)	['ɑktəˌrɛnə]
Ruder (n)	åre (m)	['oːrə]
Schraube (f)	propell (m)	[prʊ'pɛl]

Kajüte (f)	hytte (m)	['hʏte]
Messe (f)	offisersmesse (m/f)	[ɔfi'sɛrsˌmɛsə]
Maschinenraum (m)	maskinrom (n)	[mɑ'ṣinˌrʊm]
Kommandobrücke (f)	kommandobro (m/f)	[kɔ'mɑndʊˌbrʊ]
Funkraum (m)	radiorom (m)	['rɑdiʊˌrʊm]
Radiowelle (f)	bølge (m)	['bølgə]
Schiffstagebuch (n)	loggbok (m/f)	['lɔgˌbʊk]
Fernrohr (n)	langkikkert (m)	['lɑŋˌkikeːt]
Glocke (f)	klokke (m/f)	['klɔkə]

Fahne (f)	flagg (n)	['flag]
Seil (n)	trosse (m/f)	['trʊsə]
Knoten (m)	knute (m)	['knʉtə]

Geländer (n)	rekkverk (n)	['rɛkˌværk]
Treppe (f)	landgang (m)	['lanˌgaŋ]

Anker (m)	anker (n)	['aŋkər]
den Anker lichten	å lette anker	[ɔ 'letə 'aŋkər]
Anker werfen	å kaste anker	[ɔ 'kastə 'aŋkər]
Ankerkette (f)	ankerkjetting (m)	['aŋkərˌçɛtiŋ]

Hafen (m)	havn (m/f)	['havn]
Anlegestelle (f)	kai (m/f)	['kaj]
anlegen (vi)	å fortøye	[ɔ fɔ:'tøjə]
abstoßen (vt)	å kaste loss	[ɔ 'kastə lɔs]

Reise (f)	reise (m/f)	['ræjsə]
Kreuzfahrt (f)	cruise (n)	['krʉs]
Kurs (m), Richtung (f)	kurs (m)	['kʉʂ]
Reiseroute (f)	rute (m/f)	['rʉtə]

Fahrwasser (n)	seilrende (m)	['sæjlˌrɛnə]
Untiefe (f)	grunne (m/f)	['grʉnə]
stranden (vi)	å gå på grunn	[ɔ 'gɔ pɔ 'grʉn]

Sturm (m)	storm (m)	['stɔrm]
Signal (n)	signal (n)	[siŋ'nal]
untergehen (vi)	å synke	[ɔ 'sʏnkə]
Mann über Bord!	Mann over bord!	['man ˌɔvər 'bʉr]
SOS	SOS (n)	[ɛsʉ'ɛs]
Rettungsring (m)	livbøye (m/f)	['livˌbøjə]

172. Flughafen

Flughafen (m)	flyplass (m)	['flyˌplas]
Flugzeug (n)	fly (n)	['fly]
Fluggesellschaft (f)	flyselskap (n)	['flysəlˌskap]
Fluglotse (m)	flygeleder (m)	['flygəˌledər]

Abflug (m)	avgang (m)	['avˌgaŋ]
Ankunft (f)	ankomst (m)	['anˌkɔmst]
anfliegen (vi)	å ankomme	[ɔ 'anˌkɔmə]

Abflugzeit (f)	avgangstid (m/f)	['avgaŋsˌtid]
Ankunftszeit (f)	ankomsttid (m/f)	[an'kɔmsˌtid]

sich verspäten	å bli forsinket	[ɔ 'bli fɔ'şinkət]
Abflugverspätung (f)	avgangsforsinkelse (m)	['avgaŋs fɔ'şinkəlsə]

Anzeigetafel (f)	informasjonstavle (m/f)	[informa'şʉns ˌtavlə]
Information (f)	informasjon (m)	[informa'şʉn]
ankündigen (vt)	å meddele	[ɔ 'mɛdˌdelə]
Flug (m)	fly (n)	['fly]

| Zollamt (n) | toll (m) | ['tɔl] |
| Zollbeamter (m) | tollbetjent (m) | ['tɔlbeˌtjɛnt] |

Zolldeklaration (f)	tolldeklarasjon (m)	['tɔldɛklɑraˈʂʊn]
ausfüllen (vt)	å utfylle	[ɔ 'ʉtˌfʏlə]
die Zollerklärung ausfüllen	å utfylle en tolldeklarasjon	[ɔ 'ʉtˌfʏlə en 'tɔldɛklɑraˌʂʊn]
Passkontrolle (f)	passkontroll (m)	['pɑskʊnˌtrɔl]

Gepäck (n)	bagasje (m)	[baˈgaʂə]
Handgepäck (n)	håndbagasje (m)	['hɔnˌbaˈgaʂə]
Kofferkuli (m)	bagasjetralle (m/f)	[baˈgaʂeˌtralə]

Landung (f)	landing (m)	['laniŋ]
Landebahn (f)	landingsbane (m)	['laniŋsˌbanə]
landen (vi)	å lande	[ɔ 'lanə]
Fluggasttreppe (f)	trapp (m/f)	['trap]

Check-in (n)	innsjekking (m/f)	['inˌʂɛkiŋ]
Check-in-Schalter (m)	innsjekkingsskranke (m)	['inˌʂɛkiŋs ˌskrankə]
sich registrieren lassen	å sjekke inn	[ɔ 'ʂɛkə in]
Bordkarte (f)	boardingkort (n)	['bɔːˌdiŋˌkɔːt]
Abfluggate (n)	gate (m/f)	['gejt]

Transit (m)	transitt (m)	[tranˈsit]
warten (vi)	å vente	[ɔ 'vɛntə]
Wartesaal (m)	ventehall (m)	['vɛntəˌhal]
begleiten (vt)	å ta avskjed	[ɔ 'ta 'afˌʂɛd]
sich verabschieden	å si farvel	[ɔ 'si farˈvɛl]

173. Fahrrad. Motorrad

Fahrrad (n)	sykkel (m)	['sʏkəl]
Motorroller (m)	skooter (m)	['skutər]
Motorrad (n)	motorsykkel (m)	['mɔtʊrˌsʏkəl]

Rad fahren	å sykle	[ɔ 'sʏklə]
Lenkstange (f)	styre (n)	['styrə]
Pedal (n)	pedal (m)	[pe'dal]
Bremsen (pl)	bremser (m pl)	['brɛmsər]
Sattel (m)	sete (n)	['setə]

Pumpe (f)	pumpe (m/f)	['pʊmpə]
Gepäckträger (m)	bagasjebrett (n)	[baˈgaʂeˌbrɛt]
Scheinwerfer (m)	lykt (m/f)	['lʏkt]
Helm (m)	hjelm (m)	['jɛlm]

Rad (n)	hjul (n)	['jʉl]
Schutzblech (n)	skjerm (m)	['ʂærm]
Felge (f)	felg (m)	['fɛlg]
Speiche (f)	eik (m/f)	['æjk]

Autos

174. Autotypen

Auto (n)	**bil** (m)	['bil]
Sportwagen (m)	**sportsbil** (m)	['spɔːʦˌbil]
Limousine (f)	**limousin** (m)	[limʉ'sin]
Geländewagen (m)	**terrengbil** (m)	[tɛ'rɛŋˌbil]
Kabriolett (n)	**kabriolet** (m)	[kabriʊ'le]
Kleinbus (m)	**minibuss** (m)	['miniˌbʉs]
Krankenwagen (m)	**ambulanse** (m)	[ambʉ'lansə]
Schneepflug (m)	**snøplog** (m)	['snøˌplɔg]
Lastkraftwagen (m)	**lastebil** (m)	['lastəˌbil]
Tankwagen (m)	**tankbil** (m)	['tankˌbil]
Kastenwagen (m)	**skapbil** (m)	['skapˌbil]
Sattelzug (m)	**trekkvogn** (m/f)	['trɛkˌvɔŋn]
Anhänger (m)	**tilhenger** (m)	['tilˌhɛŋər]
komfortabel	**komfortabel**	[kʊmfɔː'ʈabəl]
gebraucht	**brukt**	['brʉkt]

175. Autos. Karosserie

Motorhaube (f)	**panser** (n)	['pansər]
Kotflügel (m)	**skjerm** (m)	['şærm]
Dach (n)	**tak** (n)	['tak]
Windschutzscheibe (f)	**frontrute** (m/f)	['frɔntˌrʉtə]
Rückspiegel (m)	**bakspeil** (n)	['bakˌspæjl]
Scheibenwaschanlage (f)	**vindusspyler** (m)	['vindʉsˌspylər]
Scheibenwischer (m)	**viskerblader** (n pl)	['viskəblaər]
Seitenscheibe (f)	**siderute** (m/f)	['sidəˌrʉtə]
Fensterheber (m)	**vindusheis** (m)	['vindʉsˌhæjs]
Antenne (f)	**antenne** (m)	[an'tɛnə]
Schiebedach (n)	**takluke** (m/f), **soltak** (n)	['takˌlʉkə], ['sʊlˌtak]
Stoßstange (f)	**støtfanger** (m)	['støtˌfaŋər]
Kofferraum (m)	**bagasjerom** (n)	[ba'gaşəˌrʊm]
Dachgepäckträger (m)	**takgrind** (m/f)	['takˌgrin]
Wagenschlag (m)	**dør** (m/f)	['dœr]
Türgriff (m)	**dørhåndtak** (n)	['dœrˌhɔntak]
Türschloss (n)	**dørlås** (m/n)	['dœrˌlɔs]
Nummernschild (n)	**nummerskilt** (n)	['nʉmərˌşilt]
Auspufftopf (m)	**lyddemper** (m)	['lydˌdɛmpər]

| Benzintank (m) | bensintank (m) | [bɛn'sin,tɑnk] |
| Auspuffrohr (n) | eksosrør (n) | ['ɛksʊs,rør] |

Gas (n)	gass (m)	['gɑs]
Pedal (n)	pedal (m)	[pe'dɑl]
Gaspedal (n)	gasspedal (m)	['gɑs pe'dɑl]

Bremse (f)	brems (m)	['brɛms]
Bremspedal (n)	bremsepedal (m)	['brɛmsə pe'dɑl]
bremsen (vi)	å bremse	[ɔ 'brɛmsə]
Handbremse (f)	håndbrekk (n)	['hɔn,brɛk]

Kupplung (f)	koppling (m)	['kɔpliŋ]
Kupplungspedal (n)	kopplingspedal (m)	['kɔpliŋs pe'dɑl]
Kupplungsscheibe (f)	koplingsskive (m/f)	['kɔpliŋs,sivə]
Stoßdämpfer (m)	støtdemper (m)	['støt,dɛmpər]

Rad (n)	hjul (n)	['jʉl]
Reserverad (n)	reservehjul (n)	[re'sɛrvə jʉl]
Reifen (m)	dekk (n)	['dɛk]
Radkappe (f)	hjulkapsel (m)	['jʉl,kapsəl]

Triebräder (pl)	drivhjul (n pl)	['driv,jʉl]
mit Vorderantrieb	forhjulsdrevet	['forjʉls,drevət]
mit Hinterradantrieb	bakhjulsdrevet	['bɑkjʉls,drevət]
mit Allradantrieb	firehjulsdrevet	['firəjʉls,drevət]

Getriebe (n)	girkasse (m/f)	['gir,kasə]
Automatik-	automatisk	[aʊtʉ'matisk]
Schalt-	mekanisk	[me'kɑnisk]
Schalthebel (m)	girspak (m)	['gi,spɑk]

| Scheinwerfer (m) | lyskaster (m) | ['lys,kastər] |
| Scheinwerfer (pl) | lyskastere (m pl) | ['lys,kastərə] |

Abblendlicht (n)	nærlys (n)	['nær,lys]
Fernlicht (n)	fjernlys (n)	['fjæ:r̩,lys]
Stopplicht (n)	stopplys, bremselys (n)	['stɔp,lys], ['brɛmsə,lys]

Standlicht (n)	parkeringslys (n)	[par'keriŋs,lys]
Warnblinker (m)	varselblinklys (n)	['vaşəl,blink lys]
Nebelscheinwerfer (pl)	tåkelys (n)	['to:kə,lys]
Blinker (m)	blinklys (n)	['blink,lys]
Rückfahrscheinwerfer (m)	baklys (n)	['bɑk,lys]

176. Autos. Fahrgastraum

Wageninnere (n)	interiør (n), innredning (m/f)	[inter'jør], ['in,rɛdniŋ]
Leder-	lær-	['lær-]
aus Velours	velur	[ve'lʉr]
Polster (n)	trekk (n)	['trɛk]

| Instrument (n) | instrument (n) | [instrʉ'mɛnt] |
| Armaturenbrett (n) | dashbord (n) | ['daşbɔ:d] |

Tachometer (m)	speedometer (n)	[spidʉ'metər]
Nadel (f)	viser (m)	['visər]

Kilometerzähler (m)	kilometerteller (m)	[çilu'metər͵tɛlər]
Anzeige (Temperatur-)	indikator (m)	[indi'katʉr]
Pegel (m)	nivå (n)	[ni'vo]
Kontrollleuchte (f)	varsellampe (m/f)	['vaʂəl͵lampə]

Steuerrad (n)	ratt (n)	['rɑt]
Hupe (f)	horn (n)	['hʉːɳ]
Knopf (m)	knapp (m)	['knɑp]
Umschalter (m)	bryter (m)	['brytər]

Sitz (m)	sete (n)	['setə]
Rückenlehne (f)	seterygg (m)	['setə͵rʏg]
Kopfstütze (f)	nakkestøtte (m/f)	['nɑkə͵stœtə]
Sicherheitsgurt (m)	sikkerhetsbelte (m)	['sikərhɛts͵bɛltə]
sich anschnallen	å spenne fast sikkerhetsbeltet	[ɔ 'spɛnə fɑst 'sikərhets͵bɛltə]
Einstellung (f)	justering (m/f)	[jʉ'steriŋ]

Airbag (m)	kollisjonspute (m/f)	['kʉliʂʉns͵pʉtə]
Klimaanlage (f)	klimaanlegg (n)	['klimɑ'an͵leg]

Radio (n)	radio (m)	['rɑdiʉ]
CD-Spieler (m)	CD-spiller (m)	['sɛdɛ ͵spilər]
einschalten (vt)	å slå på	[ɔ 'ʂlɔ pɔ]
Antenne (f)	antenne (m)	[an'tɛnə]
Handschuhfach (n)	hanskerom (n)	['hanskə͵rʉm]
Aschenbecher (m)	askebeger (n)	['askə͵begər]

177. Autos. Motor

Triebwerk (n), Motor (m)	motor (m)	['mɔtʉr]
Diesel-	diesel-	['disəl-]
Benzin-	bensin-	[bɛn'sin-]

Hubraum (m)	motorvolum (n)	['mɔtʉr vɔ'lʉm]
Leistung (f)	styrke (m)	['styrkə]
Pferdestärke (f)	hestekraft (m/f)	['hɛstə͵krɑft]
Kolben (m)	stempel (n)	['stɛmpəl]
Zylinder (m)	sylinder (m)	[sy'lindər]
Ventil (n)	ventil (m)	[vɛn'til]

Injektor (m)	injektor (m)	[i'njɛktʉr]
Generator (m)	generator (m)	[gene'ratʉr]
Vergaser (m)	forgasser (m)	[fɔr'gasər]
Motoröl (n)	motorolje (m)	['mɔtʉr͵oljə]

Kühler (m)	radiator (m)	[rɑdi'atʉr]
Kühlflüssigkeit (f)	kjølevæske (m/f)	['çœlə͵væskə]
Ventilator (m)	vifte (m/f)	['viftə]
Autobatterie (f)	batteri (n)	[batɛ'ri]
Anlasser (m)	starter (m)	['stɑːtər]

| Zündung (f) | tenning (m/f) | ['tɛniŋ] |
| Zündkerze (f) | tennplugg (m) | ['tɛnˌplʉg] |

Klemme (f)	klemme (m/f)	['klemə]
Pluspol (m)	plussklemme (m/f)	['plʉsˌklemə]
Minuspol (m)	minusklemme (m/f)	['minʉsˌklemə]
Sicherung (f)	sikring (m)	['sikriŋ]

Luftfilter (m)	luftfilter (n)	['lʉftˌfiltər]
Ölfilter (m)	oljefilter (n)	['ɔljəˌfiltər]
Treibstofffilter (m)	brenselsfilter (n)	['brɛnsəlsˌfiltər]

178. Autos. Unfall. Reparatur

Unfall (m)	bilulykke (m/f)	['bil ʉ'lʏkə]
Verkehrsunfall (m)	trafikkulykke (m/f)	[trɑ'fik ʉ'lʏkə]
fahren gegen ...	å kjøre inn i ...	[ɔ 'çœːrə in i ...]
verunglücken (vi)	å havarere	[ɔ hɑvɑ'rerə]
Schaden (m)	skade (m)	['skɑdə]
heil (Adj)	uskadd	['ʉˌskɑd]

Panne (f)	havari (n)	[hɑvɑ'ri]
kaputtgehen (vi)	å bryte sammen	[ɔ 'brytə 'samən]
Abschleppseil (n)	slepetau (n)	['ʂlepəˌtaʉ]

Reifenpanne (f)	punktering (m)	[pʉn'teriŋ]
platt sein	å være punktert	[ɔ 'værə pʉnk'tɛːʈ]
pumpen (vt)	å pumpe opp	[ɔ 'pʉmpə ɔp]
Reifendruck (m)	trykk (n)	['trʏk]
prüfen (vt)	å sjekke	[ɔ 'ʂɛkə]

Reparatur (f)	reparasjon (m)	[repɑrɑ'ʂʉn]
Reparaturwerkstatt (f)	bilverksted (n)	['bil 'værkˌsted]
Ersatzteil (n)	reservedel (m)	[re'sɛrvəˌdel]
Einzelteil (n)	del (m)	['del]

Bolzen (m)	bolt (m)	['bɔlt]
Schraube (f)	skrue (m)	['skrʉə]
Schraubenmutter (f)	mutter (m)	['mʉtər]
Scheibe (f)	skive (m/f)	['ʂivə]
Lager (n)	lager (n)	['lɑgər]

Rohr (Abgas-)	rør (m)	['rør]
Dichtung (f)	pakning (m/f)	['pɑkniŋ]
Draht (m)	ledning (m)	['ledniŋ]

Wagenheber (m)	jekk (m), donkraft (m/f)	['jɛk], ['dɔnˌkrɑft]
Schraubenschlüssel (m)	skrunøkkel (m)	['skrʉˌnøkəl]
Hammer (m)	hammer (m)	['hamər]
Pumpe (f)	pumpe (m/f)	['pʉmpə]
Schraubenzieher (m)	skrutrekker (m)	['skrʉˌtrɛkər]

| Feuerlöscher (m) | brannslukker (n) | ['brɑnˌʂlʉkər] |
| Warndreieck (n) | varseltrekant (m) | ['vɑʂəl 'trɛˌkɑnt] |

abwürgen (Motor)	å skjære	[ɔ 'ʂæːrə]
Anhalten (~ des Motors)	stans (m), stopp (m/n)	['stans], ['stɔp]
kaputt sein	å være ødelagt	[ɔ 'værə 'ødə͵lakt]
überhitzt werden (Motor)	å bli overopphetet	[ɔ 'bli 'ɔvərɔp͵hetət]
verstopft sein	å bli tilstoppet	[ɔ 'bli til'stɔpət]
einfrieren (Schloss, Rohr)	å fryse	[ɔ 'frysə]
zerplatzen (vi)	å sprekke, å briste	[ɔ 'sprɛkə], [ɔ 'bristə]
Druck (m)	trykk (n)	['trʏk]
Pegel (m)	nivå (n)	[ni'vo]
schlaff (z.B. -e Riemen)	slakk	['ʂlak]
Delle (f)	bulk (m)	['bʉlk]
Klopfen (n)	bankelyd (m), dunk (m/n)	['bankə͵lyd], ['dʉnk]
Riß (m)	sprekk (m)	['sprɛk]
Kratzer (m)	ripe (m/f)	['ripə]

179. Autos. Straßen

Fahrbahn (f)	vei (m)	['væj]
Schnellstraße (f)	hovedvei (m)	['hʉvəd͵væj]
Autobahn (f)	motorvei (m)	['mɔtʉr͵væj]
Richtung (f)	retning (m/f)	['rɛtniŋ]
Entfernung (f)	avstand (m)	['af͵stan]
Brücke (f)	bro (m/f)	['brʉ]
Parkplatz (m)	parkeringsplass (m)	[par'keriŋs͵plas]
Platz (m)	torg (n)	['tɔr]
Autobahnkreuz (n)	trafikkmaskin (m)	[tra'fik ma͵ʂin]
Tunnel (m)	tunnel (m)	['tʉnəl]
Tankstelle (f)	bensinstasjon (m)	[bɛn'sin͵sta'ʂʉn]
Parkplatz (m)	parkeringsplass (m)	[par'keriŋs͵plas]
Zapfsäule (f)	bensinpumpe (m/f)	[bɛn'sin͵pʉmpə]
Reparaturwerkstatt (f)	bilverksted (n)	['bil 'værk͵sted]
tanken (vt)	å tanke opp	[ɔ 'tankə ɔp]
Treibstoff (m)	brensel (n)	['brɛnsəl]
Kanister (m)	bensinkanne (m/f)	[bɛn'sin͵kanə]
Asphalt (m)	asfalt (m)	['as͵falt]
Markierung (f)	vegoppmerking (m/f)	['veg 'ɔp͵mærkiŋ]
Bordstein (m)	fortauskant (m)	['foːͅtaus͵kant]
Leitplanke (f)	autovern, veirekkverk (n)	['autɔ͵væːrŋ], ['væj͵rekværk]
Graben (m)	veigrøft (m/f)	['væj͵grœft]
Straßenrand (m)	veikant (m)	['væj͵kant]
Straßenlaterne (f)	lyktestolpe (m)	['lʏktə͵stɔlpə]
fahren (vt)	å kjøre	[ɔ 'çœːrə]
abbiegen (nach links ~)	å svinge	[ɔ 'sviŋə]
umkehren (vi)	å ta en U-sving	[ɔ 'ta en 'ʉː͵sviŋ]
Rückwärtsgang (m)	revers (m)	[re'væʂ]
hupen (vi)	å tute	[ɔ 'tʉtə]
Hupe (f)	tut (n)	['tʉt]

stecken (im Schlamm ~)	å kjøre seg fast	[ɔ 'çœːrə sæj 'fɑst]
durchdrehen (Räder)	å spinne	[ɔ 'spinə]
abstellen (Motor ~)	å stanse	[ɔ 'stɑnsə]

Geschwindigkeit (f)	hastighet (m/f)	['hɑsti,het]
Geschwindigkeit überschreiten	å overskride fartsgrensen	[ɔ 'ɔve,skridə 'fɑːts,grɛnsən]
bestrafen (vt)	å gi bot	[ɔ 'ji 'bʊt]
Ampel (f)	trafikklys (n)	[trɑ'fik,lys]
Führerschein (m)	førerkort (n)	['førər,kɔːt]

Bahnübergang (m)	planovergang (m)	['plɑn 'ɔver,gɑŋ]
Straßenkreuzung (f)	veikryss (n)	['væjkrʏs]
Fußgängerüberweg (m)	fotgjengerovergang (m)	['fʊtjɛŋər 'ɔver,gɑŋ]
Kehre (f)	kurve (m)	['kʊrvə]
Fußgängerzone (f)	gågate (m/f)	['goː,gɑtə]

180. Verkehrszeichen

Verkehrsregeln (pl)	trafikkregler (m pl)	[trɑ'fik,rɛglər]
Verkehrszeichen (n)	trafikkskilt (n)	[trɑ'fik,silt]
Überholen (n)	forbikjøring (m/f)	['fɔrbi,çœriŋ]
Kurve (f)	Sving	['sviŋ]
Wende (f)	u-sving, u-vending	['ʉː,sviŋ], ['ʉː,vɛniŋ]
Kreisverkehr (m)	rundkjøring	['rʉn,çœriŋ]

Einfahrt verboten	Innkjøring forbudt	['in,çœriŋ fɔr'bʉt]
Verkehr verboten	Trafikkforbud	[trɑ'fik fɔr,bʉt]
Überholverbot	Forbikjøring forbudt	['fɔrbi,çœriŋ fɔr'bʉt]
Parken verboten	Parkering forbudt	[pɑr'keriŋ fɔr'bʉt]
Halteverbot	Stans forbudt	['stɑns fɔr'bʉt]

gefährliche Kurve (f)	Farlig sving	['fɑːlі ,sviŋ]
Gefälle (n)	Bratt bakke	['brɑt ,bɑkə]
Einbahnstraße (f)	Enveiskjøring	['ɛnvæjs,søriŋ]
Fußgängerüberweg (m)	fotgjengerovergang (m)	['fʊtjɛŋər 'ɔver,gɑŋ]
Schleudergefahr	Glatt kjørebane	['glɑt 'çœːrə,bɑnə]
Vorfahrt gewähren!	Vikeplikt	['vikə,plikt]

MENSCHEN. LEBENSEREIGNISSE

181. Feiertage. Ereignis

Fest (n)	fest (m)	['fɛst]
Nationalfeiertag (m)	nasjonaldag (m)	[naʂu'nal͵da]
Feiertag (m)	festdag (m)	['fɛst͵da]
feiern (vt)	å feire	[ɔ 'fæjrə]
Ereignis (n)	begivenhet (m/f)	[be'jiven͵het]
Veranstaltung (f)	evenement (n)	[ɛvenə'maŋ]
Bankett (n)	bankett (m)	[ban'kɛt]
Empfang (m)	resepsjon (m)	[resɛp'ʂun]
Festmahl (n)	fest (n)	['fɛst]
Jahrestag (m)	årsdag (m)	['oːʂ͵da]
Jubiläumsfeier (f)	jubileum (n)	[jʉbi'leʉm]
begehen (vt)	å feire	[ɔ 'fæjrə]
Neujahr (n)	nytt år (n)	['nʏt ͵oːr]
Frohes Neues Jahr!	Godt nytt år!	['gɔt nʏt ͵oːr]
Weihnachtsmann (m)	Julenissen	['jʉlə͵nisən]
Weihnachten (n)	Jul (m/f)	['jʉl]
Frohe Weihnachten!	Gledelig jul!	['gledəli 'jʉl]
Tannenbaum (m)	juletre (n)	['jʉlə͵trɛ]
Feuerwerk (n)	fyrverkeri (n)	[͵fyrværkə'ri]
Hochzeit (f)	bryllup (n)	['brʏlʉp]
Bräutigam (m)	brudgom (m)	['brʉd͵gɔm]
Braut (f)	brud (m/f)	['brʉd]
einladen (vt)	å innby, å invitere	[ɔ 'inby], [ɔ invi'terə]
Einladung (f)	innbydelse (m)	[in'bydelse]
Gast (m)	gjest (m)	['jɛst]
besuchen (vt)	å besøke	[ɔ be'søkə]
Gäste empfangen	å hilse på gjestene	[ɔ 'hilsə pɔ 'jɛstenə]
Geschenk (n)	gave (m/f)	['gavə]
schenken (vt)	å gi	[ɔ 'ji]
Geschenke bekommen	å få gaver	[ɔ 'fɔ 'gavər]
Blumenstrauß (m)	bukett (m)	[bʉ'kɛt]
Glückwunsch (m)	lykkønskning (m/f)	['lʏk͵ønskniŋ]
gratulieren (vi)	å gratulere	[ɔ gratʉ'lerə]
Glückwunschkarte (f)	gratulasjonskort (n)	[gratʉla'ʂuns͵koːt]
eine Karte abschicken	å sende postkort	[ɔ 'sɛnə 'post͵koːt]
eine Karte erhalten	å få postkort	[ɔ 'fɔ 'post͵koːt]

Trinkspruch (m)	skål (m/f)	['skɔl]
anbieten (vt)	å tilby	[ɔ 'tilby]
Champagner (m)	champagne (m)	[ʂam'panjə]

sich amüsieren	å more seg	[ɔ 'murə sæj]
Fröhlichkeit (f)	munterhet (m)	['muntər,het]
Freude (f)	glede (m/f)	['gledə]

| Tanz (m) | dans (m) | ['dɑns] |
| tanzen (vi, vt) | å danse | [ɔ 'dɑnsə] |

| Walzer (m) | vals (m) | ['vɑls] |
| Tango (m) | tango (m) | ['taŋgu] |

182. Bestattungen. Begräbnis

Friedhof (m)	gravplass, kirkegård (m)	['grav,plɑs], ['çirkə,gɔːr]
Grab (n)	grav (m)	['grav]
Kreuz (n)	kors (n)	['kɔːʂ]
Grabstein (m)	gravstein (m)	['graf,stæjn]
Zaun (m)	gjerde (n)	['jærə]
Kapelle (f)	kapell (n)	[ka'pɛl]

Tod (m)	død (m)	['dø]
sterben (vi)	å dø	[ɔ 'dø]
Verstorbene (m)	den avdøde	[den 'av,dødə]
Trauer (f)	sorg (m/f)	['sɔr]

begraben (vt)	å begrave	[ɔ be'gravə]
Bestattungsinstitut (n)	begravelsesbyrå (n)	[be'gravəlsəs by,ro]
Begräbnis (n)	begravelse (m)	[be'gravəlsə]

Kranz (m)	krans (m)	['krɑns]
Sarg (m)	likkiste (m/f)	['lik,çistə]
Katafalk (m)	likbil (m)	['lik,bil]
Totenhemd (n)	likklede (n)	['lik,kledə]

Trauerzug (m)	gravfølge (n)	['grav,følgə]
Urne (f)	askeurne (m/f)	['askə,ʉːɳə]
Krematorium (n)	krematorium (n)	[krɛma'turium]

Nachruf (m)	nekrolog (m)	[nekrʉ'lɔg]
weinen (vi)	å gråte	[ɔ 'groːtə]
schluchzen (vi)	å hulke	[ɔ 'hʉlkə]

183. Krieg. Soldaten

Zug (m)	tropp (m)	['trɔp]
Kompanie (f)	kompani (n)	[kumpa'ni]
Regiment (n)	regiment (n)	[rɛgi'mɛnt]
Armee (f)	hær (m)	['hær]
Division (f)	divisjon (m)	[divi'ʂun]

163

| Abteilung (f) | tropp (m) | ['trɔp] |
| Heer (n) | hær (m) | ['hær] |

| Soldat (m) | soldat (m) | [sʊl'dɑt] |
| Offizier (m) | offiser (m) | [ɔfi'sɛr] |

Soldat (m)	menig (m)	['meni]
Feldwebel (m)	sersjant (m)	[sær'ʂɑnt]
Leutnant (m)	løytnant (m)	['løjt̩nɑnt]
Hauptmann (m)	kaptein (m)	[kɑp'tæjn]
Major (m)	major (m)	[mɑ'jɔr]
Oberst (m)	oberst (m)	['ʊbɛʂt]
General (m)	general (m)	[gene'rɑl]

Matrose (m)	sjømann (m)	['ʂø,mɑn]
Kapitän (m)	kaptein (m)	[kɑp'tæjn]
Bootsmann (m)	båtsmann (m)	['bɔs,mɑn]

Artillerist (m)	artillerist (m)	[,ɑ:ʈile'rist]
Fallschirmjäger (m)	fallskjermjeger (m)	['fɑl,ʂærm 'jɛ:gər]
Pilot (m)	flyger, flyver (m)	['flygər], ['flyvər]
Steuermann (m)	styrmann (m)	['styr,mɑn]
Mechaniker (m)	mekaniker (m)	[me'kɑnikər]

Pionier (m)	pioner (m)	[piʊ'ner]
Fallschirmspringer (m)	fallskjermhopper (m)	['fɑl,ʂærm 'hɔpər]
Aufklärer (m)	oppklaringssoldat (m)	['ɔp,klɑriŋ sʊl'dɑt]
Scharfschütze (m)	skarpskytte (m)	['skɑrp,ʂʏtə]
Patrouille (f)	patrulje (m)	[pɑ'trʉlje]
patrouillieren (vi)	å patruljere	[ɔ patrʉ'ljerə]
Wache (f)	vakt (m)	['vɑkt]

Krieger (m)	kriger (m)	['krigər]
Patriot (m)	patriot (m)	[pɑtri'ɔt]
Held (m)	helt (m)	['hɛlt]
Heldin (f)	heltinne (m)	['hɛlt,inə]

Verräter (m)	forræder (m)	[fɔ'rædər]
verraten (vt)	å forråde	[ɔ fɔ'rɔ:də]
Deserteur (m)	desertør (m)	[desæ:'ʈør]
desertieren (vi)	å desertere	[ɔ desæ:'ʈerə]

Söldner (m)	leiesoldat (m)	['læjəsʊl,dɑt]
Rekrut (m)	rekrutt (m)	[re'krʉt]
Freiwillige (m)	frivillig (m)	['fri,vili]

Getoetete (m)	drept (m)	['drɛpt]
Verwundete (m)	såret (m)	['so:rə]
Kriegsgefangene (m)	fange (m)	['faŋə]

184. Krieg. Militärische Aktionen. Teil 1

| Krieg (m) | krig (m) | ['krig] |
| Krieg führen | å være i krig | [ɔ 'værə i ,krig] |

Bürgerkrieg (m)	borgerkrig (m)	['bɔrgər,krig]
heimtückisch (Adv)	lumsk, forræderisk	['lʉmsk], [fɔ'rædərisk]
Kriegserklärung (f)	krigserklæring (m)	['krigs ær,klæriŋ]
erklären (den Krieg ~)	å erklære	[ɔ ær'klærə]
Aggression (f)	aggresjon (m)	[ɑgre'ʂʉn]
einfallen (Staat usw.)	å angripe	[ɔ 'ɑn,gripə]

einfallen (in ein Land ~)	å invadere	[ɔ invɑ'derə]
Invasoren (pl)	angriper (m)	['ɑn,gripər]
Eroberer (m), Sieger (m)	erobrer (m)	[ɛ'rʉbrər]

Verteidigung (f)	forsvar (n)	['fʉ,svɑr]
verteidigen (vt)	å forsvare	[ɔ fɔ'ʂvɑrə]
sich verteidigen	å forsvare seg	[ɔ fɔ'ʂvɑrə sæj]

Feind (m)	fiende (m)	['fiɛndə]
Gegner (m)	motstander (m)	['mʉt,stɑnər]
Feind-	fiendtlig	['fjɛntli]

Strategie (f)	strategi (m)	[strɑte'gi]
Taktik (f)	taktikk (m)	[tɑk'tik]

Befehl (m)	ordre (m)	['ɔrdrə]
Anordnung (f)	ordre, kommando (m/f)	['ɔrdrə], ['kʉ'mɑndʉ]
befehlen (vt)	å beordre	[ɔ be'ɔrdrə]
Auftrag (m)	oppdrag (m)	['ɔpdrɑg]
geheim (Adj)	hemmelig	['hɛməli]

Gefecht (n)	batalje (m)	[bɑ'tɑljə]
Schlacht (f)	slag (n)	['ʂlɑg]
Kampf (m)	kamp (m)	['kɑmp]

Angriff (m)	angrep (n)	['ɑn,grɛp]
Sturm (m)	storm (m)	['stɔrm]
stürmen (vt)	å storme	[ɔ 'stɔrmə]
Belagerung (f)	beleiring (m/f)	[be'læjriŋ]

Angriff (m)	offensiv (m), angrep (n)	['ɔfen,sif], ['ɑn,grɛp]
angreifen (vt)	å angripe	[ɔ 'ɑn,gripə]

Rückzug (m)	retrett (m)	[rɛ'trɛt]
sich zurückziehen	å retirere	[ɔ reti'rerə]

Einkesselung (f)	omringing (m/f)	['ɔm,riŋiŋ]
einkesseln (vt)	å omringe	[ɔ 'ɔm,riŋə]

Bombenangriff (m)	bombing (m/f)	['bʉmbiŋ]
eine Bombe abwerfen	å slippe bombe	[ɔ 'ʂlipə 'bʉmbə]
bombardieren (vt)	å bombardere	[ɔ bʉmbɑ:'derə]
Explosion (f)	eksplosjon (m)	[ɛksplʉ'ʂʉn]

Schuss (m)	skudd (n)	['skʉd]
schießen (vt)	å skyte av	[ɔ 'ʂyte ɑ:]
Schießerei (f)	skytning (m/f)	['ʂytniŋ]
zielen auf ...	å sikte på ...	[ɔ 'sikte pɔ ...]
richten (die Waffe)	å rette	[ɔ 'rɛtə]

165

treffen (ins Schwarze ~)	à treffe	[ɔ 'trɛfə]
versenken (vt)	à senke	[ɔ 'sɛnkə]
Loch (im Schiffsrumpf)	hull (n)	['hʉl]
versinken (Schiff)	à synke	[ɔ 'sʏnkə]

Front (f)	front (m)	['frɔnt]
Evakuierung (f)	evakuering (m/f)	[ɛvakʉ'eriŋ]
evakuieren (vt)	à evakuere	[ɔ ɛvakʉ'erə]

Schützengraben (m)	skyttergrav (m)	['ʂytəˌgrav]
Stacheldraht (m)	piggtråd (m)	['pigˌtrɔd]
Sperre (z.B. Panzersperre)	hinder (n), sperring (m/f)	['hindər], ['spɛriŋ]
Wachtturm (m)	vakttårn (n)	['vaktˌtɔːŋ]

Lazarett (n)	militærsykehus (n)	[mili'tærˌsykə'hʉs]
verwunden (vt)	à såre	[ɔ 'soːrə]
Wunde (f)	sår (n)	['sɔr]
Verwundete (m)	såret (n)	['soːrə]
verletzt sein	à bli såret	[ɔ 'bli 'soːrət]
schwer (-e Verletzung)	alvorlig	[al'vɔː[i]

185. Krieg. Militärische Aktionen. Teil 2

Gefangenschaft (f)	fangeskap (n)	['faŋəˌskap]
gefangen nehmen (vt)	à ta til fange	[ɔ 'ta til 'faŋə]
in Gefangenschaft sein	à være i fangeskap	[ɔ 'værə i 'faŋəˌskap]
in Gefangenschaft geraten	à bli tatt til fange	[ɔ 'bli tat til 'faŋə]

Konzentrationslager (n)	konsentrasjonsleir (m)	[kʉnsəntra'ʂʉnsˌlæjr]
Kriegsgefangene (m)	fange (m)	['faŋə]
fliehen (vi)	à flykte	[ɔ 'flʏktə]

verraten (vt)	à forråde	[ɔ fɔ'rɔːdə]
Verräter (m)	forræder (m)	[fɔ'rædər]
Verrat (m)	forræderi (n)	[forædə'ri]

| erschießen (vt) | à henrette ved skyting | [ɔ 'hɛnˌrɛtə ve 'ʂytiŋ] |
| Erschießung (f) | skyting (m/f) | ['ʂytiŋ] |

Ausrüstung (persönliche ~)	mundering (m/f)	[mʉn'deriŋ]
Schulterstück (n)	skulderklaff (m)	['skʉldərˌklaf]
Gasmaske (f)	gassmaske (m/f)	['gasˌmaskə]

Funkgerät (n)	feltradio (m)	['fɛltˌradiʉ]
Chiffre (f)	chiffer (n)	['ʂifər]
Geheimhaltung (f)	hemmeligholdelse (m)	['hɛməliˌhɔləlsə]
Kennwort (n)	passord (n)	['pasˌuːr]

Mine (f)	mine (m/f)	['minə]
Minen legen	à minelegge	[ɔ 'minəˌlegə]
Minenfeld (n)	minefelt (n)	['minəˌfɛlt]

| Luftalarm (m) | flyalarm (m) | ['fly a'larm] |
| Alarm (m) | alarm (m) | [a'larm] |

Signal (n)	signal (n)	[siŋ'nɑl]
Signalrakete (f)	signalrakett (m)	[siŋ'nɑl rɑ'kɛt]

Hauptquartier (n)	stab (m)	['stɑb]
Aufklärung (f)	oppklaring (m/f)	['ɔpˌklɑriŋ]
Lage (f)	situasjon (m)	[sitɵɑ'sʉn]
Bericht (m)	rapport (m)	[rɑ'pɔːt]
Hinterhalt (m)	bakhold (n)	['bɑkˌhɔl]
Verstärkung (f)	forsterkning (m/f)	[fɔ'stærkniŋ]

Zielscheibe (f)	mål (n)	['mol]
Schießplatz (m)	skytefelt (n)	['ʂytəˌfɛlt]
Manöver (n)	manøverer (m pl)	[mɑ'nøvər]

Panik (f)	panikk (m)	[pɑ'nik]
Verwüstung (f)	ødeleggelse (m)	['ødəˌlegəlsə]
Trümmer (pl)	ruiner (m pl)	[rʉ'inər]
zerstören (vt)	å ødelegge	[ɔ 'ødəˌlegə]

überleben (vi)	å overleve	[ɔ 'ɔvəˌleve]
entwaffnen (vt)	å avvæpne	[ɔ 'ɑvˌvæpnə]
handhaben (vt)	å handtere	[ɔ hɑn'terə]

Stillgestanden!	Rett!	Gi-akt!	['rɛt], ['jiː'ɑkt]
Rühren!	Hvil!	['vil]

Heldentat (f)	bedrift (m)	[be'drift]
Eid (m), Schwur (m)	ed (m)	['ɛd]
schwören (vi, vt)	å sverge	[ɔ 'sværgə]

Lohn (Orden, Medaille)	belønning (m/f)	[be'lœniŋ]
auszeichnen (mit Orden)	å belønne	[ɔ be'lœnə]
Medaille (f)	medalje (m)	[me'dɑljə]
Orden (m)	orden (m)	['ɔrdən]

Sieg (m)	seier (m)	['sæjər]
Niederlage (f)	nederlag (n)	['nedəˌlɑg]
Waffenstillstand (m)	våpenhvile (m)	['vɔpənˌvilə]

Fahne (f)	fane (m)	['fɑnə]
Ruhm (m)	berømmelse (m)	[be'rœməlsə]
Parade (f)	parade (m)	[pɑ'rɑdə]
marschieren (vi)	å marsjere	[ɔ mɑ'ʂerə]

186. Waffen

Waffe (f)	våpen (n)	['vɔpən]
Schusswaffe (f)	skytevåpen (n)	['ʂytəˌvɔpən]
blanke Waffe (f)	blankvåpen (n)	['blɑnkˌvɔpən]

chemischen Waffen (pl)	kjemisk våpen (n)	['çemisk ˌvɔpən]
Kern-, Atom-	kjerne-	['çæːnə-]
Kernwaffe (f)	kjernevåpen (n)	['çæːnəˌvɔpən]
Bombe (f)	bombe (m)	['bʊmbə]

Atombombe (f)	atombombe (m)	[a'tʊm‚bʊmbə]
Pistole (f)	pistol (m)	[pi'stʊl]
Gewehr (n)	gevær (n)	[ge'vær]
Maschinenpistole (f)	maskinpistol (m)	[ma'şin pi‚stʊl]
Maschinengewehr (n)	maskingevær (n)	[ma'şin ge‚vær]

Mündung (f)	munning (m)	['mʉniŋ]
Lauf (Gewehr-)	løp (n)	['løp]
Kaliber (n)	kaliber (m/n)	[ka'libər]

Abzug (m)	avtrekker (m)	['av‚trɛkər]
Visier (n)	sikte (n)	['siktə]
Magazin (n)	magasin (n)	[maga'sin]
Kolben (m)	kolbe (m)	['kɔlbə]

| Handgranate (f) | håndgranat (m) | ['hɔn‚gra'nat] |
| Sprengstoff (m) | sprengstoff (n) | ['sprɛŋ‚stɔf] |

Kugel (f)	kule (m/f)	['kʉ:lə]
Patrone (f)	patron (m)	[pa'trʊn]
Ladung (f)	ladning (m)	['ladniŋ]
Munition (f)	ammunisjon (m)	[amʉni'şʊn]

Bomber (m)	bombefly (n)	['bʊmbə‚fly]
Kampfflugzeug (n)	jagerfly (n)	['jagər‚fly]
Hubschrauber (m)	helikopter (n)	[heli'kɔptər]

Flugabwehrkanone (f)	luftvernkanon (m)	['lʉftvɛ:ṇ ka'nʊn]
Panzer (m)	stridsvogn (m/f)	['strids‚vɔŋn]
Panzerkanone (f)	kanon (m)	[ka'nʊn]

Artillerie (f)	artilleri (n)	[‚a:ţile'ri]
Kanone (f)	kanon (m)	[ka'nʊn]
richten (die Waffe)	å rette	[ɔ 'rɛtə]

Geschoß (n)	projektil (m)	[prʊek'til]
Wurfgranate (f)	granat (m/f)	[gra'nat]
Granatwerfer (m)	granatkaster (m)	[gra'nat‚kastər]
Splitter (m)	splint (m)	['splint]

U-Boot (n)	ubåt (m)	['ʉ:‚bɔt]
Torpedo (m)	torpedo (m)	[tʊr'pedʊ]
Rakete (f)	rakett (m)	[ra'kɛt]

laden (Gewehr)	å lade	[ɔ 'ladə]
schießen (vi)	å skyte	[ɔ 'şytə]
zielen auf ...	å sikte på ...	[ɔ 'siktə pɔ ...]
Bajonett (n)	bajonett (m)	[bajo'nɛt]

Degen (m)	kårde (m)	['ko:rdə]
Säbel (m)	sabel (m)	['sabəl]
Speer (m)	spyd (n)	['spyd]
Bogen (m)	bue (m)	['bʉ:ə]
Pfeil (m)	pil (m/f)	['pil]
Muskete (f)	muskett (m)	[mʉ'skɛt]
Armbrust (f)	armbrøst (m)	['arm‚brøst]

187. Menschen der Antike

vorzeitlich	ur-	['ʉr-]
prähistorisch	forhistorisk	['forhi‚stʉrisk]
alt (antik)	oldtidens, antikkens	['ɔl‚tidəns], [an'tikəns]
Steinzeit (f)	Steinalderen	['stæjn‚alderən]
Bronzezeit (f)	bronsealder (m)	['bronsə‚aldər]
Eiszeit (f)	istid (m/f)	['is‚tid]
Stamm (m)	stamme (m)	['stamə]
Kannibale (m)	kannibal (m)	[kani'bal]
Jäger (m)	jeger (m)	['jɛːgər]
jagen (vi)	å jage	[ɔ 'jagə]
Mammut (n)	mammut (m)	['mamʉt]
Höhle (f)	grotte (m/f)	['grɔtə]
Feuer (n)	ild (m)	['il]
Lagerfeuer (n)	bål (n)	['bɔl]
Höhlenmalerei (f)	helleristning (m/f)	['hɛlə‚ristniŋ]
Werkzeug (n)	redskap (m/n)	['rɛd‚skap]
Speer (m)	spyd (n)	['spyd]
Steinbeil (n), Steinaxt (f)	steinøks (m/f)	['stæjn‚øks]
Krieg führen	å være i krig	[ɔ 'værə i ‚krig]
domestizieren (vt)	å temme	[ɔ 'tɛmə]
Idol (n)	idol (n)	[i'dʉl]
anbeten (vt)	å dyrke	[ɔ 'dyrkə]
Aberglaube (m)	overtro (m)	['ovə‚trʉ]
Brauch (m), Ritus (m)	ritual (n)	[ritʉ'al]
Evolution (f)	evolusjon (m)	[ɛvɔlʉ'ʂun]
Entwicklung (f)	utvikling (m/f)	['ʉt‚vikliŋ]
Verschwinden (n)	forsvinning (m/f)	[fɔ'ʂviniŋ]
sich anpassen	å tilpasse seg	[ɔ 'til‚pasə sæj]
Archäologie (f)	arkeologi (m)	[‚arkeʉlʉ'gi]
Archäologe (m)	arkeolog (m)	[‚arkeʉ'lɔg]
archäologisch	arkeologisk	[‚arkeʉ'lɔgisk]
Ausgrabungsstätte (f)	utgravingssted (n)	['ʉt‚graviŋs ‚sted]
Ausgrabungen (pl)	utgravinger (m/f pl)	['ʉt‚graviŋər]
Fund (m)	funn (n)	['fʉn]
Fragment (n)	fragment (n)	[frag'mɛnt]

188. Mittelalter

Volk (n)	folk (n)	['fɔlk]
Völker (pl)	folk (n pl)	['fɔlk]
Stamm (m)	stamme (m)	['stamə]
Stämme (pl)	stammer (m pl)	['stamər]
Barbaren (pl)	barbarer (m pl)	[bar'barər]

Gallier (pl)	gallere (m pl)	['galere]
Goten (pl)	gotere (m pl)	['goterə]
Slawen (pl)	slavere (m pl)	['slavɛrə]
Wikinger (pl)	vikinger (m pl)	['vikiŋər]

| Römer (pl) | romere (m pl) | ['rʊmerə] |
| römisch | romersk | ['rʊmæʂk] |

Byzantiner (pl)	bysantiner (m pl)	[bysan'tinər]
Byzanz (n)	Bysants	[by'sants]
byzantinisch	bysantinsk	[bysan'tinsk]

Kaiser (m)	keiser (m)	['kæjsər]
Häuptling (m)	høvding (m)	['høvdiŋ]
mächtig (Kaiser usw.)	mektig	['mɛkti]
König (m)	konge (m)	['kʊŋə]
Herrscher (Monarch)	hersker (m)	['hæʂkər]

Ritter (m)	ridder (m)	['ridər]
Feudalherr (m)	føydalherre (m)	['føjdal‚hɛrə]
feudal, Feudal-	føydal	['føjdal]
Vasall (m)	vasall (m)	[va'sal]

Herzog (m)	hertug (m)	['hæːʈʉg]
Graf (m)	greve (m)	['grevə]
Baron (m)	baron (m)	[ba'rʊn]
Bischof (m)	biskop (m)	['biskɔp]

Rüstung (f)	rustning (m/f)	['rʉstniŋ]
Schild (m)	skjold (n)	['ʂɔl]
Schwert (n)	sverd (n)	['sværd]
Visier (n)	visir (n)	[vi'sir]
Panzerhemd (n)	ringbrynje (m/f)	['riŋ‚brynjə]

| Kreuzzug (m) | korstog (n) | ['kɔːʂ‚tog] |
| Kreuzritter (m) | korsfarer (m) | ['kɔːʂ‚farər] |

Territorium (n)	territorium (n)	[tɛri'tʊrium]
einfallen (vt)	å angripe	[ɔ 'an‚gripə]
erobern (vt)	å erobre	[ɔ ɛ'rʊbrə]
besetzen (Land usw.)	å okkupere	[ɔ ɔkʉ'perə]

Belagerung (f)	beleiring (m/f)	[be'læjriŋ]
belagert	beleiret	[be'læjrət]
belagern (vt)	å beleire	[ɔ be'læjre]

Inquisition (f)	inkvisisjon (m)	[inkvisi'ʂʊn]
Inquisitor (m)	inkvisitor (m)	[inkvi'sitʉr]
Folter (f)	tortur (m)	[tɔː'ʈʉr]
grausam (-e Folter)	brutal	[brʉ'tal]
Häretiker (m)	kjetter (m)	['çɛtər]
Häresie (f)	kjetteri (n)	[çɛtə'ri]

Seefahrt (f)	sjøfart (m)	['ʂø‚faːʈ]
Seeräuber (m)	pirat, sjørøver (m)	['pi'rat], ['ʂø‚røvər]
Seeräuberei (f)	sjørøveri (n)	['ʂø røvɛ'ri]

Enterung (f)	entring (m/f)	['ɛntriŋ]
Beute (f)	bytte (n)	['bytə]
Schätze (pl)	skatter (m pl)	['skatər]

Entdeckung (f)	oppdagelse (m)	['ɔp,dagəlsə]
entdecken (vt)	å oppdage	[ɔ 'ɔp,dagə]
Expedition (f)	ekspedisjon (m)	[ɛkspedi'ʂʊn]

Musketier (m)	musketer (m)	[muskə'ter]
Kardinal (m)	kardinal (m)	[kɑːɖi'nɑl]
Heraldik (f)	heraldikk (m)	[heral'dik]
heraldisch	heraldisk	[he'raldisk]

189. Führungspersonen. Chef. Behörden

König (m)	konge (m)	['kuŋə]
Königin (f)	dronning (m/f)	['drɔniŋ]
königlich	kongelig	['kuŋəli]
Königreich (n)	kongerike (n)	['kuŋə,rikə]

| Prinz (m) | prins (m) | ['prins] |
| Prinzessin (f) | prinsesse (m/f) | [prin'sɛsə] |

Präsident (m)	president (m)	[prɛsi'dɛnt]
Vizepräsident (m)	visepresident (m)	['visə prɛsi'dɛnt]
Senator (m)	senator (m)	[se'nɑtʊr]

Monarch (m)	monark (m)	[mu'nɑrk]
Herrscher (m)	hersker (m)	['hæʂkər]
Diktator (m)	diktator (m)	[dik'tatʊr]
Tyrann (m)	tyrann (m)	[ty'ran]
Magnat (m)	magnat (m)	[maŋ'nat]

Direktor (m)	direktør (m)	[dirɛk'tør]
Chef (m)	sjef (m)	['ʂɛf]
Leiter (einer Abteilung)	forstander (m)	[fɔ'ʂtandər]
Boss (m)	boss (m)	['bɔs]
Eigentümer (m)	eier (m)	['æjər]

Führer (m)	leder (m)	['ledər]
Leiter (Delegations-)	leder (m)	['ledər]
Behörden (pl)	myndigheter (m pl)	['mʏndi,hetər]
Vorgesetzten (pl)	overordnede (pl)	['ɔvər,ɔrdnedə]

Gouverneur (m)	guvernør (m)	[guver'nør]
Konsul (m)	konsul (m)	['kʊn,sʉl]
Diplomat (m)	diplomat (m)	[diplʊ'mat]
Bürgermeister (m)	borgermester (m)	[bɔrgər'mɛstər]
Sheriff (m)	sheriff (m)	[ʂɛ'rif]

Kaiser (m)	keiser (m)	['kæjsər]
Zar (m)	tsar (m)	['tsar]
Pharao (m)	farao (m)	['farau]
Khan (m)	khan (m)	['kan]

171

190. Straße. Weg. Richtungen

| Fahrbahn (f) | vei (m) | ['væj] |
| Weg (m) | vei (m) | ['væj] |

Autobahn (f)	motorvei (m)	['motur,væj]
Schnellstraße (f)	hovedvei (m)	['huvəd,væj]
Bundesstraße (f)	riksvei (m)	['riks,væj]

| Hauptstraße (f) | hovedvei (m) | ['huvəd,væj] |
| Feldweg (m) | bygdevei (m) | ['bygdə,væj] |

| Pfad (m) | sti (m) | ['sti] |
| Fußweg (m) | sti (m) | ['sti] |

Wo?	Hvor?	['vur]
Wohin?	Hvorhen?	['vurhen]
Woher?	Hvorfra?	['vurfra]

| Richtung (f) | retning (m/f) | ['rɛtniŋ] |
| zeigen (vt) | å peke | [ɔ 'pekə] |

nach links	til venstre	[til 'vɛnstrə]
nach rechts	til høyre	[til 'højrə]
geradeaus	rett frem	['rɛt frem]
zurück	tilbake	[til'bakə]

Kurve (f)	kurve (m)	['kʉrvə]
abbiegen (nach links ~)	å svinge	[ɔ 'sviŋə]
umkehren (vi)	å ta en U-sving	[ɔ 'ta en 'ʉː,sviŋ]

| sichtbar sein | å være synlig | [ɔ 'værə 'synli] |
| erscheinen (vi) | å vise seg | [ɔ 'visə sæj] |

Aufenthalt (m)	stopp (m), hvile (m/f)	['stɔp], ['vilə]
sich erholen	å hvile	[ɔ 'vilə]
Erholung (f)	hvile (m/f)	['vilə]

sich verirren	å gå seg vill	[ɔ 'gɔ sæj 'vil]
führen nach ... (Straße usw.)	å føre til ...	[ɔ 'førə til ...]
ankommen in ...	å komme ut ...	[ɔ 'kɔmə ʉt ...]
Strecke (f)	strekning (m)	['strɛkniŋ]

Asphalt (m)	asfalt (m)	['as,falt]
Bordstein (m)	fortauskant (m)	['foː,taus,kant]
Graben (m)	veigrøft (m/f)	['væj,grœft]
Gully (m)	kum (m), kumlokk (n)	['kʉm], ['kʉm,lɔk]
Straßenrand (m)	veikant (m)	['væj,kant]
Schlagloch (n)	grop (m/f)	['grʉp]

| gehen (zu Fuß gehen) | å gå | [ɔ 'gɔ] |
| überholen (vt) | å passere | [ɔ pa'serə] |

| Schritt (m) | skritt (n) | ['skrit] |
| zu Fuß | til fots | [til 'futs] |

blockieren (Straße usw.)	å sperre	[ɔ 'spɛrə]
Schlagbaum (m)	bom (m)	['bʊm]
Sackgasse (f)	blindgate (m/f)	['blin‚gɑtə]

191. Gesetzesverstoß Verbrecher. Teil 1

Bandit (m)	banditt (m)	[bɑn'dit]
Verbrechen (n)	forbrytelse (m)	[fɔr'brytəlsə]
Verbrecher (m)	forbryter (m)	[fɔr'brytər]

Dieb (m)	tyv (m)	['tyv]
stehlen (vt)	å stjele	[ɔ 'stjelə]

kidnappen (vt)	å kidnappe	[ɔ 'kid‚nɛpə]
Kidnapping (n)	kidnapping (m)	['kid‚nɛpiŋ]
Kidnapper (m)	kidnapper (m)	['kid‚nɛpər]

Lösegeld (n)	løsepenger (m pl)	['løsə‚pɛŋər]
Lösegeld verlangen	å kreve løsepenger	[ɔ 'krevə 'løsə‚pɛŋər]

rauben (vt)	å rane	[ɔ 'rɑnə]
Raub (m)	ran (n)	['rɑn]
Räuber (m)	raner (m)	['rɑnər]

erpressen (vt)	å presse ut	[ɔ 'prɛsə ʉt]
Erpresser (m)	utpresser (m)	['ʉt‚prɛsər]
Erpressung (f)	utpressing (m/f)	['ʉt‚prɛsiŋ]

morden (vt)	å myrde	[ɔ 'my:də]
Mord (m)	mord (n)	['mʊr]
Mörder (m)	morder (m)	['mʊrdər]

Schuss (m)	skudd (n)	['skʉd]
schießen (vt)	å skyte av	[ɔ 'ʂytə ɑ:]
erschießen (vt)	å skyte ned	[ɔ 'ʂytə ne]
feuern (vi)	å skyte	[ɔ 'ʂytə]
Schießerei (f)	skyting, skytning (m/f)	['ʂytiŋ], ['ʂytniŋ]

Vorfall (m)	hendelse (m)	['hɛndəlsə]
Schlägerei (f)	slagsmål (n)	['ʂlɑks‚mol]
Hilfe!	Hjelp!	['jɛlp]
Opfer (n)	offer (n)	['ɔfər]

beschädigen (vt)	å skade	[ɔ 'skɑdə]
Schaden (m)	skade (m)	['skɑdə]
Leiche (f)	lik (n)	['lik]
schwer (-es Verbrechen)	alvorlig	[ɑl'vɔːli]

angreifen (vt)	å anfalle	[ɔ 'ɑn‚falə]
schlagen (vt)	å slå	[ɔ 'ʂlɔ]
verprügeln (vt)	å klå opp	[ɔ 'klɔ ɔp]
wegnehmen (vt)	å berøve	[ɔ be'røvə]
erstechen (vt)	å stikke i hjel	[ɔ 'stikə i 'jel]
verstümmeln (vt)	å lemleste	[ɔ 'lem‚lestə]

verwunden (vt)	å såre	[ɔ 'soːrə]
Erpressung (f)	utpressing (m/f)	['ʉt,prɛsiŋ]
erpressen (vt)	å utpresse	[ɔ 'ʉt,prɛsə]
Erpresser (m)	utpresser (m)	['ʉt,prɛsər]

Schutzgelderpressung (f)	utpressing (m/f)	['ʉt,prɛsiŋ]
Erpresser (Racketeer)	utpresser (m)	['ʉt,prɛsər]
Gangster (m)	gangster (m)	['gɛŋstər]
Mafia (f)	mafia (m)	['mɑfiɑ]

Taschendieb (m)	lommetyv (m)	['lʊmə,tyv]
Einbrecher (m)	innbruddstyv (m)	['inbrʉds,tyv]
Schmuggel (m)	smugling (m/f)	['smʉgliŋ]
Schmuggler (m)	smugler (m)	['smʉglər]

Fälschung (f)	forfalskning (m/f)	[fɔr'falskniŋ]
fälschen (vt)	å forfalske	[ɔ fɔr'falskə]
gefälscht	falsk	['falsk]

192. Gesetzesbruch. Verbrecher. Teil 2

Vergewaltigung (f)	voldtekt (m)	['vɔl,tɛkt]
vergewaltigen (vt)	å voldta	[ɔ 'vɔl,tɑ]
Gewalttäter (m)	voldtektsmann (m)	['vɔl,tɛkts mɑn]
Besessene (m)	maniker (m)	['mɑnikər]

Prostituierte (f)	prostituert (m)	[prʊstitʉ'eːt]
Prostitution (f)	prostitusjon (m)	[prʊstitʉ'ʂʊn]
Zuhälter (m)	hallik (m)	['hɑlik]

| Drogenabhängiger (m) | narkoman (m) | [nɑrkʊ'mɑn] |
| Drogenhändler (m) | narkolanger (m) | ['nɑrkɔ,lɑŋər] |

sprengen (vt)	å sprenge	[ɔ 'sprɛŋə]
Explosion (f)	eksplosjon (m)	[ɛksplʊ'ʂʊn]
in Brand stecken	å sette fyr	[ɔ 'sɛtə ,fyr]
Brandstifter (m)	brannstifter (m)	['brɑn,stiftər]

Terrorismus (m)	terrorisme (m)	[tɛrʊ'rismə]
Terrorist (m)	terrorist (m)	[tɛrʊ'rist]
Geisel (m, f)	gissel (m)	['jisəl]

betrügen (vt)	å bedra	[ɔ be'drɑ]
Betrug (m)	bedrag (n)	[be'drɑg]
Betrüger (m)	bedrager, svindler (m)	[be'drɑgər], ['svindlər]

bestechen (vt)	å bestikke	[ɔ be'stikə]
Bestechlichkeit (f)	bestikkelse (m)	[be'stikəlsə]
Bestechungsgeld (n)	bestikkelse (m)	[be'stikəlsə]

Gift (n)	gift (m/f)	['jift]
vergiften (vt)	å forgifte	[ɔ for'jiftə]
sich vergiften	å forgifte seg selv	[ɔ for'jiftə sæj sɛl]
Selbstmord (m)	selvmord (n)	['sɛl,mʊr]

Selbstmörder (m)	selvmorder (m)	['sɛl͵mʉrdər]
drohen (vi)	å true	[ɔ 'trʉə]
Drohung (f)	trussel (m)	['trʉsəl]
versuchen (vt)	å begå mordforsøk	[ɔ be'gɔ 'mʉrdfɔ͵søk]
Attentat (n)	mordforsøk (n)	['mʉrdfɔ͵søk]

stehlen (Auto ~)	å stjele	[ɔ 'stjelə]
entführen (Flugzeug ~)	å kapre	[ɔ 'kaprə]

Rache (f)	hevn (m)	['hɛvn]
sich rächen	å hevne	[ɔ 'hɛvnə]

foltern (vt)	å torturere	[ɔ tɔ:[ʉ'rerə]
Folter (f)	tortur (m)	[tɔ:'[ʉr]
quälen (vt)	å plage	[ɔ 'plagə]

Seeräuber (m)	pirat, sjørøver (m)	['pi'rat], ['ʂø͵røver]
Rowdy (m)	bølle (m)	['bølə]
bewaffnet	bevæpnet	[be'væpnət]
Gewalt (f)	vold (m)	['vɔl]
ungesetzlich	illegal	['ile͵gal]

Spionage (f)	spionasje (m)	[spiʉ'naʂə]
spionieren (vi)	å spionere	[ɔ spiʉ'nerə]

193. Polizei Recht. Teil 1

Justiz (f)	justis (m), rettspleie (m/f)	['jʉ'stis], ['rɛts͵plæje]
Gericht (n)	rettssal (m)	['rɛts͵sal]

Richter (m)	dommer (m)	['dɔmər]
Geschworenen (pl)	lagrettemedlemmer (n pl)	['lag͵rɛtə medle'mer]
Geschworenengericht (n)	lagrette, juryordning (m)	['lag͵rɛtə], ['jʉri͵ɔrdniŋ]
richten (vt)	å dømme	[ɔ 'dœmə]

Rechtsanwalt (m)	advokat (m)	[advʉ'kat]
Angeklagte (m)	anklaget (m)	['an͵klaget]
Anklagebank (f)	anklagebenk (m)	[an'klagə͵bɛnk]

Anklage (f)	anklage (m)	['an͵klagə]
Beschuldigte (m)	anklagede (m)	['an͵klagedə]

Urteil (n)	dom (m)	['dɔm]
verurteilen (vt)	å dømme	[ɔ 'dœmə]

Schuldige (m)	skyldige (m)	['ʂyldiə]
bestrafen (vt)	å straffe	[ɔ 'strafə]
Strafe (f)	straff, avstraffelse (m)	['straf], ['af͵strafəlsə]

Geldstrafe (f)	bot (m/f)	['bʉt]
lebenslange Haft (f)	livsvarig fengsel (n)	['lifs͵vari 'fɛŋsəl]
Todesstrafe (f)	dødsstraff (m/f)	['død͵straf]
elektrischer Stuhl (m)	elektrisk stol (m)	[ɛ'lektrisk ͵stʉl]
Galgen (m)	galge (m)	['galgə]

hinrichten (vt)	å henrette	[ɔ 'hɛnˌrɛtə]
Hinrichtung (f)	henrettelse (m)	['hɛnˌrɛtəlsə]

Gefängnis (n)	fengsel (n)	['fɛŋsəl]
Zelle (f)	celle (m)	['sɛlə]

Eskorte (f)	eskorte (m)	[ɛs'kɔ:ʈə]
Gefängniswärter (m)	fangevokter (m)	['faŋəˌvɔktər]
Gefangene (m)	fange (m)	['faŋə]

Handschellen (pl)	håndjern (n pl)	['hɔnˌjæ:n]
Handschellen anlegen	å sette håndjern	[ɔ 'sɛtə 'hɔnˌjæ:n]

Ausbruch (Flucht)	flykt (m/f)	['flʏkt]
ausbrechen (vi)	å flykte, å rømme	[ɔ 'flʏktə], [ɔ 'rœmə]
verschwinden (vi)	å forsvinne	[ɔ fɔ'ʂvinə]
aus … entlassen	å løslate	[ɔ 'løsˌlatə]
Amnestie (f)	amnesti (m)	[amnɛ'sti]

Polizei (f)	politi (n)	[pʉli'ti]
Polizist (m)	politi (m)	[pʉli'ti]
Polizeiwache (f)	politistasjon (m)	[pʉli'tiˌsta'ʂʉn]
Gummiknüppel (m)	gummikølle (m/f)	['gʉmiˌkølə]
Sprachrohr (n)	megafon (m)	[mega'fʉn]

Streifenwagen (m)	patruljebil (m)	[pa'trʉljəˌbil]
Sirene (f)	sirene (m/f)	[si'renə]
die Sirene einschalten	å slå på sirenen	[ɔ 'slɔ pɔ si'renən]
Sirenengeheul (n)	sirene hyl (n)	[si'renə ˌhyl]

Tatort (m)	åsted (n)	['ɔsted]
Zeuge (m)	vitne (n)	['vitnə]
Freiheit (f)	frihet (m)	['friˌhet]
Komplize (m)	medskyldig (m)	['mɛˌʂyldi]
verschwinden (vi)	å flykte	[ɔ 'flʏktə]
Spur (f)	spor (n)	['spʉr]

194. Polizei. Recht. Teil 2

Fahndung (f)	ettersøking (m/f)	['ɛtəˌsøkiŋ]
suchen (vt)	å søke etter …	[ɔ 'søkə ˌɛtər …]
Verdacht (m)	mistanke (m)	['misˌtankə]
verdächtig (Adj)	mistenkelig	[mis'tɛnkəli]
anhalten (Polizei)	å stoppe	[ɔ 'stɔpə]
verhaften (vt)	å anholde	[ɔ 'anˌholə]

Fall (m), Klage (f)	sak (m/f)	['sak]
Untersuchung (f)	etterforskning (m/f)	['ɛtərˌfɔʂkniŋ]
Detektiv (m)	detektiv (m)	[detɛk'tiv]
Ermittlungsrichter (m)	etterforsker (m)	['ɛtərˌfɔʂkər]
Version (f)	versjon (m)	[væ'ʂʉn]

Motiv (n)	motiv (n)	[mʊ'tiv]
Verhör (n)	forhør (n)	[fɔr'hør]

verhören (vt)	å forhøre	[ɔ fɔr'høːrə]
vernehmen (vt)	å avhøre	[ɔ 'av,høːrə]
Kontrolle (Personen-)	sjekking (m/f)	['ʂɛkiŋ]

Razzia (f)	rassia, razzia (m)	['rɑsiɑ]
Durchsuchung (f)	ransakelse (m)	['rɑn,sɑkəlsə]
Verfolgung (f)	jakt (m/f)	['jakt]
nachjagen (vi)	å forfølge	[ɔ fɔr'følə]
verfolgen (vt)	å spore	[ɔ 'spuːrə]

Verhaftung (f)	arrest (m)	[ɑ'rɛst]
verhaften (vt)	å arrestere	[ɔ arɛ'steːrə]
fangen (vt)	å fange	[ɔ 'faŋə]
Festnahme (f)	pågripelse (m)	['pɔ,gripəlsə]

Dokument (n)	dokument (n)	[dokʉ'mɛnt]
Beweis (m)	bevis (n)	[be'viːs]
beweisen (vt)	å bevise	[ɔ be'viːsə]
Fußspur (f)	fotspor (n)	['fuːt,spʊr]
Fingerabdrücke (pl)	fingeravtrykk (n pl)	['fiŋər,avtrʏk]
Beweisstück (n)	bevis (n)	[be'viːs]

Alibi (n)	alibi (n)	['ɑlibi]
unschuldig	uskyldig	[ʉ'ʂyldi]
Ungerechtigkeit (f)	urettferdighet (m)	['ʉrɛtfærdi,het]
ungerecht	urettferdig	['ʉrɛt,færdi]

Kriminal-	kriminell	[krimi'nɛl]
beschlagnahmen (vt)	å konfiskere	[ɔ kʊnfi'skeːrə]
Droge (f)	narkotika (m)	[nar'kɔtikɑ]
Waffe (f)	våpen (n)	['vɔpən]
entwaffnen (vt)	å avvæpne	[ɔ 'av,væpnə]
befehlen (vt)	å befale	[ɔ be'falə]
verschwinden (vi)	å forsvinne	[ɔ fɔ'ʂvinə]

Gesetz (n)	lov (m)	['lɔv]
gesetzlich	lovlig	['lɔvli]
ungesetzlich	ulovlig	[ʉ'lɔvli]

| Verantwortlichkeit (f) | ansvar (n) | ['ɑn,svar] |
| verantwortlich | ansvarlig | [ɑns'vɑːli] |

NATUR

Die Erde. Teil 1

Deutsch	Norsk	Uttale
Kosmos (m)	rommet, kosmos (n)	['rʊmə], ['kɔsmɔs]
kosmisch, Raum-	rom-	['rʊm-]
Weltraum (m)	ytre rom (n)	['ytrə ˌrʊm]
All (n)	verden (m)	['værdən]
Universum (n)	univers (n)	[ʉni'væʂ]
Galaxie (f)	galakse (m)	[gɑ'lɑksə]
Stern (m)	stjerne (m/f)	['stjæːŋə]
Gestirn (n)	stjernebilde (n)	['stjæːŋəˌbildə]
Planet (m)	planet (m)	[plɑ'net]
Satellit (m)	satellitt (m)	[sɑtɛ'lit]
Meteorit (m)	meteoritt (m)	[meteʉ'rit]
Komet (m)	komet (m)	[kʊ'met]
Asteroid (m)	asteroide (n)	[ɑsterʉ'idə]
Umlaufbahn (f)	bane (m)	['bɑnə]
sich drehen	å rotere	[ɔ rɔ'terə]
Atmosphäre (f)	atmosfære (m)	[ɑtmʊ'sfærə]
Sonne (f)	Solen	['sʊlən]
Sonnensystem (n)	solsystem (n)	['sʊl sʏ'stem]
Sonnenfinsternis (f)	solformørkelse (m)	['sʊl fɔr'mœrkəlsə]
Erde (f)	Jorden	['juːrən]
Mond (m)	Månen	['moːnən]
Mars (m)	Mars	['mɑʂ]
Venus (f)	Venus	['venʉs]
Jupiter (m)	Jupiter	['jʉpitər]
Saturn (m)	Saturn	['sɑˌtʉːŋ]
Merkur (m)	Merkur	[mær'kʉr]
Uran (m)	Uranus	[ʉ'ronʉs]
Neptun (m)	Neptun	[nɛp'tʉn]
Pluto (m)	Pluto	['plʉtʊ]
Milchstraße (f)	Melkeveien	['mɛlkəˌvæjən]
Der Große Bär	den Store Bjørn	['dən 'stʊrə ˌbjœːŋ]
Polarstern (m)	Nordstjernen, Polaris	['nuːrˌstjæːŋən], [pɔ'lɑris]
Marsbewohner (m)	marsbeboer (m)	['mɑsˌbebʉer]
Außerirdischer (m)	utenomjordisk vesen (n)	['ʉtənɔmˌjuːrdisk 'vesən]

außerirdisches Wesen (n)	romvesen (n)	['rʊmˌvesən]
fliegende Untertasse (f)	flygende tallerken (m)	['flygenə taˈlærkən]

Raumschiff (n)	romskip (n)	['rʊmˌʂip]
Raumstation (f)	romstasjon (m)	['rʊmˌstaˈʂʊn]
Raketenstart (m)	start (m), oppskyting (m/f)	['stɑːt], ['ɔpˌsytiŋ]

Triebwerk (n)	motor (m)	['mɔtʊr]
Düse (f)	dyse (m)	['dysə]
Treibstoff (m)	brensel (n), drivstoff (n)	['brɛnsəl], ['drifˌstɔf]

Kabine (f)	cockpit (m), flydekk (n)	['kɔkpit], ['flyˌdɛk]
Antenne (f)	antenne (m)	[anˈtɛnə]
Bullauge (n)	koøye (n)	['kʊˌøjə]
Sonnenbatterie (f)	solbatteri (n)	['sʊl batɛ'ri]
Raumanzug (m)	romdrakt (m/f)	['rʊmˌdrakt]

Schwerelosigkeit (f)	vektløshet (m/f)	['vɛktløsˌhet]
Sauerstoff (m)	oksygen (n)	['ɔksy'gen]

Ankopplung (f)	dokking (m/f)	['dɔkiŋ]
koppeln (vi)	å dokke	[ɔ 'dɔkə]

Observatorium (n)	observatorium (n)	[ɔbsərva'tʊrium]
Teleskop (n)	teleskop (n)	[tele'skʊp]
beobachten (vt)	å observere	[ɔ ɔbsɛr'verə]
erforschen (vt)	å utforske	[ɔ 'ʉtˌføʂkə]

196. Die Erde

Erde (f)	Jorden	['juːrən]
Erdkugel (f)	jordklode (m)	['juːrˌklodə]
Planet (m)	planet (m)	[pla'net]

Atmosphäre (f)	atmosfære (m)	[atmʊ'sfærə]
Geographie (f)	geografi (m)	[geʊgra'fi]
Natur (f)	natur (m)	[na'tʉr]

Globus (m)	globus (m)	['globʉs]
Landkarte (f)	kart (n)	['kaːt]
Atlas (m)	atlas (n)	['atlɑs]

Europa (n)	Europa	[ɛʉ'rʊpa]
Asien (n)	Asia	['asia]

Afrika (n)	Afrika	['afrika]
Australien (n)	Australia	[aʊ'stralia]

Amerika (n)	Amerika	[a'merika]
Nordamerika (n)	Nord-Amerika	['nuːr a'merika]
Südamerika (n)	Sør-Amerika	['sør a'merika]

Antarktis (f)	Antarktis	[an'tarktis]
Arktis (f)	Arktis	['arktis]

197. Himmelsrichtungen

Norden (m)	nord (n)	['nu:r]
nach Norden	mot nord	[mʊt 'nu:r]
im Norden	i nord	[i 'nu:r]
nördlich	nordlig	['nu:rli]
Süden (m)	syd, sør	['syd], ['sør]
nach Süden	mot sør	[mʊt 'sør]
im Süden	i sør	[i 'sør]
südlich	sydlig, sørlig	['sydli], ['sø:[i]
Westen (m)	vest (m)	['vɛst]
nach Westen	mot vest	[mʊt 'vɛst]
im Westen	i vest	[i 'vɛst]
westlich, West-	vestlig, vest-	['vɛstli]
Osten (m)	øst (m)	['øst]
nach Osten	mot øst	[mʊt 'øst]
im Osten	i øst	[i 'øst]
östlich	østlig	['østli]

198. Meer. Ozean

Meer (n), See (f)	hav (n)	['hɑv]
Ozean (m)	verdenshav (n)	[værdəns'hɑv]
Golf (m)	bukt (m/f)	['bʊkt]
Meerenge (f)	sund (n)	['sʉn]
Festland (n)	fastland (n)	['fɑst,lɑn]
Kontinent (m)	fastland, kontinent (n)	['fɑst,lɑn], [kʊnti'nɛnt]
Insel (f)	øy (m/f)	['øj]
Halbinsel (f)	halvøy (m/f)	['hɑl,ø:j]
Archipel (m)	skjærgård (m), arkipelag (n)	['şær,gor], [ɑrkipe'lɑg]
Bucht (f)	bukt (m/f)	['bʊkt]
Hafen (m)	havn (m/f)	['hɑvn]
Lagune (f)	lagune (m)	[lɑ'gʉnə]
Kap (n)	nes (n), kapp (n)	['nes], ['kɑp]
Atoll (n)	atoll (m)	[ɑ'tɔl]
Riff (n)	rev (n)	['rev]
Koralle (f)	korall (m)	[kʊ'rɑl]
Korallenriff (n)	korallrev (n)	[kʊ'rɑl,rɛv]
tief (Adj)	dyp	['dyp]
Tiefe (f)	dybde (m)	['dʏbdə]
Abgrund (m)	avgrunn (m)	['ɑv,grʉn]
Graben (m)	dyphavsgrop (m/f)	['dyphɑfs,grɔp]
Strom (m)	strøm (m)	['strøm]
umspülen (vt)	å omgi	[ɔ 'ɔm,ji]
Ufer (n)	kyst (m)	['çyst]

Küste (f)	kyst (m)	['çyst]
Flut (f)	flo (m/f)	['flʊ]
Ebbe (f)	ebbe (m), fjære (m/f)	['ɛbə], ['fjærə]
Sandbank (f)	sandbanke (m)	['san͵bankə]
Boden (m)	bunn (m)	['bʉn]

Welle (f)	bølge (m)	['bølgə]
Wellenkamm (m)	bølgekam (m)	['bølgə͵kam]
Schaum (m)	skum (n)	['skʉm]

Sturm (m)	storm (m)	['stɔrm]
Orkan (m)	orkan (m)	[ɔr'kan]
Tsunami (m)	tsunami (m)	[tsʉ'nami]
Windstille (f)	stille (m/f)	['stilə]
ruhig	stille	['stilə]

| Pol (m) | pol (m) | ['pʊl] |
| Polar- | pol-, polar | ['pʊl-], [pʉ'lar] |

Breite (f)	bredde, latitude (m)	['brɛdə], ['lati͵tʉdə]
Länge (f)	lengde (m/f)	['leŋdə]
Breitenkreis (m)	breddegrad (m)	['brɛdə͵grad]
Äquator (m)	ekvator (m)	[ɛ'kvatʊr]

Himmel (m)	himmel (m)	['himəl]
Horizont (m)	horisont (m)	[hʊri'sɔnt]
Luft (f)	luft (f)	['lʉft]

Leuchtturm (m)	fyr (n)	['fyr]
tauchen (vi)	å dykke	[ɔ 'dʏkə]
versinken (vi)	å synke	[ɔ 'sʏnkə]
Schätze (pl)	skatter (m pl)	['skatər]

199. Namen der Meere und Ozeane

Atlantischer Ozean (m)	Atlanterhavet	[at'lantər͵have]
Indischer Ozean (m)	Indiahavet	['india͵have]
Pazifischer Ozean (m)	Stillehavet	['stilə͵have]
Arktischer Ozean (m)	Polhavet	['pɔl͵have]

Schwarzes Meer (n)	Svartehavet	['sva:ţə͵have]
Rotes Meer (n)	Rødehavet	['rødə͵have]
Gelbes Meer (n)	Gulehavet	['gʉlə͵have]
Weißes Meer (n)	Kvitsjøen, Hvitehavet	['kvit͵sø:n], ['vit͵have]

Kaspisches Meer (n)	Kaspihavet	['kaspi͵have]
Totes Meer (n)	Dødehavet	['dødə'have]
Mittelmeer (n)	Middelhavet	['midəl͵have]

| Ägäisches Meer (n) | Egeerhavet | [ɛ'ge:ər͵have] |
| Adriatisches Meer (n) | Adriahavet | ['adria͵have] |

| Arabisches Meer (n) | Arabiahavet | [a'rabia͵have] |
| Japanisches Meer (n) | Japanhavet | ['japan͵have] |

| Beringmeer (n) | Beringhavet | ['beriŋˌhave] |
| Südchinesisches Meer (n) | Sør-Kina-havet | ['sørˌçina 'have] |

Korallenmeer (n)	Korallhavet	[kʊ'ralˌhave]
Tasmansee (f)	Tasmanhavet	[tas'manˌhave]
Karibisches Meer (n)	Karibhavet	[ka'ribˌhave]

| Barentssee (f) | Barentshavet | ['barɛnsˌhave] |
| Karasee (f) | Karahavet | ['karaˌhave] |

Nordsee (f)	Nordsjøen	['nuːrˌşøːn]
Ostsee (f)	Østersjøen	['østəˌşøːn]
Nordmeer (n)	Norskehavet	['nɔşkeˌhave]

200. Berge

Berg (m)	fjell (n)	['fjɛl]
Gebirgskette (f)	fjellkjede (m)	['fjɛlˌçɛːdə]
Bergrücken (m)	fjellrygg (m)	['fjɛlˌrʏg]

Gipfel (m)	topp (m)	['tɔp]
Spitze (f)	tind (m)	['tin]
Bergfuß (m)	fot (m)	['fʊt]
Abhang (m)	skråning (m)	['skrɔniŋ]

Vulkan (m)	vulkan (m)	[vʉl'kan]
tätiger Vulkan (m)	virksom vulkan (m)	['virksɔm vʉl'kan]
schlafender Vulkan (m)	utslukt vulkan (m)	['ʉtˌslʉkt vʉl'kan]

Ausbruch (m)	utbrudd (n)	['ʉtˌbrʉd]
Krater (m)	krater (n)	['kratər]
Magma (n)	magma (m/n)	['magma]
Lava (f)	lava (m)	['lava]
glühend heiß (-e Lava)	glødende	['glødenə]

Cañon (m)	canyon (m)	['kanjən]
Schlucht (f)	gjel (n), kløft (m)	['jel], ['klœft]
Spalte (f)	renne (m/f)	['rɛnə]
Abgrund (m) (steiler ~)	avgrunn (m)	['avˌgrʉn]

Gebirgspass (m)	pass (n)	['pas]
Plateau (n)	platå (n)	[pla'to]
Fels (m)	klippe (m)	['klipə]
Hügel (m)	ås (m)	['ɔs]

Gletscher (m)	bre, jøkel (m)	['bre], ['jøkəl]
Wasserfall (m)	foss (m)	['fɔs]
Geiser (m)	geysir (m)	['gɛjsir]
See (m)	innsjø (m)	['in'şø]

Ebene (f)	slette (m/f)	['şletə]
Landschaft (f)	landskap (n)	['lanˌskap]
Echo (n)	ekko (n)	['ɛkʊ]
Bergsteiger (m)	alpinist (m)	[alpi'nist]

Kletterer (m)	fjellklatrer (m)	['fjɛlˌklatrər]
bezwingen (vt)	å erobre	[ɔ ɛ'rʊbrə]
Aufstieg (m)	bestigning (m/f)	[be'stigniŋ]

201. Namen der Berge

Alpen (pl)	Alpene	['alpenə]
Montblanc (m)	Mont Blanc	[ˌmɔn'blan]
Pyrenäen (pl)	Pyreneene	[pyre'ne:ənə]
Karpaten (pl)	Karpatene	[kar'patenə]
Uralgebirge (n)	Uralfjellene	[ʉ'ral ˌfjɛlenə]
Kaukasus (m)	Kaukasus	['kaʊkasʉs]
Elbrus (m)	Elbrus	[ɛl'brʉs]
Altai (m)	Altaj	[al'taj]
Tian Shan (m)	Tien Shan	[ti'enˌʂan]
Pamir (m)	Pamir	[pa'mir]
Himalaja (m)	Himalaya	[hima'laja]
Everest (m)	Everest	['ɛve'rɛst]
Anden (pl)	Andes	['andəs]
Kilimandscharo (m)	Kilimanjaro	[kiliman'dʂarʊ]

202. Flüsse

Fluss (m)	elv (m/f)	['ɛlv]
Quelle (f)	kilde (m)	['çildə]
Flussbett (n)	elveleie (n)	['ɛlvəˌlæje]
Stromgebiet (n)	flodbasseng (n)	['flʊd baˌseŋ]
einmünden in …	å munne ut …	[ɔ 'mʉnə ʉt …]
Nebenfluss (m)	bielv (m/f)	['biˌelv]
Ufer (n)	bredd (m)	['brɛd]
Strom (m)	strøm (m)	['strøm]
stromabwärts	medstrøms	['meˌstrøms]
stromaufwärts	motstrøms	['mʊtˌstrøms]
Überschwemmung (f)	oversvømmelse (m)	['ɔveˌsvœməlsə]
Hochwasser (n)	flom (m)	['flɔm]
aus den Ufern treten	å overflø	[ɔ 'ɔverˌflø]
überfluten (vt)	å oversvømme	[ɔ 'ɔveˌsvœmə]
Sandbank (f)	grunne (m/f)	['grʉnə]
Stromschnelle (f)	stryk (m/n)	['stryk]
Damm (m)	demning (m)	['dɛmniŋ]
Kanal (m)	kanal (m)	[ka'nal]
Stausee (m)	reservoar (n)	[resɛrvʊ'ar]
Schleuse (f)	sluse (m)	['ʂlʉsə]
Gewässer (n)	vannmasse (m)	['vanˌmasə]

Sumpf (m), Moor (n)	myr, sump (m)	['myr], ['sʉmp]
Marsch (f)	hengemyr (m)	['hɛŋeˌmyr]
Strudel (m)	virvel (m)	['virvəl]

Bach (m)	bekk (m)	['bɛk]
Trink- (z.B. Trinkwasser)	drikke-	['drikə-]
Süß- (Wasser)	fersk-	['fæʂk-]

| Eis (n) | is (m) | ['is] |
| zufrieren (vi) | å fryse til | [ɔ 'frysə til] |

203. Namen der Flüsse

| Seine (f) | Seine | ['sɛːn] |
| Loire (f) | Loire | [lu'aːr] |

Themse (f)	Themsen	['tɛmsən]
Rhein (m)	Rhinen	['riːnən]
Donau (f)	Donau	['dɔnaʊ]

Wolga (f)	Volga	['vɔlga]
Don (m)	Don	['dɔn]
Lena (f)	Lena	['lena]

Gelber Fluss (m)	Huang He	[ˌhwan'hɛ]
Jangtse (m)	Yangtze	['jaŋtse]
Mekong (m)	Mekong	[me'kɔŋ]
Ganges (m)	Ganges	['gaŋes]

Nil (m)	Nilen	['nilən]
Kongo (m)	Kongo	['kɔŋgʊ]
Okavango (m)	Okavango	[ʊka'vangʊ]
Sambesi (m)	Zambezi	[sam'besi]
Limpopo (m)	Limpopo	[limpɔ'pɔ]
Mississippi (m)	Mississippi	['misi'sipi]

204. Wald

| Wald (m) | skog (m) | ['skʊg] |
| Wald- | skog- | ['skʊg-] |

Dickicht (n)	tett skog (n)	['tɛt ˌskʊg]
Gehölz (n)	lund (m)	['lʉn]
Lichtung (f)	glenne (m/f)	['glenə]

| Dickicht (n) | krattskog (m) | ['kratˌskʊg] |
| Gebüsch (n) | kratt (n) | ['krat] |

Fußweg (m)	sti (m)	['sti]
Erosionsrinne (f)	ravine (m)	[ra'vinə]
Baum (m)	tre (n)	['trɛ]
Blatt (n)	blad (n)	['bla]

Laub (n)	løv (n)	['løv]
Laubfall (m)	løvfall (n)	['løv‚fal]
fallen (Blätter)	å falle	[ɔ 'falə]
Wipfel (m)	tretopp (m)	['trɛ‚tɔp]

Zweig (m)	kvist, gren (m)	['kvist], ['grɛn]
Ast (m)	gren, grein (m/f)	['grɛn], ['græjn]
Knospe (f)	knopp (m)	['knɔp]
Nadel (f)	nål (m/f)	['nɔl]
Zapfen (m)	kongle (m/f)	['kuŋlə]

Höhlung (f)	trehull (n)	['trɛ‚hʉl]
Nest (n)	reir (n)	['ræjr]
Höhle (f)	hule (m/f)	['hʉlə]

Stamm (m)	stamme (m)	['stɑmə]
Wurzel (f)	rot (m/f)	['rʊt]
Rinde (f)	bark (m)	['bɑrk]
Moos (n)	mose (m)	['mʊsə]

entwurzeln (vt)	å rykke opp med roten	[ɔ 'rʏkə ɔp me 'rʊtən]
fällen (vt)	å felle	[ɔ 'fɛlə]
abholzen (vt)	å hogge ned	[ɔ 'hɔgə 'ne]
Baumstumpf (m)	stubbe (m)	['stʉbə]

Lagerfeuer (n)	bål (n)	['bɔl]
Waldbrand (m)	skogbrann (m)	['skʉg‚bran]
löschen (vt)	å slokke	[ɔ 'ʂløkə]

Förster (m)	skogvokter (m)	['skʉg‚vɔktər]
Schutz (m)	vern (n), beskyttelse (m)	['væːn], ['be'ʂytəlsə]
beschützen (vt)	å beskytte	[ɔ be'ʂytə]
Wilddieb (m)	tyvskytter (m)	['tyf‚ʂytər]
Falle (f)	saks (m/f)	['sɑks]

| sammeln, pflücken (vt) | å plukke | [ɔ 'plʉkə] |
| sich verirren | å gå seg vill | [ɔ 'gɔ sæj 'vil] |

205. Natürliche Lebensgrundlagen

Naturressourcen (pl)	naturressurser (m pl)	[nɑ'tʉr rɛ'sʉsər]
Bodenschätze (pl)	mineraler (n pl)	[minə'rɑlər]
Vorkommen (n)	forekomster (m pl)	['fɔrə‚kɔmstər]
Feld (Ölfeld usw.)	felt (m)	['fɛlt]

gewinnen (vt)	å utvinne	[ɔ 'ʉt‚vinə]
Gewinnung (f)	utvinning (m/f)	['ʉt‚viniŋ]
Erz (n)	malm (m)	['mɑlm]
Bergwerk (n)	gruve (m/f)	['grʉvə]
Schacht (m)	gruvesjakt (m/f)	['grʉvə‚ʂɑkt]
Bergarbeiter (m)	gruvearbeider (m)	['grʉvə'ar‚bæjdər]

| Erdgas (n) | gass (m) | ['gɑs] |
| Gasleitung (f) | gassledning (m) | ['gɑs‚ledniŋ] |

Erdöl (n)	olje (m)	['ɔljə]
Erdölleitung (f)	oljeledning (m)	['ɔljəˌledniŋ]
Ölquelle (f)	oljebrønn (m)	['ɔljəˌbrœn]
Bohrturm (m)	boretårn (n)	['boːrəˌtɔːn]
Tanker (m)	tankskip (n)	['tɑnkˌʂip]

Sand (m)	sand (m)	['sɑn]
Kalkstein (m)	kalkstein (m)	['kɑlkˌstæjn]
Kies (m)	grus (m)	['grʉs]
Torf (m)	torv (m/f)	['tɔrv]
Ton (m)	leir (n)	['læjr]
Kohle (f)	kull (n)	['kʉl]

Eisen (n)	jern (n)	['jæːn]
Gold (n)	gull (n)	['gʉl]
Silber (n)	sølv (n)	['søl]
Nickel (n)	nikkel (m)	['nikəl]
Kupfer (n)	kobber (n)	['kɔbər]

Zink (n)	sink (m/n)	['sink]
Mangan (n)	mangan (m/n)	[mɑ'ŋɑn]
Quecksilber (n)	kvikksølv (n)	['kvikˌsøl]
Blei (n)	bly (n)	['bly]

Mineral (n)	mineral (n)	[minə'rɑl]
Kristall (m)	krystall (m/n)	[kry'stɑl]
Marmor (m)	marmor (m/n)	['mɑrmʉr]
Uran (n)	uran (m/n)	[ʉ'rɑn]

Die Erde. Teil 2

Wetter (n)	vær (n)	['vær]
Wetterbericht (m)	værvarsel (n)	['vær,vɑʂəl]
Temperatur (f)	temperatur (m)	[tɛmpəra'tʉr]
Thermometer (n)	termometer (n)	[tɛrmʉ'metər]
Barometer (n)	barometer (n)	[bɑrʉ'metər]
feucht	fuktig	['fʉkti]
Feuchtigkeit (f)	fuktighet (m)	['fʉkti,het]
Hitze (f)	hete (m)	['he:tə]
glutheiß	het	['het]
ist heiß	det er hett	[de ær 'het]
ist warm	det er varmt	[de ær 'vɑrmt]
warm (Adj)	varm	['vɑrm]
ist kalt	det er kaldt	[de ær 'kɑlt]
kalt (Adj)	kald	['kɑl]
Sonne (f)	sol (m/f)	['sʉl]
scheinen (vi)	å skinne	[ɔ 'ʂinə]
sonnig (Adj)	solrik	['sʉl,rik]
aufgehen (vi)	å gå opp	[ɔ 'gɔ ɔp]
untergehen (vi)	å gå ned	[ɔ 'gɔ ne]
Wolke (f)	sky (m)	['ʂy]
bewölkt, wolkig	skyet	['ʂy:ət]
Regenwolke (f)	regnsky (m/f)	['ræjn,ʂy]
trüb (-er Tag)	mørk	['mœrk]
Regen (m)	regn (n)	['ræjn]
Es regnet	det regner	[de 'ræjnər]
regnerisch (-er Tag)	regnværs-	['ræjn,væʂ-]
nieseln (vi)	å småregne	[ɔ 'smo:ræjnə]
strömender Regen (m)	piskende regn (n)	['piskenə ,ræjn]
Regenschauer (m)	styrtregn (n)	['sty:t̪ræjn]
stark (-er Regen)	kraftig, sterk	['krɑfti], ['stærk]
Pfütze (f)	vannpytt (m)	['vɑn,pʏt]
nass werden (vi)	å bli våt	[ɔ 'bli 'vɔt]
Nebel (m)	tåke (m/f)	['to:kə]
neblig (-er Tag)	tåke	['to:kə]
Schnee (m)	snø (m)	['snø]
Es schneit	det snør	[de 'snør]

207. Unwetter Naturkatastrophen

Gewitter (n)	tordenvær (n)	['tʊrdən‚vær]
Blitz (m)	lyn (n)	['lyn]
blitzen (vi)	å glimte	[ɔ 'glimtə]
Donner (m)	torden (m)	['tʊrdən]
donnern (vi)	å tordne	[ɔ 'tʊrdnə]
Es donnert	det tordner	[de 'tʊrdnər]
Hagel (m)	hagle (m/f)	['haglə]
Es hagelt	det hagler	[de 'haglər]
überfluten (vt)	å oversvømme	[ɔ 'ɔve‚svœmə]
Überschwemmung (f)	oversvømmelse (m)	['ɔve‚svœmelsə]
Erdbeben (n)	jordskjelv (n)	['ju:r‚sɛlv]
Erschütterung (f)	skjelv (n)	['sɛlv]
Epizentrum (n)	episenter (n)	[ɛpi'sɛntər]
Ausbruch (m)	utbrudd (n)	['ʉt‚brʉd]
Lava (f)	lava (m)	['lava]
Wirbelsturm (m)	skypumpe (m/f)	['sy‚pʉmpə]
Tornado (m)	tornado (m)	[tʊ:'ŋadʉ]
Taifun (m)	tyfon (m)	[ty'fʊn]
Orkan (m)	orkan (m)	[ɔr'kan]
Sturm (m)	storm (m)	['stɔrm]
Tsunami (m)	tsunami (m)	[tsʉ'nami]
Zyklon (m)	syklon (m)	[sy'klun]
Unwetter (n)	uvær (n)	['ʉ:‚vær]
Brand (m)	brann (m)	['bran]
Katastrophe (f)	katastrofe (m)	[kata'strɔfə]
Meteorit (m)	meteoritt (m)	[meteʉ'rit]
Lawine (f)	lavine (m)	[la'vinə]
Schneelawine (f)	snøskred, snøras (n)	['snø‚skred], ['snøras]
Schneegestöber (n)	snøstorm (m)	['snø‚stɔrm]
Schneesturm (m)	snøstorm (m)	['snø‚stɔrm]

208. Geräusche. Klänge

Stille (f)	stillhet (m/f)	['stil‚het]
Laut (m)	lyd (m)	['lyd]
Lärm (m)	støy (m)	['støj]
lärmen (vi)	å støye	[ɔ 'støjə]
lärmend (Adj)	støyende	['støjənə]
laut (in lautemTon)	høylytt	['højlʏt]
laut (eine laute Stimme)	høy	['høj]
ständig (Adj)	konstant	[kʊn'stant]

Schrei (m)	skrik (n)	['skrik]
schreien (vi)	å skrike	[ɔ 'skrikə]
Flüstern (n)	hvisking (m/f)	['viskiŋ]
flüstern (vt)	å hviske	[ɔ 'viskə]

| Gebell (n) | gjøing (m/f) | ['jøːiŋ] |
| bellen (vi) | å gjø | [ɔ 'jø] |

Stöhnen (n)	stønn (n)	['stœn]
stöhnen (vi)	å stønne	[ɔ 'stœnə]
Husten (m)	hoste (m)	['hʉstə]
husten (vi)	å hoste	[ɔ 'hʉstə]

Pfiff (m)	plystring (m/f)	['plʏstriŋ]
pfeifen (vi)	å plystre	[ɔ 'plʏstrə]
Klopfen (n)	knakk (m/n)	['knɑk]
klopfen (vi)	å knakke	[ɔ 'knɑkə]

| krachen (Laut) | å knake | [ɔ 'knɑkə] |
| Krachen (n) | knak (n) | ['knɑk] |

Sirene (f)	sirene (m/f)	[si'renə]
Pfeife (Zug usw.)	fløyte (m/f)	['fløjtə]
pfeifen (vi)	å tute	[ɔ 'tʉtə]
Hupe (f)	tut (n)	['tʉt]
hupen (vi)	å tute	[ɔ 'tʉtə]

209. Winter

Winter (m)	vinter (m)	['vintər]
Winter-	vinter-	['vintər-]
im Winter	om vinteren	[ɔm 'vinterən]

Schnee (m)	snø (m)	['snø]
Es schneit	det snør	[de 'snør]
Schneefall (m)	snøfall (n)	['snøˌfɑl]
Schneewehe (f)	snødrive (m/f)	['snøˌdrivə]

Schneeflocke (f)	snøfnugg (n)	['snøˌfnʉg]
Schneeball (m)	snøball (m)	['snøˌbɑl]
Schneemann (m)	snømann (m)	['snøˌmɑn]
Eiszapfen (m)	istapp (m)	['isˌtɑp]

Dezember (m)	desember (m)	[de'sɛmbər]
Januar (m)	januar (m)	['janʉˌar]
Februar (m)	februar (m)	['febrʉˌar]

| Frost (m) | frost (m/f) | ['frɔst] |
| frostig, Frost- | frost | ['frɔst] |

unter Null	under null	['ʉnər nʉl]
leichter Frost (m)	lett frost (m)	['let 'frɔst]
Reif (m)	rimfrost (m)	['rimˌfrɔst]
Kälte (f)	kulde (m/f)	['kʉlə]

Es ist kalt	det er kaldt	[de ær 'kɑlt]
Pelzmantel (m)	pels (m), pelskåpe (m/f)	['pɛls], ['pɛls‚ko:pə]
Fausthandschuhe (pl)	votter (m pl)	['votər]

erkranken (vi)	å bli syk	[ɔ 'bli 'syk]
Erkältung (f)	forkjølelse (m)	[fɔr'çœləlsə]
sich erkälten	å forkjøle seg	[ɔ fɔr'çœlə sæj]

Eis (n)	is (m)	['is]
Glatteis (n)	islag (n)	['is‚lɑg]
zufrieren (vi)	å fryse til	[ɔ 'frysə til]
Eisscholle (f)	isflak (n)	['is‚flɑk]

Ski (pl)	ski (m/f pl)	['şi]
Skiläufer (m)	skigåer (m)	['şi‚goər]
Ski laufen	å gå på ski	[ɔ 'gɔ pɔ 'şi]
Schlittschuh laufen	å gå på skøyter	[ɔ 'gɔ pɔ 'şøjtər]

Fauna

210. Säugetiere. Raubtiere

Raubtier (n)	rovdyr (n)	['rɔvˌdyr]
Tiger (m)	tiger (m)	['tigər]
Löwe (m)	løve (m/f)	['løve]
Wolf (m)	ulv (m)	['ʉlv]
Fuchs (m)	rev (m)	['rev]
Jaguar (m)	jaguar (m)	[jagʉ'ar]
Leopard (m)	leopard (m)	[leʉ'pard]
Gepard (m)	gepard (m)	[ge'pard]
Panther (m)	panter (m)	['pantər]
Puma (m)	puma (m)	['pʉma]
Schneeleopard (m)	snøleopard (m)	['snø leʉ'pard]
Luchs (m)	gaupe (m/f)	['gaʉpe]
Kojote (m)	coyote, prærieulv (m)	[kɔ'jote], ['præriˌʉlv]
Schakal (m)	sjakal (m)	[sa'kal]
Hyäne (f)	hyene (m)	[hy'ene]

211. Tiere in freier Wildbahn

Tier (n)	dyr (n)	['dyr]
Bestie (f)	best, udyr (n)	['bɛst], ['ʉˌdyr]
Eichhörnchen (n)	ekorn (n)	['ɛkʉːn]
Igel (m)	pinnsvin (n)	['pinˌsvin]
Hase (m)	hare (m)	['hare]
Kaninchen (n)	kanin (m)	[ka'nin]
Dachs (m)	grevling (m)	['grɛvliŋ]
Waschbär (m)	vaskebjørn (m)	['vaskeˌbjœːn]
Hamster (m)	hamster (m)	['hamstər]
Murmeltier (n)	murmeldyr (n)	['mʉrmelˌdyr]
Maulwurf (m)	muldvarp (m)	['mʉlˌvarp]
Maus (f)	mus (m/f)	['mʉs]
Ratte (f)	rotte (m/f)	['rɔte]
Fledermaus (f)	flaggermus (m/f)	['flagerˌmʉs]
Hermelin (n)	røyskatt (m)	['røjskat]
Zobel (m)	sobel (m)	['sʉbel]
Marder (m)	mår (m)	['mɔr]
Wiesel (n)	snømus (m/f)	['snøˌmʉs]
Nerz (m)	mink (m)	['mink]

Biber (m)	bever (m)	['bevər]
Fischotter (m)	oter (m)	['ʊtər]

Pferd (n)	hest (m)	['hɛst]
Elch (m)	elg (m)	['ɛlg]
Hirsch (m)	hjort (m)	['jɔːt]
Kamel (n)	kamel (m)	[ka'mel]

Bison (m)	bison (m)	['bison]
Wisent (m)	urokse (m)	['ʉr‚ʊksə]
Büffel (m)	bøffel (m)	['bøfəl]

Zebra (n)	sebra (m)	['sebra]
Antilope (f)	antilope (m)	[anti'lʊpə]
Reh (n)	rådyr (n)	['rɔ‚dyr]
Damhirsch (m)	dåhjort, dådyr (n)	['dɔ‚joːt], ['dɔ‚dyr]
Gämse (f)	gemse (m)	['gɛmsə]
Wildschwein (n)	villsvin (n)	['vil‚svin]

Wal (m)	hval (m)	['val]
Seehund (m)	sel (m)	['sel]
Walroß (n)	hvalross (m)	['val‚rɔs]
Seebär (m)	pelssel (m)	['pɛls‚sel]
Delfin (m)	delfin (m)	[dɛl'fin]

Bär (m)	bjørn (m)	['bjœːɳ]
Eisbär (m)	isbjørn (m)	['is‚bjœːɳ]
Panda (m)	panda (m)	['panda]

Affe (m)	ape (m/f)	['ape]
Schimpanse (m)	sjimpanse (m)	[sim'pansə]
Orang-Utan (m)	orangutang (m)	[ʊ'raŋgʉ‚taŋ]
Gorilla (m)	gorilla (m)	[gɔ'rila]
Makak (m)	makak (m)	[ma'kak]
Gibbon (m)	gibbon (m)	['gibʊn]

Elefant (m)	elefant (m)	[ɛle'fant]
Nashorn (n)	neshorn (n)	['nes‚hʊːɳ]
Giraffe (f)	sjiraff (m)	[si'raf]
Flusspferd (n)	flodhest (m)	['flʊd‚hɛst]

Känguru (n)	kenguru (m)	['kɛŋgʉrʉ]
Koala (m)	koala (m)	[kʊ'ala]

Manguste (f)	mangust, mungo (m)	[maŋ'gʉst], ['mʉŋgu]
Chinchilla (n)	chinchilla (m)	[sin'sila]
Stinktier (n)	skunk (m)	['skunk]
Stachelschwein (n)	hulepinnsvin (n)	['hʉlə‚pinsvin]

212. Haustiere

Katze (f)	katt (m)	['kat]
Kater (m)	hannkatt (m)	['han‚kat]
Hund (m)	hund (m)	['hʉn]

Pferd (n)	hest (m)	['hɛst]
Hengst (m)	hingst (m)	['hiŋst]
Stute (f)	hoppe, merr (m/f)	['hɔpə], ['mɛr]

Kuh (f)	ku (f)	['kʉ]
Stier (m)	tyr (m)	['tyr]
Ochse (m)	okse (m)	['ɔksə]

Schaf (n)	sau (m)	['saʉ]
Widder (m)	vær, saubukk (m)	['vær], ['saʉˌbʉk]
Ziege (f)	geit (m/f)	['jæjt]
Ziegenbock (m)	geitebukk (m)	['jæjtəˌbʉk]

| Esel (m) | esel (n) | ['ɛsəl] |
| Maultier (n) | muldyr (n) | ['mʉlˌdyr] |

Schwein (n)	svin (n)	['svin]
Ferkel (n)	gris (m)	['gris]
Kaninchen (n)	kanin (m)	[ka'nin]

| Huhn (n) | høne (m/f) | ['hønə] |
| Hahn (m) | hane (m) | ['hanə] |

Ente (f)	and (m/f)	['an]
Enterich (m)	andrik (m)	['andrik]
Gans (f)	gås (m/f)	['gɔs]

| Puter (m) | kalkunhane (m) | [kal'kʉnˌhanə] |
| Pute (f) | kalkunhøne (m/f) | [kal'kʉnˌhønə] |

Haustiere (pl)	husdyr (n pl)	['hʉsˌdyr]
zahm	tam	['tam]
zähmen (vt)	å temme	[ɔ 'tɛmə]
züchten (vt)	å avle, å oppdrette	[ɔ 'avlə], [ɔ 'ɔpˌdrɛtə]

Farm (f)	farm, gård (m)	['farm], ['gɔːr]
Geflügel (n)	fjærfe (n)	['fjærˌfɛ]
Vieh (n)	kveg (n)	['kvɛg]
Herde (f)	flokk, bøling (m)	['flɔk], ['bøliŋ]

Pferdestall (m)	stall (m)	['stal]
Schweinestall (m)	grisehus (n)	['grisəˌhʉs]
Kuhstall (m)	kufjøs (m/n)	['kʉˌfjøs]
Kaninchenstall (m)	kaninbur (n)	[ka'ninˌbʉr]
Hühnerstall (m)	hønsehus (n)	['hønsəˌhʉs]

213. Hunde. Hunderassen

Hund (m)	hund (m)	['hʉŋ]
Schäferhund (m)	fårehund (m)	['foːrəˌhʉn]
Deutsche Schäferhund (m)	schäferhund (m)	['ʂɛfærˌhʉn]
Pudel (m)	puddel (m)	['pʉdəl]
Dachshund (m)	dachshund (m)	['daʂˌhʉn]
Bulldogge (f)	bulldogg (m)	['bʉlˌdɔg]

Boxer (m)	bokser (m)	['bɔksər]
Mastiff (m)	mastiff (m)	[mɑs'tif]
Rottweiler (m)	rottweiler (m)	['rɔtˌvæjlər]
Dobermann (m)	dobermann (m)	['dɔbermɑn]

Basset (m)	basset (m)	['basɛt]
Bobtail (m)	bobtail (m)	['bɔbtɛjl]
Dalmatiner (m)	dalmatiner (m)	[dɑlmɑ'tinər]
Cocker-Spaniel (m)	cocker spaniel (m)	['kɔkerˌspɑniəl]

Neufundländer (m)	newfoundlandshund (m)	[njʉ'fɑwndˌlɑnds 'hʉn]
Bernhardiner (m)	sankt bernhardshund (m)	[ˌsɑnkt 'bɛːɳɑdsˌhʉn]

Eskimohund (m)	husky (m)	['hɑski]
Chow-Chow (m)	chihuahua (m)	[tʂi'vɑvɑ]
Spitz (m)	spisshund (m)	['spisˌhʉn]
Mops (m)	mops (m)	['mɔps]

214. Tierlaute

Gebell (n)	gjøing (m/f)	['jøːiŋ]
bellen (vi)	å gjø	[ɔ 'jø]
miauen (vi)	å mjaue	[ɔ 'mjaʉe]
schnurren (Katze)	å spinne	[ɔ 'spinə]

muhen (vi)	å raute	[ɔ 'raʉtə]
brüllen (Stier)	å belje, å brøle	[ɔ 'belje], [ɔ 'brøle]
knurren (Hund usw.)	å knurre	[ɔ 'knʉrə]

Heulen (n)	hyl (n)	['hyl]
heulen (vi)	å hyle	[ɔ 'hylə]
winseln (vi)	å klynke	[ɔ 'klʏnkə]

meckern (Ziege)	å breke	[ɔ 'brekə]
grunzen (vi)	å grynte	[ɔ 'grʏntə]
kreischen (vi)	å hvine	[ɔ 'vinə]

quaken (vi)	å kvekke	[ɔ 'kvɛkə]
summen (Insekt)	å surre /	[ɔ 'sʉrə]
zirpen (vi)	å gnisse	[ɔ 'gnisə]

215. Jungtiere

Tierkind (n)	unge (m)	['ʉŋə]
Kätzchen (n)	kattunge (m)	['kɑtˌʉŋə]
Mausjunge (n)	museunge (m)	['mʉsəˌʉŋə]
Hündchen (n), Welpe (m)	valp (m)	['vɑlp]

Häschen (n)	hareunge (m)	['hɑrəˌʉŋə]
Kaninchenjunge (n)	kaninunge (m)	[kɑ'ninˌʉŋə]
Wolfsjunge (n)	ulvunge (m)	['ʉlvˌʉŋə]
Fuchsjunge (n)	revevalp (m)	['reveˌvɑlp]

Bärenjunge (n)	bjørnunge (m)	['bjœːn̩ˌʉŋə]
Löwenjunge (n)	løveunge (m)	['løvəˌʉŋə]
junger Tiger (m)	tigerunge (m)	['tigərˌʉŋə]
Elefantenjunge (n)	elefantunge (m)	[ɛle'fantˌʉŋə]

Ferkel (n)	gris (m)	['gris]
Kalb (junge Kuh)	kalv (m)	['kalv]
Ziegenkitz (n)	kje (n), geitekilling (m)	['çe], ['jæjtəˌçiliŋ]
Lamm (n)	lam (n)	['lam]
Hirschkalb (n)	hjortekalv (m)	['jɔːˌtəˌkalv]
Kamelfohlen (n)	kamelunge (m)	[ka'melˌʉŋə]

| junge Schlange (f) | slangeyngel (m) | ['ʂlaŋəˌyŋəl] |
| Fröschlein (n) | froskeunge (m) | ['frɔskəˌʉŋə] |

junger Vogel (m)	fugleunge (m)	['fʉləˌʉŋə]
Küken (n)	kylling (m)	['çyliŋ]
Entlein (n)	andunge (m)	['anˌʉŋə]

216. Vögel

Vogel (m)	fugl (m)	['fʉl]
Taube (f)	due (m/f)	['dʉə]
Spatz (m)	spurv (m)	['spʉrv]
Meise (f)	kjøttmeis (m/f)	['çœtˌmæjs]
Elster (f)	skjære (m/f)	['ʂærə]

Rabe (m)	ravn (m)	['ravn]
Krähe (f)	kråke (m)	['kroːkə]
Dohle (f)	kaie (m/f)	['kajə]
Saatkrähe (f)	kornkråke (m/f)	['kʉːn̩ˌkroːkə]

Ente (f)	and (m/f)	['an]
Gans (f)	gås (m/f)	['gɔs]
Fasan (m)	fasan (m)	[fa'san]

Adler (m)	ørn (m/f)	['œːn̩]
Habicht (m)	hauk (m)	['haʉk]
Falke (m)	falk (m)	['falk]
Greif (m)	gribb (m)	['grib]
Kondor (m)	kondor (m)	[kʉn'dʉr]

Schwan (m)	svane (m/f)	['svanə]
Kranich (m)	trane (m/f)	['tranə]
Storch (m)	stork (m)	['stɔrk]

Papagei (m)	papegøye (m)	[pape'gøjə]
Kolibri (m)	kolibri (m)	[kʉ'libri]
Pfau (m)	påfugl (m)	['pɔˌfʉl]

Strauß (m)	struts (m)	['strʉts]
Reiher (m)	hegre (m)	['hæjrə]
Flamingo (m)	flamingo (m)	[fla'mingʉ]
Pelikan (m)	pelikan (m)	[peli'kan]

| Nachtigall (f) | nattergal (m) | ['natər‚gal] |
| Schwalbe (f) | svale (m/f) | ['svalə] |

Drossel (f)	trost (m)	['trʊst]
Singdrossel (f)	måltrost (m)	['mo:l‚trʊst]
Amsel (f)	svarttrost (m)	['sva:‚trʊst]

Segler (m)	tårnseiler (m), tårnsvale (m/f)	['tɔ:ɳ‚sæjlə], ['tɔ:ɳ‚svalə]
Lerche (f)	lerke (m/f)	['lærkə]
Wachtel (f)	vaktel (m)	['vaktəl]

Specht (m)	hakkespett (m)	['hakə‚spɛt]
Kuckuck (m)	gjøk, gauk (m)	['jøk], ['gaʊk]
Eule (f)	ugle (m/f)	['ʉglə]
Uhu (m)	hubro (m)	['hʉbrʊ]
Auerhahn (m)	storfugl (m)	['stʊr‚fʉl]
Birkhahn (m)	orrfugl (m)	['ɔr‚fʉl]
Rebhuhn (n)	rapphøne (m/f)	['rap‚hønə]

Star (m)	stær (m)	['stær]
Kanarienvogel (m)	kanarifugl (m)	[ka'nari‚fʉl]
Haselhuhn (n)	jerpe (m/f)	['jærpə]
Buchfink (m)	bokfink (m)	['bʊk‚fink]
Gimpel (m)	dompap (m)	['dʊmpap]

Möwe (f)	måke (m/f)	['mo:kə]
Albatros (m)	albatross (m)	['alba‚trɔs]
Pinguin (m)	pingvin (m)	[piŋ'vin]

217. Vögel. Gesang und Laute

singen (vt)	å synge	[ɔ 'sʏŋə]
schreien (vi)	å skrike	[ɔ 'skrikə]
kikeriki schreien	å gale	[ɔ 'galə]
kikeriki	kykeliky	[kykəli'ky:]

gackern (vi)	å kakle	[ɔ 'kaklə]
krächzen (vi)	å krae	[ɔ 'kraə]
schnattern (Ente)	å snadre, å rappe	[ɔ 'snadrə], [ɔ 'rapə]
piepsen (vi)	å pipe	[ɔ 'pipə]
zwitschern (vi)	å kvitre	[ɔ 'kvitrə]

218. Fische. Meerestiere

Brachse (f)	brasme (m/f)	['brasmə]
Karpfen (m)	karpe (m)	['karpə]
Barsch (m)	åbor (m)	['obɔr]
Wels (m)	malle (m)	['malə]
Hecht (m)	gjedde (m/f)	['jɛdə]

| Lachs (m) | laks (m) | ['laks] |
| Stör (m) | stør (m) | ['stør] |

Hering (m)	sild (m/f)	['sil]
atlantische Lachs (m)	atlanterhavslaks (m)	[at'lantərhafs,laks]
Makrele (f)	makrell (m)	[ma'krɛl]
Scholle (f)	rødspette (m/f)	['rø,spɛtə]

Zander (m)	gjørs (m)	['jø:ş]
Dorsch (m)	torsk (m)	['toşk]
Tunfisch (m)	tunfisk (m)	['tʉn,fisk]
Forelle (f)	ørret (m)	['øret]

Aal (m)	ål (m)	['ɔl]
Zitterrochen (m)	elektrisk rokke (m/f)	[ɛ'lektrisk ,rokə]
Muräne (f)	murene (m)	[mʉ'rɛnə]
Piranha (m)	piraja (m)	[pi'raja]

Hai (m)	hai (m)	['haj]
Delfin (m)	delfin (m)	[dɛl'fin]
Wal (m)	hval (m)	['val]

Krabbe (f)	krabbe (m)	['krabə]
Meduse (f)	manet (m/f), meduse (m)	['manet], [me'dʉsə]
Krake (m)	blekksprut (m)	['blek,sprʉt]

Seestern (m)	sjøstjerne (m/f)	['şø,stjæ:ŋə]
Seeigel (m)	sjøpinnsvin (n)	['şø:'pin,svin]
Seepferdchen (n)	sjøhest (m)	['şø,hɛst]

Auster (f)	østers (m)	['østəş]
Garnele (f)	reke (m/f)	['rekə]
Hummer (m)	hummer (m)	['hʉmər]
Languste (f)	langust (m)	[laŋ'gʉst]

219. Amphibien Reptilien

| Schlange (f) | slange (m) | ['şlaŋə] |
| Gift-, giftig | giftig | ['jifti] |

Viper (f)	hoggorm, huggorm (m)	['hʉg,ɔrm], ['hʉg,ɔrm]
Kobra (f)	kobra (m)	['kʉbra]
Python (m)	pyton (m)	['pytɔn]
Boa (f)	boaslange (m)	['bɔa,slaŋə]

Ringelnatter (f)	snok (m)	['snʉk]
Klapperschlange (f)	klapperslange (m)	['klapə,slaŋə]
Anakonda (f)	anakonda (m)	[ana'kɔnda]

Eidechse (f)	øgle (m/f)	['øglə]
Leguan (m)	iguan (m)	[igʉ'an]
Waran (m)	varan (n)	[va'ran]
Salamander (m)	salamander (m)	[sala'mandər]
Chamäleon (n)	kameleon (m)	[kamələ'ʉn]
Skorpion (m)	skorpion (m)	[skɔrpi'ʉn]
Schildkröte (f)	skilpadde (m/f)	['şil,padə]
Frosch (m)	frosk (m)	['frɔsk]

| Kröte (f) | padde (m/f) | ['padə] |
| Krokodil (n) | krokodille (m) | [krʊkə'dilə] |

220. Insekten

Insekt (n)	insekt (n)	['insɛkt]
Schmetterling (m)	sommerfugl (m)	['sɔmər‚fʉl]
Ameise (f)	maur (m)	['maʊr]
Fliege (f)	flue (m/f)	['flʉə]
Mücke (f)	mygg (m)	['mʏg]
Käfer (m)	bille (m)	['bilə]

Wespe (f)	veps (m)	['vɛps]
Biene (f)	bie (m/f)	['biə]
Hummel (f)	humle (m/f)	['hʉmlə]
Bremse (f)	brems (m)	['brɛms]

| Spinne (f) | edderkopp (m) | ['ɛdər‚kɔp] |
| Spinnennetz (n) | edderkoppnett (n) | ['ɛdərkɔp‚nɛt] |

Libelle (f)	øyenstikker (m)	['øjən‚stikər]
Grashüpfer (m)	gresshoppe (m/f)	['grɛs‚hɔpə]
Schmetterling (m)	nattsvermer (m)	['nat‚sværmər]

Schabe (f)	kakerlakk (m)	[kakə'lak]
Zecke (f)	flått, midd (m)	['flɔt], ['mid]
Floh (m)	loppe (f)	['lɔpə]
Kriebelmücke (f)	knott (m)	['knɔt]

Heuschrecke (f)	vandgresshoppe (m/f)	['van 'grɛs‚hɔpə]
Schnecke (f)	snegl (m)	['snæjl]
Heimchen (n)	siriss (m)	['si‚ris]
Leuchtkäfer (m)	ildflue (m/f), lysbille (m)	['il‚flʉe], ['lys‚bilə]
Marienkäfer (m)	marihøne (m/f)	['mari‚hønə]
Maikäfer (m)	oldenborre (f)	['ɔldən‚bɔrə]

Blutegel (m)	igle (m/f)	['iglə]
Raupe (f)	sommerfugllarve (m/f)	['sɔmərfʉl‚larvə]
Wurm (m)	meitemark (m)	['mæjtə‚mark]
Larve (f)	larve (m/f)	['larvə]

221. Tiere. Körperteile

Schnabel (m)	nebb (n)	['nɛb]
Flügel (pl)	vinger (m pl)	['viŋər]
Fuß (m)	fot (m)	['fʊt]
Gefieder (n)	fjærdrakt (m/f)	['fjær‚drakt]
Feder (f)	fjær (m/f)	['fjær]
Haube (f)	fjærtopp (m)	['fjæː‚tɔp]

| Kiemen (pl) | gjeller (m/f pl) | ['jɛlər] |
| Laich (m) | rogn (m/f) | ['rɔŋn] |

Larve (f)	larve (m/f)	['lɑrvə]
Flosse (f)	finne (m)	['finə]
Schuppe (f)	skjell (n)	['ʂɛl]

Stoßzahn (m)	hoggtann (m/f)	['hɔg,tɑn]
Pfote (f)	pote (m)	['pɔːlə]
Schnauze (f)	snute (m/f)	['snʉtə]
Rachen (m)	kjeft (m)	['çɛft]
Schwanz (m)	hale (m)	['hɑlə]
Barthaar (n)	værhår (n)	['vær,hɔr]

Huf (m)	klov, hov (m)	['klɔv], ['hɔv]
Horn (n)	horn (n)	['hʉːɳ]

Panzer (m)	ryggskjold (n)	['rʏg,ʂɔl]
Muschel (f)	skall (n)	['skɑl]
Schale (f)	eggeskall (n)	['ɛgə,skɑl]

Fell (n)	pels (m)	['pɛls]
Haut (f)	skinn (n)	['ʂin]

222. Tierverhalten

fliegen (vi)	å fly	[ɔ 'fly]
herumfliegen (vi)	å kretse	[ɔ 'krɛtsə]

wegfliegen (vi)	å fly bort	[ɔ 'fly ,bʉːt]
schlagen (mit den Flügeln ~)	å flakse	[ɔ 'flɑksə]

picken (vt)	å pikke	[ɔ 'pikə]
bebrüten (vt)	å ruge på eggene	[ɔ 'rʉgə pɔ 'ɛgenə]

ausschlüpfen (vi)	å klekkes	[ɔ 'klekəs]
ein Nest bauen	å bygge reir	[ɔ 'bʏgə 'ræir]

kriechen (vi)	å krype	[ɔ 'krypə]
stechen (Insekt)	å stikke	[ɔ 'stikə]
beißen (vt)	å bite	[ɔ 'bitə]

schnüffeln (vt)	å snuse	[ɔ 'snʉsə]
bellen (vi)	å gjø	[ɔ 'jø]
zischen (vi)	å hvese	[ɔ 'vesə]

erschrecken (vt)	å skremme	[ɔ 'skrɛmə]
angreifen (vt)	å overfalle	[ɔ 'ɔvər,fɑlə]

nagen (vi)	å gnage	[ɔ 'gnɑgə]
kratzen (vt)	å klore	[ɔ 'klɔrə]
sich verstecken	å gjemme seg	[ɔ 'jɛmə sæj]

spielen (vi)	å leke	[ɔ 'lekə]
jagen (vi)	å jage	[ɔ 'jagə]
Winterschlaf halten	å ligge i dvale	[ɔ 'ligə i 'dvɑlə]
aussterben (vi)	å dø ut	[ɔ 'dø ʉt]

223. Tiere. Lebensräume

Lebensraum (f)	habitat (n)	[habi'tat]
Wanderung (f)	migrasjon (m)	[migra'ʂʊn]
Berg (m)	fjell (n)	['fjɛl]
Riff (n)	rev (n)	['rev]
Fels (m)	klippe (m)	['klipə]
Wald (m)	skog (m)	['skʊg]
Dschungel (m, n)	jungel (m)	['jʉŋəl]
Savanne (f)	savanne (m)	[sa'vanə]
Tundra (f)	tundra (m)	['tʉndra]
Steppe (f)	steppe (m)	['stɛpə]
Wüste (f)	ørken (m)	['œrkən]
Oase (f)	oase (m)	[ʊ'asə]
Meer (n), See (f)	hav (n)	['hav]
See (m)	innsjø (m)	['in,ʂø]
Ozean (m)	verdenshav (n)	[værdəns'hav]
Sumpf (m)	myr (m/f)	['myr]
Süßwasser-	ferskvanns-	['fæʂk,vans-]
Teich (m)	dam (m)	['dam]
Fluss (m)	elv (m/f)	['ɛlv]
Höhle (f), Bau (m)	hi (n)	['hi]
Nest (n)	reir (n)	['ræjr]
Höhlung (f)	trehull (n)	['trɛ,hʉl]
Loch (z.B. Wurmloch)	hule (m/f)	['hʉlə]
Ameisenhaufen (m)	maurtue (m/f)	['mɑʊːˌtʉə]

224. Tierpflege

Zoo (m)	zoo, dyrepark (m)	['sʊː], [dyrə'park]
Schutzgebiet (n)	naturreservat (n)	[na'tʉr resɛr'vat]
Zucht (z.B. Hunde~)	oppdretter (m)	['ɔp,drɛtər]
Freigehege (n)	voliere (m)	[vɔ'ljer]
Käfig (m)	bur (n)	['bʉr]
Hundehütte (f)	kennel (m)	['kɛnəl]
Taubenschlag (m)	duehus (n)	['dʉə,hʉs]
Aquarium (n)	akvarium (n)	[a'kvarium]
Delphinarium (n)	delfinarium (n)	[dɛlfi'narium]
züchten (vt)	å avle, å oppdrette	[ɔ 'avlə], [ɔ 'ɔp,drɛtə]
Wurf (m)	avkom (n)	['av,kɔm]
zähmen (vt)	å temme	[ɔ 'tɛmə]
dressieren (vt)	å dressere	[ɔ drɛ'serə]
Futter (n)	fôr (n)	['fʊr]
füttern (vt)	å utfore	[ɔ 'ʉt,fɔrə]

Zoohandlung (f)	dyrebutikk (m)	['dyrəbʉ'tik]
Maulkorb (m)	munnkurv (m)	['mʉn,kʉrv]
Halsband (n)	halsbånd (n)	['hals,bɔn]
Rufname (m)	navn (n)	['navn]
Stammbaum (m)	stamtavle (m/f)	['stam,tavlə]

225. Tiere. Verschiedenes

Rudel (Wölfen)	flokk (m)	['flɔk]
Vogelschwarm (m)	flokk (m)	['flɔk]
Schwarm (~ Heringe usw.)	stim (m/n)	['stim]
Pferdeherde (f)	flokk (m)	['flɔk]

| Männchen (n) | hann (m) | ['han] |
| Weibchen (n) | hunn (m) | ['hʉn] |

hungrig	sulten	['sʉltən]
wild	vill	['vil]
gefährlich	farlig	['faːli]

226. Pferde

| Pferd (n) | hest (m) | ['hɛst] |
| Rasse (f) | rase (m) | ['rasə] |

| Fohlen (n) | føll (n) | ['føl] |
| Stute (f) | hoppe, merr (m/f) | ['hɔpə], ['mɛr] |

Mustang (m)	mustang (m)	['mʉstaŋ]
Pony (n)	ponni (m)	['pɔni]
schweres Zugpferd (n)	kaldblodshest (m)	['kalblʉds,hɛst]

| Mähne (f) | man (m/f) | ['man] |
| Schwanz (m) | hale (m) | ['halə] |

Huf (m)	hov (m)	['hɔv]
Hufeisen (n)	hestesko (m)	['hɛstə,skʉ]
beschlagen (vt)	å sko	[ɔ 'skʉː]
Schmied (m)	smed, hovslager (m)	['sme], ['hɔfs,lagər]

Sattel (m)	sal (m)	['sal]
Steigbügel (m)	stigbøyle (m)	['stig,bøjlə]
Zaum (m)	bissel (n)	['bisəl]
Zügel (pl)	tømmer (m pl)	['tœmər]
Peitsche (f)	pisk (m)	['pisk]

Reiter (m)	rytter (m)	['rʏtər]
satteln (vt)	å sale	[ɔ 'salə]
besteigen (vt)	å stige opp på hesten	[ɔ 'stiːə ɔp pɔ 'hɛstən]

| Galopp (m) | galopp (m) | [ga'lɔp] |
| galoppieren (vi) | å galoppere | [ɔ galɔ'perə] |

Trab (m)	trav (n)	['trɑv]
im Trab	i trav	[i 'trɑv]
traben (vi)	å trave	[ɔ 'trɑvə]

| Rennpferd (n) | veddeløpshest (m) | ['vɛde͜løps hɛst] |
| Rennen (n) | hesteveddeløp (n) | ['hɛstə 'vede͜løp] |

Pferdestall (m)	stall (m)	['stɑl]
füttern (vt)	å utfore	[ɔ 'ʉt͜fore]
Heu (n)	høy (n)	['høj]
tränken (vt)	å vanne	[ɔ 'vɑnə]
striegeln (vt)	å børste	[ɔ 'bøʂtə]

Pferdewagen (m)	hestevogn (m/f)	['hɛstə͜vɔŋn]
weiden (vi)	å beite	[ɔ 'bæjtə]
wiehern (vi)	å vrinske, å knegge	[ɔ 'vrinskə], [ɔ 'knɛgə]
ausschlagen (Pferd)	å sparke bakut	[ɔ 'spɑrkə 'bak͜ʉt]

Flora

Baum (m)	tre (n)	['trɛ]
Laub-	løv-	['løv-]
Nadel-	bar-	['bɑr-]
immergrün	eviggrønt	['ɛvi̩grœnt]

Apfelbaum (m)	epletre (n)	['ɛplə̩trɛ]
Birnbaum (m)	pæretre (n)	['pærə̩trɛ]
Süßkirschbaum (m)	morelltre (n)	[mʊ'rɛl̩trɛ]
Sauerkirschbaum (m)	kirsebærtre (n)	['çɪ̩sǝbær̩trɛ]
Pflaumenbaum (m)	plommetre (n)	['plʊmə̩trɛ]

Birke (f)	bjørk (f)	['bjœrk]
Eiche (f)	eik (f)	['æjk]
Linde (f)	lind (m/f)	['lin]
Espe (f)	osp (m/f)	['ɔsp]
Ahorn (m)	lønn (m/f)	['lœn]
Fichte (f)	gran (m/f)	['grɑn]
Kiefer (f)	furu (m/f)	['fʊrʉ]
Lärche (f)	lerk (m)	['lærk]
Tanne (f)	edelgran (m/f)	['ɛdǝl̩grɑn]
Zeder (f)	seder (m)	['sedǝr]

Pappel (f)	poppel (m)	['pɔpǝl]
Vogelbeerbaum (m)	rogn (m/f)	['rɔŋn]
Weide (f)	pil (m/f)	['pil]
Erle (f)	or, older (m/f)	['ʊr], ['ɔldǝr]
Buche (f)	bøk (m)	['bøk]
Ulme (f)	alm (m)	['ɑlm]
Esche (f)	ask (m/f)	['ɑsk]
Kastanie (f)	kastanjetre (n)	[kɑ'stɑnjǝ̩trɛ]

Magnolie (f)	magnolia (m)	[mɑŋ'nʉliɑ]
Palme (f)	palme (m)	['pɑlmǝ]
Zypresse (f)	sypress (m)	[sʏ'prɛs]

Mangrovenbaum (m)	mangrove (m)	[mɑŋ'grʊvǝ]
Baobab (m)	apebrødtre (n)	['ɑpǝbrø̩trɛ]
Eukalyptus (m)	eukalyptus (m)	[ɛvkɑ'lʏptʉs]
Mammutbaum (m)	sequoia (m)	['sek̩vɔjɑ]

| Strauch (m) | busk (m) | ['bʉsk] |
| Gebüsch (n) | busk (m) | ['bʉsk] |

| Weinstock (m) | vinranke (m) | ['vin,rɑnkə] |
| Weinberg (m) | vinmark (m/f) | ['vin,mɑrk] |

Himbeerstrauch (m)	bringebærbusk (m)	['briŋə,bær busk]
schwarze Johannisbeere (f)	solbærbusk (m)	['sulbær,busk]
rote Johannisbeere (f)	ripsbusk (m)	['rips,busk]
Stachelbeerstrauch (m)	stikkelsbærbusk (m)	['stikəlsbær,busk]

Akazie (f)	akasie (m)	[ɑ'kɑsiə]
Berberitze (f)	berberis (m)	['bærberis]
Jasmin (m)	sjasmin (m)	[ʂɑs'min]

Wacholder (m)	einer (m)	['æjnər]
Rosenstrauch (m)	rosenbusk (m)	['rusən,busk]
Heckenrose (f)	steinnype (m/f)	['stæjn,nypə]

229. Pilze

Pilz (m)	sopp (m)	['sɔp]
essbarer Pilz (m)	spiselig sopp (m)	['spiseli ,sɔp]
Giftpilz (m)	giftig sopp (m)	['jifti ,sɔp]
Hut (m)	hatt (m)	['hɑt]
Stiel (m)	stilk (m)	['stilk]

Steinpilz (m)	steinsopp (m)	['stæjn,sɔp]
Rotkappe (f)	rødskrubb (m/n)	['rø,skrub]
Birkenpilz (m)	brunskrubb (m/n)	['brun,skrub]
Pfifferling (m)	kantarell (m)	[kɑntɑ'rel]
Täubling (m)	kremle (m/f)	['krɛmlə]

Morchel (f)	morkel (m)	['mɔrkəl]
Fliegenpilz (m)	fluesopp (m)	['fluə,sɔp]
Grüner Knollenblätterpilz	grønn fluesopp (m)	['grœn 'fluə,sɔp]

230. Obst. Beeren

Frucht (f)	frukt (m/f)	['frukt]
Früchte (pl)	frukter (m/f pl)	['fruktər]
Apfel (m)	eple (n)	['ɛplə]
Birne (f)	pære (m/f)	['pærə]
Pflaume (f)	plomme (m/f)	['plumə]

Erdbeere (f)	jordbær (n)	['juːr,bær]
Sauerkirsche (f)	kirsebær (n)	['çiʂə,bær]
Süßkirsche (f)	morell (m)	[mu'rɛl]
Weintrauben (pl)	drue (m)	['druə]

Himbeere (f)	bringebær (n)	['briŋə,bær]
schwarze Johannisbeere (f)	solbær (n)	['sul,bær]
rote Johannisbeere (f)	rips (m)	['rips]
Stachelbeere (f)	stikkelsbær (n)	['stikəls,bær]
Moosbeere (f)	tranebær (n)	['trɑnə,bær]

Apfelsine (f)	appelsin (m)	[apel'sin]
Mandarine (f)	mandarin (m)	[manda'rin]
Ananas (f)	ananas (m)	['ananas]
Banane (f)	banan (m)	[ba'nan]
Dattel (f)	daddel (m)	['dadəl]

Zitrone (f)	sitron (m)	[si'trʊn]
Aprikose (f)	aprikos (m)	[apri'kʊs]
Pfirsich (m)	fersken (m)	['fæʂkən]
Kiwi (f)	kiwi (m)	['kivi]
Grapefruit (f)	grapefrukt (m/f)	['grɛjp‚frʉkt]

Beere (f)	bær (n)	['bær]
Beeren (pl)	bær (n pl)	['bær]
Preiselbeere (f)	tyttebær (n)	['tʏtə‚bær]
Walderdbeere (f)	markjordbær (n)	['mark juːr‚bær]
Heidelbeere (f)	blåbær (n)	['blɔ‚bær]

231. Blumen. Pflanzen

Blume (f)	blomst (m)	['blɔmst]
Blumenstrauß (m)	bukett (m)	[bʉ'kɛt]

Rose (f)	rose (m/f)	['rʊsə]
Tulpe (f)	tulipan (m)	[tʉli'pan]
Nelke (f)	nellik (m)	['nɛlik]
Gladiole (f)	gladiolus (m)	[gladi'ɔlʉs]

Kornblume (f)	kornblomst (m)	['kʊːn̩‚blɔmst]
Glockenblume (f)	blåklokke (m/f)	['blɔ‚klɔkə]
Löwenzahn (m)	løvetann (m/f)	['løvə‚tan]
Kamille (f)	kamille (m)	[ka'milə]

Aloe (f)	aloe (m)	['alʉe]
Kaktus (m)	kaktus (m)	['kaktʉs]
Gummibaum (m)	gummiplante (m/f)	['gʉmi‚plantə]

Lilie (f)	lilje (m)	['liljə]
Geranie (f)	geranium (m)	[ge'ranium]
Hyazinthe (f)	hyasint (m)	[hia'sint]

Mimose (f)	mimose (m/f)	[mi'mɔsə]
Narzisse (f)	narsiss (m)	[na'ʂis]
Kapuzinerkresse (f)	blomkarse (m)	['blɔm‚kaʂə]

Orchidee (f)	orkidé (m)	[ɔrki'de]
Pfingstrose (f)	peon, pion (m)	[pe'ʊn], [pi'ʊn]
Veilchen (n)	fiol (m)	[fi'ʊl]

Stiefmütterchen (n)	stemorsblomst (m)	['stemʉʂ‚blɔmst]
Vergissmeinnicht (n)	forglemmegei (m)	[fɔr'gleme‚jæj]
Gänseblümchen (n)	tusenfryd (m)	['tʉsən‚fryd]
Mohn (m)	valmue (m)	['valmʉe]
Hanf (m)	hamp (m)	['hamp]

Minze (f)	mynte (m/f)	['mʏntə]
Maiglöckchen (n)	liljekonvall (m)	['liljə kɔn'val]
Schneeglöckchen (n)	snøklokke (m/f)	['snø͵klɔkə]

Brennnessel (f)	nesle (m/f)	['nɛslə]
Sauerampfer (m)	syre (m/f)	['syrə]
Seerose (f)	nøkkerose (m/f)	['nøkə͵rʉse]
Farn (m)	bregne (m/f)	['brɛjnə]
Flechte (f)	lav (m/n)	['lɑv]

Gewächshaus (n)	drivhus (n)	['driv͵hʉs]
Rasen (m)	gressplen (m)	['grɛs͵plen]
Blumenbeet (n)	blomsterbed (n)	['blɔmstər͵bed]

Pflanze (f)	plante (m/f), vekst (m)	['plantə], ['vɛkst]
Gras (n)	gras (n)	['grɑs]
Grashalm (m)	grasstrå (n)	['grɑs͵strɔ]

Blatt (n)	blad (n)	['blɑ]
Blütenblatt (n)	kronblad (n)	['krɔn͵blɑ]
Stiel (m)	stilk (m)	['stilk]
Knolle (f)	rotknoll (m)	['rʉt͵knɔl]

Jungpflanze (f)	spire (m/f)	['spirə]
Dorn (m)	torn (m)	['tʊːn]

blühen (vi)	å blomstre	[ɔ 'blɔmstrə]
welken (vi)	å visne	[ɔ 'visnə]
Geruch (m)	lukt (m/f)	['lʉkt]
abschneiden (vt)	å skjære av	[ɔ 'şæːrə ɑː]
pflücken (vt)	å plukke	[ɔ 'plʉkə]

232. Getreide, Körner

Getreide (n)	korn (n)	['kʊːʈ]
Getreidepflanzen (pl)	cerealer (n pl)	[sere'ɑlər]
Ähre (f)	aks (n)	['ɑks]

Weizen (m)	hvete (m)	['vetə]
Roggen (m)	rug (m)	['rʉg]
Hafer (m)	havre (m)	['hɑvrə]

Hirse (f)	hirse (m)	['hişə]
Gerste (f)	bygg (m/n)	['bʏg]

Mais (m)	mais (m)	['mais]
Reis (m)	ris (m)	['ris]
Buchweizen (m)	bokhvete (m)	['bʊk͵vetə]

Erbse (f)	ert (m/f)	['æːʈ]
weiße Bohne (f)	bønne (m/f)	['bœnə]
Sojabohne (f)	soya (m)	['sɔja]
Linse (f)	linse (m/f)	['linsə]
Bohnen (pl)	bønner (m/f pl)	['bœnər]

233. Gemüse. Grünzeug

Gemüse (n)	grønnsaker (m pl)	['grœn͵sakər]
grünes Gemüse (pl)	grønnsaker (m pl)	['grœn͵sakər]

Tomate (f)	tomat (m)	[tʊ'mɑt]
Gurke (f)	agurk (m)	[a'gʉrk]
Karotte (f)	gulrot (m/f)	['gʉl͵rʊt]
Kartoffel (f)	potet (m/f)	[pʊ'tet]
Zwiebel (f)	løk (m)	['løk]
Knoblauch (m)	hvitløk (m)	['vit͵løk]

Kohl (m)	kål (m)	['kɔl]
Blumenkohl (m)	blomkål (m)	['blɔm͵kɔl]
Rosenkohl (m)	rosenkål (m)	['rʊsən͵kɔl]
Brokkoli (m)	brokkoli (m)	['brɔkɔli]

Rote Bete (f)	rødbete (m/f)	['rø͵betə]
Aubergine (f)	aubergine (m)	[ɔbɛr'ʂin]
Zucchini (f)	squash (m)	['skvɔʂ]
Kürbis (m)	gresskar (n)	['grɛskɑr]
Rübe (f)	nepe (m/f)	['nepə]

Petersilie (f)	persille (m/f)	[pæ'ʂilə]
Dill (m)	dill (m)	['dil]
Kopf Salat (m)	salat (m)	[sɑ'lɑt]
Sellerie (m)	selleri (m/n)	[sɛle͵ri]
Spargel (m)	asparges (m)	[a'spɑrʂəs]
Spinat (m)	spinat (m)	[spi'nɑt]

Erbse (f)	erter (m pl)	['æ:ʈər]
Bohnen (pl)	bønner (m/f pl)	['bœnər]
Mais (m)	mais (m)	['mais]
weiße Bohne (f)	bønne (m/f)	['bœnə]

Pfeffer (m)	pepper (m)	['pɛpər]
Radieschen (n)	reddik (m)	['rɛdik]
Artischocke (f)	artisjokk (m)	[͵ɑ:ʈi'ʂɔk]

REGIONALE GEOGRAPHIE

234. Westeuropa

Europa (n)	**Europa**	[ɛʉ'rʊpɑ]
Europäische Union (f)	**Den Europeiske Union**	[den ɛʉrʊ'pɛiskə ʉni'ɔn]
Europäer (m)	**europeer** (m)	[ɛʉrʊ'peər]
europäisch	**europeisk**	[ɛʉrʊ'pɛisk]
Österreich	**Østerrike**	['østə̩rikə]
Österreicher (m)	**østerriker** (m)	['østə̩rikər]
Österreicherin (f)	**østerriksk kvinne** (m/f)	['østə̩riksk ̩kvinə]
österreichisch	**østerriksk**	['østə̩riksk]
Großbritannien	**Storbritannia**	['stʊr bri̩tɑniɑ]
England	**England**	['ɛŋlɑn]
Brite (m)	**brite** (m)	['britə]
Britin (f)	**brite** (m)	['britə]
englisch	**engelsk, britisk**	['ɛŋelsk], ['britisk]
Belgien	**Belgia**	['bɛlgiɑ]
Belgier (m)	**belgier** (m)	['bɛlgiər]
Belgierin (f)	**belgisk kvinne** (m/f)	['bɛlgisk ̩kvinə]
belgisch	**belgisk**	['bɛlgisk]
Deutschland	**Tyskland**	['tʏsklɑn]
Deutsche (m)	**tysker** (m)	['tʏskər]
Deutsche (f)	**tysk kvinne** (m/f)	['tʏsk ̩kvinə]
deutsch	**tysk**	['tʏsk]
Niederlande (f)	**Nederland**	['nedə̩lɑn]
Holland (n)	**Holland**	['hɔlɑn]
Holländer (m)	**hollender** (m)	['hɔ̩lendər]
Holländerin (f)	**hollandsk kvinne** (m/f)	['hɔ̩lɑnsk ̩kvinə]
holländisch	**hollandsk**	['hɔ̩lɑnsk]
Griechenland	**Hellas**	['hɛlɑs]
Grieche (m)	**greker** (m)	['grekər]
Griechin (f)	**gresk kvinne** (m/f)	['grɛsk ̩kvinə]
griechisch	**gresk**	['grɛsk]
Dänemark	**Danmark**	['dɑnmɑrk]
Däne (m)	**danske** (m)	['dɑnskə]
Dänin (f)	**dansk kvinne** (m/f)	['dɑnsk ̩kvinə]
dänisch	**dansk**	['dɑnsk]
Irland	**Irland**	['irlɑn]
Ire (m)	**irlender, irlending** (m)	['ir̩lenər], ['ir̩leniŋ]
Irin (f)	**irsk kvinne** (m/f)	['iːʂk ̩kvinə]
irisch	**irsk**	['iːʂk]

Island	Island	['islan]
Isländer (m)	islending (m)	['is͵leniŋ]
Isländerin (f)	islandsk kvinne (m/f)	['is͵lansk ͵kvinə]
isländisch	islandsk	['is͵lansk]
Spanien	Spania	['spania]
Spanier (m)	spanier (m)	['spaniər]
Spanierin (f)	spansk kvinne (m/f)	['spansk ͵kvinə]
spanisch	spansk	['spansk]
Italien	Italia	[i'talia]
Italiener (m)	italiener (m)	[ita'ljɛnər]
Italienerin (f)	italiensk kvinne (m/f)	[ita'ljɛnsk ͵kvinə]
italienisch	italiensk	[ita'ljɛnsk]
Zypern	Kypros	['kyprʊs]
Zypriot (m)	kypriot (m)	[kypri'ʊt]
Zypriotin (f)	kypriotisk kvinne (m/f)	[kypri'ʊtisk ͵kvinə]
zyprisch	kypriotisk	[kypri'ʊtisk]
Malta	Malta	['malta]
Malteser (m)	malteser (m)	[mal'tesər]
Malteserin (f)	maltesisk kvinne (m/f)	[mal'tesisk ͵kvinə]
maltesisch	maltesisk	[mal'tesisk]
Norwegen	Norge	['nɔrgə]
Norweger (m)	nordmann (m)	['nʊːrman]
Norwegerin (f)	norsk kvinne (m/f)	['nɔʂk ͵kvinə]
norwegisch	norsk	['nɔʂk]
Portugal	Portugal	[pɔːʈu'gal]
Portugiese (m)	portugiser (m)	[pɔːʈu'gisər]
Portugiesin (f)	portugisisk kvinne (m/f)	[pɔːʈu'gisisk ͵kvinə]
portugiesisch	portugisisk	[pɔːʈu'gisisk]
Finnland	Finland	['finlan]
Finne (m)	finne (m)	['finə]
Finnin (f)	finsk kvinne (m/f)	['finsk ͵kvinə]
finnisch	finsk	['finsk]
Frankreich	Frankrike	['frankrikə]
Franzose (m)	franskmann (m)	['fransk͵man]
Französin (f)	fransk kvinne (m/f)	['fransk ͵kvinə]
französisch	fransk	['fransk]
Schweden	Sverige	['sværiə]
Schwede (m)	svenske (m)	['svɛnskə]
Schwedin (f)	svensk kvinne (m/f)	['svɛnsk ͵kvinə]
schwedisch	svensk	['svɛnsk]
Schweiz (f)	Sveits	['svæjts]
Schweizer (m)	sveitser (m)	['svæjtsər]
Schweizerin (f)	sveitsisk kvinne (m/f)	['svæjtsisk ͵kvinə]
schweizerisch	sveitsisk	['svæjtsisk]
Schottland	Skottland	['skɔtlan]
Schotte (m)	skotte (m)	['skɔtə]

| Schottin (f) | skotsk kvinne (m/f) | ['skɔtsk ˌkvinə] |
| schottisch | skotsk | ['skɔtsk] |

Vatikan (m)	Vatikanet	['vatiˌkane]
Liechtenstein	Liechtenstein	['lihtɛnʂtæjn]
Luxemburg	Luxembourg	['lʉksɛmˌbʉrg]
Monaco	Monaco	[mʉ'nakʉ]

235. Mittel- und Osteuropa

Albanien	Albania	[al'bania]
Albaner (m)	albaner (m)	[al'banər]
Albanerin (f)	albansk kvinne (m)	[al'bansk ˌkvinə]
albanisch	albansk	[al'bansk]

Bulgarien	Bulgaria	[bʉl'garia]
Bulgare (m)	bulgarer (m)	[bʉl'garər]
Bulgarin (f)	bulgarsk kvinne (m/f)	[bʉl'gaʂk ˌkvinə]
bulgarisch	bulgarsk	[bʉl'gaʂk]

Ungarn	Ungarn	['ʉŋaːŋ]
Ungar (m)	ungarer (m)	['ʉŋarər]
Ungarin (f)	ungarsk kvinne (m/f)	['ʉŋaʂk ˌkvinə]
ungarisch	ungarsk	['ʉŋaʂk]

Lettland	Latvia	['latvia]
Lette (m)	latvier (m)	['latviər]
Lettin (f)	latvisk kvinne (m/f)	['latvisk ˌkvinə]
lettisch	latvisk	['latvisk]

Litauen	Litauen	['liˌtaʉən]
Litauer (m)	litauer (m)	['liˌtaʉər]
Litauerin (f)	litauisk kvinne (m/f)	['liˌtaʉisk ˌkvinə]
litauisch	litauisk	['liˌtaʉisk]

Polen	Polen	['pʉlen]
Pole (m)	polakk (m)	[pʉ'lak]
Polin (f)	polsk kvinne (m/f)	['pʉlsk ˌkvinə]
polnisch	polsk	['pʉlsk]

Rumänien	Romania	[rʉ'mania]
Rumäne (m)	rumener (m)	[rʉ'menər]
Rumänin (f)	rumensk kvinne (m/f)	[rʉ'mɛnsk ˌkvinə]
rumänisch	rumensk	[rʉ'mɛnsk]

Serbien	Serbia	['særbia]
Serbe (m)	serber (m)	['særbər]
Serbin (f)	serbisk kvinne (m/f)	['særbisk ˌkvinə]
serbisch	serbisk	['særbisk]

Slowakei (f)	Slovakia	[ʂlʉ'vakia]
Slowake (m)	slovak (m)	[ʂlʉ'vak]
Slowakin (f)	slovakisk kvinne (m/f)	[ʂlʉ'vakisk ˌkvinə]
slowakisch	slovakisk	[ʂlʉ'vakisk]

Kroatien	Kroatia	[kru'atia]
Kroate (m)	kroat (m)	[kru'at]
Kroatin (f)	kroatisk kvinne (m/f)	[kru'atisk ˌkvinə]
kroatisch	kroatisk	[kru'atisk]

Tschechien	Tsjekkia	['tʂɛkija]
Tscheche (m)	tsjekker (m)	['tʂɛkər]
Tschechin (f)	tsjekkisk kvinne (m/f)	['tʂɛkisk ˌkvinə]
tschechisch	tsjekkisk	['tʂɛkisk]

Estland	Estland	['ɛstlan]
Este (m)	estlender (m)	['ɛstˌlendər]
Estin (f)	estisk kvinne (m/f)	['ɛstisk ˌkvinə]
estnisch	estisk	['ɛstisk]

Bosnien und Herzegowina	Bosnia-Hercegovina	['bosnia hersegoˌvina]
Makedonien	Makedonia	[make'donia]
Slowenien	Slovenia	[ʂlu'venia]
Montenegro	Montenegro	['montəˌnɛgru]

236. Frühere UdSSR Republiken

Aserbaidschan	Aserbajdsjan	[aserbajd'ʂan]
Aserbaidschaner (m)	aserbajdsjaner (m)	[aserbajd'ʂanər]
Aserbaidschanerin (f)	aserbajdsjansk kvinne (m)	[aserbajd'ʂansk ˌkvinə]
aserbaidschanisch	aserbajdsjansk	[aserbajd'ʂansk]

Armenien	Armenia	[ar'menia]
Armenier (m)	armener (m)	[ar'menər]
Armenierin (f)	armensk kvinne (m)	[ar'mensk ˌkvinə]
armenisch	armensk	[ar'mensk]

Weißrussland	Hviterussland	['vitəˌrʉslan]
Weißrusse (m)	hviterusser (m)	['vitəˌrʉsər]
Weißrussin (f)	hviterussisk kvinne (m/f)	['vitəˌrʉsisk ˌkvinə]
weißrussisch	hviterussisk	['vitəˌrʉsisk]

Georgien	Georgia	[ge'orgia]
Georgier (m)	georgier (m)	[ge'orgiər]
Georgierin (f)	georgisk kvinne (m/f)	[ge'orgisk ˌkvinə]
georgisch	georgisk	[ge'orgisk]

Kasachstan	Kasakhstan	[ka'sakˌstan]
Kasache (m)	kasakh (m)	[ka'sak]
Kasachin (f)	kasakhisk kvinne (m/f)	[ka'sakisk ˌkvinə]
kasachisch	kasakhisk	[ka'sakisk]

Kirgisien	Kirgisistan	[kir'gisiˌstan]
Kirgise (m)	kirgiser (m)	[kir'gisər]
Kirgisin (f)	kirgisisk kvinne (m/f)	[kir'gisisk ˌkvinə]
kirgisisch	kirgisisk	[kir'gisisk]

| Moldawien | Moldova | [mol'dova] |
| Moldauer (m) | moldover (m) | [mol'dovər] |

Moldauerin (f)	**moldovsk kvinne** (m/f)	[mɔl'dɔvsk ˌkvinə]
moldauisch	**moldovsk**	[mɔl'dɔvsk]

Russland	**Russland**	['ruslɑn]
Russe (m)	**russer** (m)	['rusər]
Russin (f)	**russisk kvinne** (m/f)	['rusisk ˌkvinə]
russisch	**russisk**	['rusisk]

Tadschikistan	**Tadsjikistan**	[tɑ'dʂikiˌstɑn]
Tadschike (m)	**tadsjik, tadsjiker** (m)	[tɑ'dʂik], [tɑ'dʂikər]
Tadschikin (f)	**tadsjikisk kvinne** (m/f)	[tɑ'dʂikisk ˌkvinə]
tadschikisch	**tadsjikisk**	[tɑ'dʂikisk]

Turkmenistan	**Turkmenistan**	[turk'meniˌstɑn]
Turkmene (m)	**turkmen** (m)	[turk'men]
Turkmenin (f)	**turkmensk kvinne** (m/f)	[turk'mensk ˌkvinə]
turkmenisch	**turkmensk**	[turk'mensk]

Usbekistan	**Usbekistan**	[us'bekiˌstɑn]
Usbeke (m)	**usbek, usbeker** (m)	[us'bek], [us'bekər]
Usbekin (f)	**usbekisk kvinne** (m/f)	[us'bekisk ˌkvinə]
usbekisch	**usbekisk**	[us'bekisk]

Ukraine (f)	**Ukraina**	[ukrɑ'inɑ]
Ukrainer (m)	**ukrainer** (m)	[ukrɑ'inər]
Ukrainerin (f)	**ukrainsk kvinne** (m/f)	[ukrɑ'insk ˌkvinə]
ukrainisch	**ukrainsk**	[ukrɑ'insk]

237. Asien

Asien	**Asia**	['ɑsiɑ]
asiatisch	**asiatisk**	[asi'ɑtisk]

Vietnam	**Vietnam**	['vjɛtnɑm]
Vietnamese (m)	**vietnameser** (m)	[vjɛtnɑ'mesər]
Vietnamesin (f)	**vietnamesisk kvinne** (m/f)	[vjɛtnɑ'mesisk ˌkvinə]
vietnamesisch	**vietnamesisk**	[vjɛtnɑ'mesisk]

Indien	**India**	['indiɑ]
Inder (m)	**inder** (m)	['indər]
Inderin (f)	**indisk kvinne** (m/f)	['indisk ˌkvinə]
indisch	**indisk**	['indisk]

Israel	**Israel**	['isrɑəl]
Israeli (m)	**israeler** (m)	[isrɑ'elər]
Israeli (f)	**israelsk kvinne** (m/f)	[isrɑ'elsk ˌkvinə]
israelisch	**israelsk**	[isrɑ'elsk]

Jude (m)	**jøde** (m)	['jødə]
Jüdin (f)	**jødisk kvinne** (m/f)	['jødisk ˌkvinə]
jüdisch	**jødisk**	['jødisk]

China	**Kina**	['çinɑ]
Chinese (m)	**kineser** (m)	[çi'nesər]

| Chinesin (f) | kinesisk kvinne (m/f) | [çi'nesisk ˌkvinə] |
| chinesisch | kinesisk | [çi'nesisk] |

Koreaner (m)	koreaner (m)	[kʊre'anər]
Koreanerin (f)	koreansk kvinne (m/f)	[kʊre'ansk ˌkvinə]
koreanisch	koreansk	[kʊre'ansk]

Libanon (m)	Libanon	['libanɔn]
Libanese (m)	libaneser (m)	[liba'nesər]
Libanesin (f)	libanesisk kvinne (m/f)	[liba'nesisk ˌkvinə]
libanesisch	libanesisk	[liba'nesisk]

Mongolei (f)	Mongolia	[mʊŋ'gulia]
Mongole (m)	mongol (m)	[mʊŋ'gul]
Mongolin (f)	mongolsk kvinne (m/f)	[mʊn'gɔlsk ˌkvinə]
mongolisch	mongolsk	[mʊn'gɔlsk]

Malaysia	Malaysia	[ma'lajsia]
Malaie (m)	malayer (m)	[ma'lajər]
Malaiin (f)	malayisk kvinne (m/f)	[ma'lajisk ˌkvinə]
malaiisch	malayisk	[ma'lajisk]

Pakistan	Pakistan	['pakiˌstan]
Pakistaner (m)	pakistaner (m)	[paki'stanər]
Pakistanerin (f)	pakistansk kvinne (m/f)	[paki'stansk ˌkvinə]
pakistanisch	pakistansk	[paki'stansk]

Saudi-Arabien	Saudi-Arabia	['saʊdi a'rabia]
Araber (m)	araber (m)	[a'rabər]
Araberin (f)	arabisk kvinne (m)	[a'rabisk ˌkvinə]
arabisch	arabisk	[a'rabisk]

Thailand	Thailand	['tajlan]
Thailänder (m)	thailender (m)	['tajlendər]
Thailänderin (f)	thailandsk kvinne (m/f)	['tajlansk ˌkvinə]
thailändisch	thailandsk	['tajlansk]

Taiwan	Taiwan	['tajˌvan]
Taiwaner (m)	taiwaner (m)	[taj'vanər]
Taiwanerin (f)	taiwansk kvinne (m/f)	[taj'vansk ˌkvinə]
taiwanisch	taiwansk	[taj'vansk]

Türkei (f)	Tyrkia	[tyrkia]
Türke (m)	tyrker (m)	['tyrkər]
Türkin (f)	tyrkisk kvinne (m/f)	['tyrkisk ˌkvinə]
türkisch	tyrkisk	['tyrkisk]

Japan	Japan	['japan]
Japaner (m)	japaner (m)	[ja'panər]
Japanerin (f)	japansk kvinne (m/f)	['japansk ˌkvinə]
japanisch	japansk	['japansk]

Afghanistan	Afghanistan	[af'ganiˌstan]
Bangladesch	Bangladesh	[bangla'dɛʂ]
Indonesien	Indonesia	[indʊ'nesia]
Jordanien	Jordan	['jɔrdan]

Irak	Irak	['irak]
Iran	Iran	['iran]
Kambodscha	Kambodsja	[kam'bɔdṣa]
Kuwait	Kuwait	['kʉvajt]

Laos	Laos	['laɔs]
Myanmar	Myanmar	['mjænma]
Nepal	Nepal	['nepal]
Vereinigten Arabischen	Forente Arabiske	[fɔ'rentə a'rabiskə
Emirate	Emiratene	ɛmi'ratenə]

Syrien	Syria	['syria]
Palästina	Palestina	[pale'stina]
Südkorea	Sør-Korea	['sør kʉˌrea]
Nordkorea	Nord-Korea	['nuːr kʉ'rɛa]

238. Nordamerika

Die Vereinigten Staaten	Amerikas Forente Stater	[a'merikas fɔ'rentə 'statər]
Amerikaner (m)	amerikaner (m)	[ameri'kanər]
Amerikanerin (f)	amerikansk kvinne (m)	[ameri'kansk ˌkvinə]
amerikanisch	amerikansk	[ameri'kansk]

Kanada	Canada	['kanada]
Kanadier (m)	kanadier (m)	[ka'nadiər]
Kanadierin (f)	kanadisk kvinne (m/f)	[ka'nadisk ˌkvinə]
kanadisch	kanadisk	[ka'nadisk]

Mexiko	Mexico	['mɛksikʉ]
Mexikaner (m)	meksikaner (m)	[mɛksi'kanər]
Mexikanerin (f)	meksikansk kvinne (m/f)	[mɛksi'kansk ˌkvinə]
mexikanisch	meksikansk	[mɛksi'kansk]

239. Mittel- und Südamerika

Argentinien	Argentina	[argɛn'tina]
Argentinier (m)	argentiner (m)	[argɛn'tinər]
Argentinierin (f)	argentinsk kvinne (m)	[argɛn'tinsk ˌkvinə]
argentinisch	argentinsk	[argɛn'tinsk]

Brasilien	Brasilia	[bra'silia]
Brasilianer (m)	brasilianer (m)	[brasili'anər]
Brasilianerin (f)	brasiliansk kvinne (m/f)	[brasili'ansk ˌkvinə]
brasilianisch	brasiliansk	[brasili'ansk]

Kolumbien	Colombia	[kɔ'lʉmbia]
Kolumbianer (m)	colombianer (m)	[kɔlʉmbi'anər]
Kolumbianerin (f)	colombiansk kvinne (m/f)	[kɔlʉmbi'ansk ˌkvinə]
kolumbianisch	colombiansk	[kɔlʉmbi'ansk]

| Kuba | Cuba | ['kʉba] |
| Kubaner (m) | kubaner (m) | [kʉ'banər] |

| Kubanerin (f) | kubansk kvinne (m/f) | [kʉ'bɑnsk ˌkvinə] |
| kubanisch | kubansk | [kʉ'bɑnsk] |

Chile	Chile	['tʂilə]
Chilene (m)	chilener (m)	[tʂi'lenər]
Chilenin (f)	chilensk kvinne (m/f)	[tʂi'lensk ˌkvinə]
chilenisch	chilensk	[tʂi'lensk]

Bolivien	Bolivia	[bɔ'liviɑ]
Venezuela	Venezuela	[venesʉ'ɛlɑ]
Paraguay	Paraguay	[pɑrɑg'wɑj]
Peru	Peru	[pe'ru:]

Suriname	Surinam	['sʉriˌnɑm]
Uruguay	Uruguay	[ʉrygʉ'ɑj]
Ecuador	Ecuador	[ɛkʊɑ'dɔr]

Die Bahamas	Bahamas	[bɑ'hɑmɑs]
Haiti	Haiti	[hɑ'iti]
Dominikanische Republik	Dominikanske Republikken	[dʉmini'kɑnskə repʉ'blikən]
Panama	Panama	['pɑnɑmɑ]
Jamaika	Jamaica	[ʂɑ'mɑjkɑ]

240. Afrika

Ägypten	Egypt	[ɛ'gypt]
Ägypter (m)	egypter (m)	[ɛ'gyptər]
Ägypterin (f)	egyptisk kvinne (m/f)	[ɛ'gyptisk ˌkvinə]
ägyptisch	egyptisk	[ɛ'gyptisk]

Marokko	Marokko	[mɑ'rɔkʊ]
Marokkaner (m)	marokkaner (m)	[mɑrɔ'kɑnər]
Marokkanerin (f)	marokkansk kvinne (m/f)	[mɑrɔ'kɑnsk ˌkvinə]
marokkanisch	marokkansk	[mɑrɔ'kɑnsk]

Tunesien	Tunisia	['tʉ'nisiɑ]
Tunesier (m)	tuneser (m)	[tʉ'nesər]
Tunesierin (f)	tunesisk kvinne (m/f)	[tʉ'nesisk ˌkvinə]
tunesisch	tunesisk	[tʉ'nesisk]

Ghana	Ghana	['gɑnɑ]
Sansibar	Zanzibar	['sɑnsibɑr]
Kenia	Kenya	['kenyɑ]
Libyen	Libya	['libiɑ]
Madagaskar	Madagaskar	[mɑdɑ'gɑskɑr]

Namibia	Namibia	[nɑ'mibiɑ]
Senegal	Senegal	[sene'gɑl]
Tansania	Tanzania	['tɑnsɑˌniɑ]
Republik Südafrika	Republikken Sør-Afrika	[repʉ'bliken 'sørˌɑfrikɑ]

Afrikaner (m)	afrikaner (m)	[ɑfri'kɑnər]
Afrikanerin (f)	afrikansk kvinne (m)	[ɑfri'kɑnsk ˌkvinə]
afrikanisch	afrikansk	[ɑfri'kɑnsk]

241. Australien. Ozeanien

Australien	Australia	[auˈstralia]
Australier (m)	australier (m)	[auˈstraliər]
Australierin (f)	australsk kvinne (m/f)	[auˈstralsk ˌkvinə]
australisch	australsk	[auˈstralsk]

Neuseeland	New Zealand	[njʉˈselan]
Neuseeländer (m)	newzealender (m)	[njʉˈselendər]
Neuseeländerin (f)	newzealandsk kvinne (m/f)	[njʉˈselansk ˌkvinə]
neuseeländisch	newzealandsk	[njʉˈselansk]

Tasmanien	Tasmania	[tasˈmania]
Französisch-Polynesien	Fransk Polynesia	[ˈfransk pɔlyˈnesia]

242. Städte

Amsterdam	Amsterdam	[ˈamstɛrˌdam]
Ankara	Ankara	[ˈankara]
Athen	Athen, Aten	[aˈten]

Bagdad	Bagdad	[ˈbagdad]
Bangkok	Bangkok	[ˈbankɔk]
Barcelona	Barcelona	[barsəˈluna]
Beirut	Beirut	[ˈbæjˌrʉt]
Berlin	Berlin	[bɛrˈlin]

Bombay	Bombay	[ˈbɔmbɛj]
Bonn	Bonn	[ˈbɔn]
Bordeaux	Bordeaux	[borˈdɔː]
Bratislava	Bratislava	[bratiˈslava]
Brüssel	Brussel	[ˈbrʉsɛl]
Budapest	Budapest	[ˈbʉdapɛst]
Bukarest	Bukarest	[ˈbʉkaˈrɛst]

Chicago	Chicago	[ʂiˈkagʉ]
Daressalam	Dar-es-Salaam	[ˈdaresaˌlam]
Delhi	Delhi	[ˈdɛli]
Den Haag	Haag	[ˈhag]
Dubai	Dubai	[ˈdʉbaj]
Dublin	Dublin	[ˈdøblin]
Düsseldorf	Düsseldorf	[ˈdʉsəlˌdorf]

Florenz	Firenze	[fiˈrɛnsə]
Frankfurt	Frankfurt	[ˈfrankfʉːt]
Genf	Genève	[ʂeˈnɛv]

Hamburg	Hamburg	[ˈhambʉrg]
Hanoi	Hanoi	[ˈhanɔj]
Havanna	Havana	[haˈvana]
Helsinki	Helsinki	[ˈhɛlsinki]
Hiroshima	Hiroshima	[hirʉˈsima]
Hongkong	Hongkong	[ˈhɔnˌkɔn]

| Istanbul | Istanbul | ['istanbʉl] |
| Jerusalem | Jerusalem | [je'rʉsalem] |

Kairo	Kairo	['kajrʊ]
Kalkutta	Calcutta	[kal'kʉta]
Kiew	Kiev	['kiːef]
Kopenhagen	København	['çøbən,havn]
Kuala Lumpur	Kuala Lumpur	[kʉ'ala 'lʉmpʉr]
Lissabon	Lisboa	['lisbʊa]
London	London	['londɔn]
Los Angeles	Los Angeles	[,lɔs'ændʒələs]
Lyon	Lyon	[li'ɔn]

Madrid	Madrid	[ma'drid]
Marseille	Marseille	[mar'sɛj]
Mexiko-Stadt	Mexico City	['mɛksikʊ 'siti]
Miami	Miami	[ma'jami]
Montreal	Montreal	[mɔntri'ɔl]
Moskau	Moskva	[mɔ'skva]
München	München	['mʉnhən]

Nairobi	Nairobi	[naj'rʊbi]
Neapel	Napoli	['napʊli]
New York	New York	[njʉ 'jork]
Nizza	Nice	['nis]
Oslo	Oslo	['ɔşlʉ]
Ottawa	Ottawa	['ɔtava]

Paris	Paris	[pa'ris]
Peking	Peking, Beijing	['pekiŋ], ['bɛjʒin]
Prag	Praha	['praha]
Rio de Janeiro	Rio de Janeiro	['riu de şa'næjrʊ]
Rom	Roma	['rʊma]

Sankt Petersburg	Sankt Petersburg	[,sankt 'petɛş,bʉrg]
Schanghai	Shanghai	['şaŋhaj]
Seoul	Seoul	[se'uːl]
Singapur	Singapore	['siŋa'pɔr]
Stockholm	Stockholm	['stɔkhɔlm]
Sydney	Sydney	['sidni]

Taipeh	Taipei	['tajpæj]
Tokio	Tokyo	['tɔkiʊ]
Toronto	Toronto	[tɔ'rɔntʊ]

Venedig	Venezia	[ve'netsia]
Warschau	Warszawa	[va'şava]
Washington	Washington	['vɔşiŋtən]
Wien	Wien	['vin]

243. Politik. Regierung. Teil 1

| Politik (f) | politikk (m) | [pʊli'tik] |
| politisch | politisk | [pʊ'litisk] |

Politiker (m)	politiker (m)	[pʊ'litikər]
Staat (m)	stat (m)	['stat]
Bürger (m)	statsborger (m)	['stats͜borgər]
Staatsbürgerschaft (f)	statsborgerskap (n)	['statsborgə͜skap]

| Staatswappen (n) | riksvåpen (n) | ['riks͜vopən] |
| Nationalhymne (f) | nasjonalsang (m) | [naʂʊ'nal͜saŋ] |

Regierung (f)	regjering (m/f)	[rɛ'jeriŋ]
Staatschef (m)	landets leder (m)	['lanɛts ͜ledər]
Parlament (n)	parlament (n)	[pɑ:|ɑ'mɛnt]
Partei (f)	parti (n)	[pɑ:'ţi]

| Kapitalismus (m) | kapitalisme (n) | [kapita'lismə] |
| kapitalistisch | kapitalistisk | [kapita'listisk] |

| Sozialismus (m) | sosialisme (m) | [sʊsia'lismə] |
| sozialistisch | sosialistisk | [sʊsia'listisk] |

Kommunismus (m)	kommunisme (m)	[kʊmʉ'nismə]
kommunistisch	kommunistisk	[kʊmʉ'nistisk]
Kommunist (m)	kommunist (m)	[kʊmʉ'nist]

Demokratie (f)	demokrati (n)	[demʊkra'ti]
Demokrat (m)	demokrat (m)	[demʊ'krat]
demokratisch	demokratisk	[demʊ'kratisk]
demokratische Partei (f)	demokratisk parti (n)	[demʊ'kratisk pɑ:'ţi]

| Liberale (m) | liberaler (m) | [libə'ralər] |
| liberal | liberal | [libə'ral] |

| Konservative (m) | konservativ (m) | [kʊn'sɛrva͜tiv] |
| konservativ | konservativ | [kʊn'sɛrva͜tiv] |

Republik (f)	republikk (m)	[repʉ'blik]
Republikaner (m)	republikaner (m)	[repʉbli'kanər]
Republikanische Partei (f)	republikanske parti (n)	[repʉbli'kanskə pɑ:'ţi]

Wahlen (pl)	valg (n)	['valg]
wählen (vt)	å velge	[ɔ 'vɛlgə]
Wähler (m)	velger (m)	['vɛlgər]
Wahlkampagne (f)	valgkampanje (m)	['valg kam'panjə]

Abstimmung (f)	avstemning, votering (m)	['af͜stɛmniŋ], ['voteriŋ]
abstimmen (vi)	å stemme	[ɔ 'stɛmə]
Abstimmungsrecht (n)	stemmerett (m)	['stɛmə͜rɛt]

Kandidat (m)	kandidat (m)	[kandi'dat]
kandidieren (vi)	å kandidere	[ɔ kandi'derə]
Kampagne (f)	kampanje (m)	[kam'panjə]

| Oppositions- | opposisjons- | [ɔpʊsi'ʂʊns-] |
| Opposition (f) | opposisjon (m) | [ɔpʊsi'ʂʊn] |

| Besuch (m) | besøk (n) | [be'søk] |
| Staatsbesuch (m) | offisielt besøk (n) | [ɔfi'sjɛlt be'søk] |

international	internasjonal	['intɛːŋaʂʊˌnal]
Verhandlungen (pl)	forhandlinger (m pl)	[fɔr'hɑndliŋər]
verhandeln (vi)	å forhandle	[ɔ fɔr'hɑndlə]

244. Politik. Regierung. Teil 2

Gesellschaft (f)	samfunn (n)	['sɑmˌfʉn]
Verfassung (f)	grunnlov (m)	['grʉnˌlɔv]
Macht (f)	makt (m)	['mɑkt]
Korruption (f)	korrupsjon (m)	[kʊrʉp'ʂʊn]

| Gesetz (n) | lov (m) | ['lɔv] |
| gesetzlich (Adj) | lovlig | ['lɔvli] |

| Gerechtigkeit (f) | rettferdighet (m) | [rɛt'færdiˌhet] |
| gerecht | rettferdig | [rɛt'færdi] |

Komitee (n)	komité (m)	[kʊmi'te]
Gesetzentwurf (m)	lovforslag (n)	['lɔvˌfɔʂlɑg]
Budget (n)	budsjett (n)	[bʉd'ʂɛt]
Politik (f)	politikk (m)	[pʊli'tik]
Reform (f)	reform (m/f)	[rɛ'fɔrm]
radikal	radikal	[rɑdi'kɑl]

Macht (f)	kraft (m/f)	['krɑft]
mächtig (Adj)	mektig	['mɛkti]
Anhänger (m)	tilhenger (m)	['tilˌhɛŋər]
Einfluss (m)	innflytelse (m)	['inˌflytəlse]

Regime (n)	regime (n)	[rɛ'ʂimə]
Konflikt (m)	konflikt (m)	[kʊn'flikt]
Verschwörung (f)	sammensvergelse (m)	['samənˌsværgəlse]
Provokation (f)	provokasjon (m)	[prʊvʊka'ʂʊn]

stürzen (vt)	å styrte	[ɔ 'styːʈə]
Sturz (m)	styrting (m/f)	['styːʈiŋ]
Revolution (f)	revolusjon (m)	[revʊlʉ'ʂʊn]

| Staatsstreich (m) | statskupp (n) | ['stɑtsˌkʉp] |
| Militärputsch (m) | militærkupp (n) | [mili'tærˌkʉp] |

Krise (f)	krise (m/f)	['krisə]
Rezession (f)	økonomisk nedgang (m)	[økʊ'nɔmisk 'nedˌgɑŋ]
Demonstrant (m)	demonstrant (m)	[demɔn'strɑnt]
Demonstration (f)	demonstrasjon (m)	[demɔnstra'ʂʊn]
Ausnahmezustand (m)	krigstilstand (m)	['krigstilˌstɑn]
Militärbasis (f)	militærbase (m)	[mili'tærˌbɑsə]

| Stabilität (f) | stabilitet (m) | [stɑbili'tet] |
| stabil | stabil | [stɑ'bil] |

Ausbeutung (f)	utbytting (m/f)	['ʉtˌbytiŋ]
ausbeuten (vt)	å utbytte	[ɔ 'ʉtˌbytə]
Rassismus (m)	rasisme (m)	[ra'sismə]

219

Rassist (m)	rasist (m)	[ra'sist]
Faschismus (m)	fascisme (m)	[fa'ʂismə]
Faschist (m)	fascist (m)	[fa'ʂist]

245. Länder. Verschiedenes

Ausländer (m)	utlending (m)	['ʉt͵leniŋ]
ausländisch	utenlandsk	['ʉtən͵lɑnsk]
im Ausland	i utlandet	[i 'ʉt͵lɑnə]

Auswanderer (m)	emigrant (m)	[emi'grɑnt]
Auswanderung (f)	emigrasjon (m)	[emigra'ʂʉn]
auswandern (vi)	å emigrere	[ɔ emi'grɛrə]

Westen (m)	Vesten	['vɛstən]
Osten (m)	Østen	['østən]
Ferner Osten (m)	Det fjerne østen	['de 'fjæː ɲə ͵østɛn]
Zivilisation (f)	sivilisasjon (m)	[sivilisa'ʂʉn]
Menschheit (f)	menneskehet (m)	['mɛnəske͵het]
Welt (f)	verden (m)	['værdən]
Frieden (m)	fred (m)	['frɛd]
Welt-	verdens-	['værdəns-]

Heimat (f)	fedreland (n)	['fædrə͵lɑn]
Volk (n)	folk (n)	['fɔlk]
Bevölkerung (f)	befolkning (m)	[be'fɔlkniŋ]
Leute (pl)	folk (n)	['fɔlk]
Nation (f)	nasjon (m)	[na'ʂʉn]
Generation (f)	generasjon (m)	[genera'ʂʉn]
Territorium (n)	territorium (n)	[tɛri'tʉrium]
Region (f)	region (m)	[rɛgi'ʉn]
Staat (z.B. ~ Alaska)	delstat (m)	['del͵stat]

Tradition (f)	tradisjon (m)	[tradi'ʂʉn]
Brauch (m)	skikk, sedvane (m)	['ʂik], ['sɛd͵vanə]
Ökologie (f)	økologi (m)	[økʉlʉ'gi]

Indianer (m)	indianer (m)	[indi'anər]
Zigeuner (m)	sigøyner (m)	[si'gøjnər]
Zigeunerin (f)	sigøynerske (m/f)	[si'gøjnəskə]
Zigeuner-	sigøynersk	[si'gøjnəʂk]

Reich (n)	imperium, keiserrike (n)	['im'perium], ['kæjsə͵rike]
Kolonie (f)	koloni (m)	[kʉlu'ni]
Sklaverei (f)	slaveri (n)	[slavɛ'ri]
Einfall (m)	invasjon (m)	[inva'ʂʉn]
Hunger (m)	hungersnød (m/f)	['hʉŋɛs͵nød]

246. Wichtige Religionsgruppen. Konfessionen

| Religion (f) | religion (m) | [religi'ʉn] |
| religiös | religiøs | [reli'gjøs] |

Glaube (m)	tro (m)	['tru]
glauben (vt)	å tro	[ɔ 'tru]
Gläubige (m)	troende (m)	['truenə]

| Atheismus (m) | ateisme (m) | [ate'ismə] |
| Atheist (m) | ateist (m) | [ate'ist] |

Christentum (n)	kristendom (m)	['kristən‚dɔm]
Christ (m)	kristen (m)	['kristən]
christlich	kristelig	['kristəli]

Katholizismus (m)	katolisisme (m)	[katuli'sismə]
Katholik (m)	katolikk (m)	[katu'lik]
katholisch	katolsk	[ka'tulsk]

Protestantismus (m)	protestantisme (m)	[prutɛstan'tismə]
Protestantische Kirche (f)	den protestantiske kirke	[den prutɛ'stantiskə ‚çirkə]
Protestant (m)	protestant (m)	[prutɛ'stant]

Orthodoxes Christentum (n)	ortodoksi (m)	[ɔ:ʈuduk'si]
Orthodoxe Kirche (f)	den ortodokse kirke	[den ɔ:ʈu'dɔksə ‚çirkə]
orthodoxer Christ (m)	ortodoks (n)	[ɔ:ʈu'dɔks]

Presbyterianismus (m)	presbyterianisme (m)	[prɛsbytæria'nismə]
Presbyterianische Kirche (f)	den presbyterianske kirke	[den prɛsbyteri'anskə ‚çirkə]
Presbyterianer (m)	presbyterianer (m)	[prɛsbytæri'anər]

| Lutherische Kirche (f) | lutherdom (m) | [luter'dɔm] |
| Lutheraner (m) | lutheraner (m) | [lute'ranər] |

| Baptismus (m) | baptisme (m) | [bap'tismə] |
| Baptist (m) | baptist (m) | [bap'tist] |

| Anglikanische Kirche (f) | den anglikanske kirke | [den aŋli'kanskə ‚çirkə] |
| Anglikaner (m) | anglikaner (m) | [aŋli'kanər] |

| Mormonismus (m) | mormonisme (m) | [mɔrmɔ'nismə] |
| Mormone (m) | mormon (m) | [mur'mun] |

| Judentum (n) | judaisme (m) | ['jʉda‚ismə] |
| Jude (m) | judeer (m) | ['jʉ'deər] |

| Buddhismus (m) | buddhisme (m) | [bʉ'dismə] |
| Buddhist (m) | buddhist (m) | [bʉ'dist] |

| Hinduismus (m) | hinduisme (m) | [hindʉ'ismə] |
| Hindu (m) | hindu (m) | ['hindʉ] |

Islam (m)	islam	['islam]
Moslem (m)	muslim (m)	[mʉ'slim]
moslemisch	muslimsk	[mʉ'slimsk]

Schiismus (m)	sjiisme (m)	[ʂi'ismə]
Schiit (m)	sjiitt (m)	[ʂi'it]
Sunnismus (m)	sunnisme (m)	[sʉ'nismə]
Sunnit (m)	sunnimuslim (m)	['sʉni mʉs‚lim]

247. Religionen. Priester

| Priester (m) | prest (m) | ['prɛst] |
| Papst (m) | Paven | ['pɑvən] |

Mönch (m)	munk (m)	['muŋk]
Nonne (f)	nonne (m/f)	['nɔnə]
Pfarrer (m)	pastor (m)	['pɑstʊr]

Abt (m)	abbed (m)	['abed]
Vikar (m)	sogneprest (m)	['sɔŋnə‚prɛst]
Bischof (m)	biskop (m)	['biskɔp]
Kardinal (m)	kardinal (m)	[kɑ:ɖi'nɑl]

Prediger (m)	predikant (m)	[prɛdi'kɑnt]
Predigt (f)	preken (m)	['prɛkən]
Gemeinde (f)	menighet (m/f)	['meni‚het]

| Gläubige (m) | troende (m) | ['trʊenə] |
| Atheist (m) | ateist (m) | [ate'ist] |

248. Glauben. Christentum. Islam

| Adam | Adam | ['adɑm] |
| Eva | Eva | ['ɛva] |

Gott (m)	Gud (m)	['gud]
Herr (m)	Herren	['hæərən]
Der Allmächtige	Den Allmektige	[den al'mɛktiə]

Sünde (f)	synd (m/f)	['sʏn]
sündigen (vi)	å synde	[ɔ 'sʏnə]
Sünder (m)	synder (m)	['sʏnər]
Sünderin (f)	synderinne (m)	['sʏnə‚rinə]

| Hölle (f) | helvete (n) | ['hɛlvetə] |
| Paradies (n) | paradis (n) | ['pɑrɑ‚dis] |

| Jesus | Jesus | ['jesus] |
| Jesus Christus | Jesus Kristus | ['jesus ‚kristus] |

der Heiliger Geist	Den Hellige Ånd	[dən 'hɛliə ‚on]
der Erlöser	Frelseren	['frelserən]
die Jungfrau Maria	Jomfru Maria	['jomfru mɑ‚riɑ]

Teufel (m)	Djevel (m)	['djevəl]
teuflisch	djevelsk	['djevəlsk]
Satan (m)	Satan	['sɑtɑn]
satanisch	satanisk	[sɑ'tɑnisk]

Engel (m)	engel (m)	['ɛŋəl]
Schutzengel (m)	skytsengel (m)	['şʏts‚ɛŋəl]
Engel(s)-	engle-	['ɛŋlə-]

Apostel (m)	apostel (m)	[a'pɔstəl]
Erzengel (m)	erkeengel (m)	['ærkə,æŋəl]
Antichrist (m)	Antikrist	['anti‚krist]

Kirche (f)	kirken (m)	['çirkən]
Bibel (f)	bibel (m)	['bibəl]
biblisch	bibelsk	['bibəlsk]

Altes Testament (n)	Det Gamle Testamente	[de 'gamlə tɛsta'mentə]
Neues Testament (n)	Det Nye Testamente	[de 'nye tɛsta'mentə]
Evangelium (n)	evangelium (n)	[ɛvan'gelium]
Heilige Schrift (f)	Den Hellige Skrift	[dən 'hɛliə ,skrift]
Himmelreich (n)	Himmerike (n)	['himə,rikə]

Gebot (n)	bud (n)	['bʉd]
Prophet (m)	profet (m)	[prʊ'fet]
Prophezeiung (f)	profeti (m)	[prʊfe'ti]

Allah	Allah	['ala]
Mohammed	Muhammed	[mʉ'hamed]
Koran (m)	Koranen	[kʊ'ranən]

Moschee (f)	moské (m)	[mʊ'ske]
Mullah (m)	mulla (m)	['mʉla]
Gebet (n)	bønn (m)	['bœn]
beten (vi)	å be	[ɔ 'be]

Wallfahrt (f)	pilegrimsreise (m/f)	['pilǝgrims,ræjsǝ]
Pilger (m)	pilegrim (m)	['pilǝgrim]
Mekka (n)	Mekka	['mɛka]

Kirche (f)	kirke (m/f)	['çirkǝ]
Tempel (m)	tempel (n)	['tɛmpǝl]
Kathedrale (f)	katedral (m)	[kate'dral]
gotisch	gotisk	['gɔtisk]
Synagoge (f)	synagoge (m)	[syna'gʊgǝ]
Moschee (f)	moské (m)	[mʊ'ske]

Kapelle (f)	kapell (n)	[ka'pɛl]
Abtei (f)	abbedi (n)	['abedi]
Nonnenkloster (n)	kloster (n)	['klɔstǝr]
Mönchskloster (n)	kloster (n)	['klɔstǝr]

Glocke (f)	klokke (m/f)	['klɔkǝ]
Glockenturm (m)	klokketårn (n)	['klɔkǝ,to:ɳ]
läuten (Glocken)	å ringe	[ɔ 'riŋǝ]

Kreuz (n)	kors (n)	['kɔ:ʂ]
Kuppel (f)	kuppel (m)	['kʉpǝl]
Ikone (f)	ikon (m/n)	[i'kʊn]

Seele (f)	sjel (m)	['ʂɛl]
Schicksal (n)	skjebne (m)	['ʂɛbnǝ]
das Böse	ondskap (n)	['ʊn,skap]
Gute (n)	godhet (m)	['gʊ,het]
Vampir (m)	vampyr (m)	[vam'pyr]

Hexe (f)	heks (m)	['hɛks]
Dämon (m)	demon (m)	[de'mʊn]
Geist (m)	ånd (m)	['ɔn]

| Sühne (f) | forløsning (m/f) | [fɔːˈløsniŋ] |
| sühnen (vt) | å sone | [ɔ 'sʊnə] |

Gottesdienst (m)	gudstjeneste (m)	['gʉts͵tjenɛstə]
die Messe lesen	å holde gudstjeneste	[ɔ 'hɔldə 'gʉts͵tjenɛstə]
Beichte (f)	skriftemål (n)	['skriftə͵mol]
beichten (vi)	å skrifte	[ɔ 'skriftə]

Heilige (m)	helgen (m)	['hɛlgən]
heilig	hellig	['hɛli]
Weihwasser (n)	vievann (n)	['viə͵vɑn]

Ritual (n)	ritual (n)	[ritʉ'ɑl]
rituell	rituell	[ritʉ'ɛl]
Opfer (n)	ofring (m/f)	['ɔfriŋ]

Aberglaube (m)	overtro (m)	['ovə͵trʊ]
abergläubisch	overtroisk	['ovə͵trʊisk]
Nachleben (n)	livet etter dette	['livə ͵ɛtər 'dɛtə]
ewiges Leben (n)	det evige liv	[de ͵eviə 'liv]

VERSCHIEDENES

249. Verschiedene nützliche Wörter

Anfang (m)	begynnelse (m)	[be'jinəlsə]
Anstrengung (f)	anstrengelse (m)	['anˌstrɛŋəlsə]
Anteil (m)	del (m)	['del]
Art (Typ, Sorte)	slags (n)	['şlaks]
Auswahl (f)	valg (n)	['valg]
Barriere (f)	hinder (n)	['hindər]
Basis (f)	basis (n)	['basis]
Beispiel (n)	eksempel (n)	[ɛk'sɛmpəl]
bequem (gemütlich)	bekvem	[be'kvem]
Bilanz (f)	balanse (m)	[ba'lansə]
Ding (n)	ting (m)	['tiŋ]
dringend (Adj)	omgående	['ɔmˌgɔːnə]
dringend (Adv)	omgående	['ɔmˌgɔːnə]
Effekt (m)	effekt (m)	[ɛ'fɛkt]
Eigenschaft (Werkstoff~)	egenskap (m)	['ɛgənˌskap]
Element (n)	element (n)	[ɛle'mɛnt]
Ende (n)	slutt (m)	['şlʉt]
Entwicklung (f)	utvikling (m/f)	['ʉtˌvikliŋ]
Fachwort (n)	term (m)	['tɛrm]
Fehler (m)	feil (m)	['fæjl]
Form (z.B. Kugel-)	form (m/f)	['fɔrm]
Fortschritt (m)	fremskritt (n)	['frɛmˌskrit]
Gegenstand (m)	objekt (n)	[ɔb'jɛkt]
Geheimnis (n)	hemmelighet (m/f)	['hɛməliˌhet]
Grad (Ausmaß)	grad (m)	['grad]
Halt (m), Pause (f)	stopp (m), hvile (m/f)	['stɔp], ['vilə]
häufig (Adj)	hyppig	['hʏpi]
Hilfe (f)	hjelp (m)	['jɛlp]
Hindernis (n)	hindring (m/f)	['hindriŋ]
Hintergrund (m)	bakgrunn (m)	['bakˌgrʉn]
Ideal (n)	ideal (n)	[ide'al]
Kategorie (f)	kategori (m)	[kategʉ'ri]
Kompensation (f)	kompensasjon (m)	[kʉmpɛnsa'şʉn]
Labyrinth (n)	labyrint (m)	[laby'rint]
Lösung (Problem usw.)	løsning (m)	['løsniŋ]
Moment (m)	moment (n)	[mɔ'mɛnt]
Nutzen (m)	nytte (m/f)	['nʏtə]
Original (Schriftstück)	original (m)	[ɔrigi'nal]
Pause (kleine ~)	pause (m)	['pausə]

Position (f)	**posisjon** (m)	[pɔsi'ʂʊn]
Prinzip (n)	**prinsipp** (n)	[prin'sip]
Problem (n)	**problem** (n)	[prʊ'blem]
Prozess (m)	**prosess** (m)	[prʊ'sɛs]

Reaktion (f)	**reaksjon** (m)	[rɛak'ʂʊn]
Reihe (Sie sind an der ~)	**tur** (m)	['tʉr]
Risiko (n)	**risiko** (m)	['risikʊ]
Serie (f)	**serie** (m)	['seriə]

Situation (f)	**situasjon** (m)	[sitʉa'ʂʊn]
Standard-	**standard-**	['stan͵dar-]
Standard (m)	**standard** (m)	['stan͵dar]
Stil (m)	**stil** (m)	['stil]

System (n)	**system** (n)	[sʏ'stem]
Tabelle (f)	**tabell** (m)	[ta'bɛl]
Tatsache (f)	**faktum** (n)	['faktum]
Teilchen (n)	**partikel** (m)	[pɑ:'ʈikəl]
Tempo (n)	**tempo** (n)	['tɛmpʊ]

Typ (m)	**type** (m)	['typə]
Unterschied (m)	**skilnad, forskjell** (m)	['ʂilnad], ['fɔ:ʂɛl]
Ursache (z.B. Todes-)	**årsak** (m/f)	['o:͵ʂak]
Variante (f)	**variant** (m)	[vari'ant]
Vergleich (m)	**sammenlikning** (m)	['samən͵likniŋ]

Wachstum (n)	**vekst** (m)	['vɛkst]
Wahrheit (f)	**sannhet** (m)	['san͵het]
Weise (Weg, Methode)	**måte** (m)	['mo:tə]
Zone (f)	**sone** (m/f)	['sʊnə]
Zufall (m)	**sammenfall** (n)	['samən͵fal]

250. Bestimmungswörter. Adjektive. Teil 1

abgemagert	**benete, mager**	['benetə], ['magər]
ähnlich	**lik**	['lik]
alt (z.B. die -en Griechen)	**oldtidens, antikkens**	['ɔl͵tidəns], [an'tikəns]
alt, betagt	**gammel**	['gaməl]
andauernd	**langvarig**	['laŋ͵vari]

angenehm	**trivelig, behagelig**	['trivli], [be'hagli]
arm	**fattig**	['fati]
ausgezeichnet	**utmerket**	['ʉt͵mærkət]
ausländisch, Fremd-	**utenlandsk**	['ʉtən͵lansk]
Außen-, äußer	**ytre**	['ytrə]

bedeutend	**betydelig**	[be'tydəli]
begrenzt	**begrenset**	[be'grɛnsət]
beständig	**fast, permanent**	['fast], ['pɛrma͵nɛnt]
billig	**billig**	['bili]

bitter	**bitter**	['bitər]
blind	**blind**	['blin]

brauchbar	egnet	['æjnət]
breit (Straße usw.)	bred	['bre]
bürgerlich	sivil	[si'vil]

dankbar	takknemlig	[tɑk'nɛmli]
das wichtigste	viktigste	['viktigstə]
der letzte	sist	['sist]
dicht (-er Nebel)	tykk	['tʏk]
dick (-e Mauer usw.)	tykk	['tʏk]

dick (-er Nebel)	tykk	['tʏk]
dumm	dum	['dʉm]
dunkel (Raum usw.)	mørk	['mœrk]
dunkelhäutig	mørkhudet	['mœrk,hʉdət]

durchsichtig	transparent	['trɑnspɑ,rɑŋ]
düster	mørk	['mœrk]
einfach	enkel	['ɛnkəl]
einfach (Problem usw.)	lett	['let]

einzigartig (einmalig)	unik	[ʉ'nik]
eng, schmal (Straße usw.)	smal	['smɑl]
ergänzend	ytterligere	['ytə,ḷiərə]
ermüdend (Arbeit usw.)	trøttende	['trœtɛnə]
feindlich	fiendtlig	['fjɛntli]

fern (weit entfernt)	fjern	['fjæːn̩]
fern (weit)	fjern	['fjæːn̩]
fett (-es Essen)	fet	['fet]
feucht	fuktig	['fʉkti]
flüssig	flytende	['flytnə]

frei (-er Eintritt)	fri	['fri]
frisch (Brot usw.)	fersk	['fæʂk]
froh	glad, munter	['glɑ], ['mʉntər]
fruchtbar (-er Böden)	fruktbar	['frʉkt,bɑr]

früher (-e Besitzer)	foregående	['forə,goːŋə]
ganz (komplett)	hel	['hel]
gebraucht	brukt, secondhand	['brʉkt], ['sekɔn,hɛŋ]
gebräunt (sonnen-)	solbrent	['sʉl,brent]
gedämpft, matt (Licht)	svak	['svɑk]

gefährlich	farlig	['fɑːḷi]
gegensätzlich	motsatt	['mʉt,sɑt]
gegenwärtig	nåværende	['nɔ,væːrenə]
gemeinsam	felles	['fɛləs]
genau, pünktlich	presis, eksakt	[prɛ'sis], [ɛk'sɑkt]

gerade, direkt	rett	['rɛt]
geräumig (Raum)	rommelig	['rʉmeli]
geschlossen	stengt	['stɛŋt]
gesetzlich	lovlig	['lovli]
gewöhnlich	vanlig	['vɑnli]
glatt (z.B. poliert)	glatt	['glɑt]
glatt, eben	jevn	['jɛvn]

gleich (z.B. ~ groß)	samme, lik	['samə], ['lik]
glücklich	lykkelig	['lʏkəli]

groß	stor	['stʊr]
gut (das Buch ist ~)	bra	['bra]
gut (gütig)	god	['gʊ]
hart (harter Stahl)	hard	['har]
Haupt-	hoved-	['hɔvəd-]

hauptsächlich	hoved-, prinsipal	['hɔvəd-], ['prinsi͜pal]
Heimat-	hjem-	['jɛm-]
heiß	het, varm	['het], ['varm]
Hinter-	bak-	['bak-]
höchst	høyest	['højɛst]

höflich	høflig	['høfli]
hungrig	sulten	['sʉltən]
in Armut lebend	utfattig	['ʉt͜fati]
innen-	indre	['indrə]

jung	ung	['ʉŋ]
kalt (Getränk usw.)	kald	['kal]
Kinder-	barne-	['baːŋə-]
klar (deutlich)	klar	['klar]
klein	liten	['litən]

klug, clever	klok	['klʊk]
knapp (Kleider, zu eng)	trange	['traŋə]
kompatibel	forenelig	[fɔ'renli]
kostenlos, gratis	gratis	['gratis]
krank	syk	['syk]

kühl (-en morgen)	kjølig	['çœli]
künstlich	kunstig	['kʉnsti]
kurz (räumlich)	kort	['kuːt]
kurz (zeitlich)	kortvarig	['kuːt͜vari]
kurzsichtig	nærsynt	['næ͜sʏnt]

251. Bestimmungswörter. Adjektive. Teil 2

lang (langwierig)	lang	['laŋ]
laut (-e Stimme)	høy	['høj]
lecker	lekker	['lekər]
leer (kein Inhalt)	tom	['tɔm]
leicht (wenig Gewicht)	lett	['let]

leise (~ sprechen)	lav	['lav]
licht (Farbe)	lys	['lys]
link (-e Seite)	venstre	['vɛnstrə]
mager, dünn	slank, tynn	['ʂlank], ['tʏn]

matt (Lack usw.)	matt	['mat]
möglich	mulig	['mʉli]
müde (erschöpft)	trett	['trɛt]

| Nachbar- | nabo- | ['nɑbʊ-] |
| nachlässig | slurvet | ['ʂlʉrvət] |

nächst	nærmeste	['nærmɛstə]
nächst (am -en Tag)	neste	['nɛstə]
nah	nær	['nær]
nass (-e Kleider)	våt	['vɔt]

negativ	negativ	['negɑˌtiv]
nervös	nervøs	[nær'vøs]
nett (freundlich)	snill	['snil]
neu	ny	['ny]
nicht groß	liten, ikke stor	['litən], [ˌikə 'stʊr]

nicht schwierig	lett	['let]
normal	normal	[nɔr'mɑl]
nötig	nødvendig	['nødˌvɛndi]
notwendig	nødvendig	['nødˌvɛndi]

obligatorisch, Pflicht-	obligatorisk	[ɔbligɑ'tʊrisk]
offen	åpen	['ɔpən]
öffentlich	offentlig	['ɔfentli]
original (außergewöhnlich)	original	[ɔrigi'nɑl]

persönlich	personlig	[pæ'ʂʊnli]
platt (flach)	flat	['flɑt]
privat (in Privatbesitz)	privat	[pri'vɑt]
pünktlich (Ich bin gerne ~)	punktlig	['pʉnktli]
rätselhaft	mystisk	['mystisk]

recht (-e Hand)	høyre	['højrə]
reif (Frucht usw.)	moden	['mʊdən]
richtig	riktig	['rikti]
riesig	enorm	[ɛ'nɔrm]
riskant	risikabel	[risi'kɑbəl]

roh (nicht gekocht)	rå	['rɔ]
ruhig	rolig	['rʉli]
salzig	salt	['sɑlt]
sauber (rein)	ren	['ren]
sauer	sur	['sʉr]

scharf (-e Messer usw.)	skarp	['skɑrp]
schlecht	dårlig	['dɔːlʲi]
schmutzig	skitten	['ʂitən]
schnell	hastig	['hɑsti]
schön (-es Mädchen)	vakker	['vɑkər]

schön (-es Schloß usw.)	vakker	['vɑkər]
schwer (~ an Gewicht)	tung	['tʉŋ]
schwierig	svær	['svær]
schwierig (-es Problem)	komplisert	[kʊmpli'sɛːt]
seicht (nicht tief)	grunn	['grʉn]

| selten | sjelden | ['ʂɛlən] |
| sicher (nicht gefährlich) | sikker | ['sikər] |

229

| sonnig | solrik | ['sʊlˌrik] |
| sorgfältig | nøyaktig | ['nøjakti] |

sorgsam	omsorgsfull	['ɔmˌsɔrgsfʉl]
speziell, Spezial-	spesial	[spesi'al]
stark (-e Konstruktion)	solid, holdbar	[sʊ'lid], ['hɔlˌbar]
stark (kräftig)	sterk	['stærk]
still, ruhig	rolig	['rʊli]

süß	søt	['søt]
Süß- (Wasser)	fersk-	['fæʂk-]
teuer	dyr	['dyr]
tiefgekühlt	frossen, dypfryst	['frɔsən], ['dypˌfrʏst]
tot	død	['dø]

traurig	sørgmodig	[sør'mʊdi]
traurig, unglücklich	trist	['trist]
trocken (Klima)	tørr	['tœr]
übermäßig	overdreven	['ɔvəˌdrevən]

unbedeutend	ubetydelig	[ʉbe'tydəli]
unbeweglich	ubevegelig, urørlig	[ʉbe'vɛgli], [ʉ'rø:ɭi]
undeutlich	uklar	['ʉˌklar]
unerfahren	uerfaren	[ʉer'farən]
unmöglich	umulig	[ʉ'mʉli]

Untergrund- (geheim)	hemmelig	['hɛməli]
unterschiedlich	ulike	['ʉlikə]
ununterbrochen	uavbrutt	[ʉ:'avˌbrʉt]
unverständlich	uforståelig	[ʉfo'ʂtɔəli]
vergangen	forrige	['foriə]

verschieden	forskjellig	[fo'ʂɛli]
voll (gefüllt)	full	['fʉl]
vorig (in der -en Woche)	forrige	['foriə]
vorzüglich	utmerket	['ʉtˌmærkət]
wahrscheinlich	sannsynlig	[san'sʏnli]

warm (mäßig heiß)	varm	['varm]
weich (-e Wolle)	bløt	['bløt]
wichtig	viktig	['vikti]
wolkenlos	skyfri	['ʂyˌfri]
zärtlich	øm	['øm]

zentral (in der Mitte)	sentral	[sɛn'tral]
zerbrechlich (Porzellan usw.)	skjør	['ʂør]
zufrieden	nøgd, tilfreds	['nøgd], [til'frɛds]
zufrieden (glücklich und ~)	fornøyd, tilfreds	[for'nøjd], [til'frɛds]

500 WICHTIGE VERBEN

abbiegen (vi)	å svinge	[ɔ 'sviŋə]
abhacken (vt)	å hugge av	[ɔ 'hʉgə aː]
abhängen von ...	å avhenge av ...	[ɔ 'av̦heŋə aː ...]
ablegen (Schiff)	å kaste loss	[ɔ 'kastə lɔs]
abnehmen (vt)	å ta ned	[ɔ 'ta ne]
abreißen (vt)	å rive av	[ɔ 'rivə aː]
absagen (vt)	å avslå	[ɔ 'af̦slɔ]
abschicken (vt)	å sende	[ɔ 'sɛnə]
abschneiden (vt)	å skjære av	[ɔ 'ʂæːrə aː]
adressieren (an ...)	å tiltale	[ɔ 'til̦talə]
ähnlich sein	å ligne, å likne	[ɔ 'linə], [ɔ 'liknə]
amputieren (vt)	å amputere	[ɔ ampʉ'terə]
amüsieren (vt)	å underholde	[ɔ 'ʉnər̦holə]
anbinden (vt)	å binde fast	[ɔ 'binə 'fast]
ändern (vt)	å endre	[ɔ 'ɛndrə]
andeuten (vt)	å insinuere	[ɔ insinʉ'erə]
anerkennen (vt)	å gjenkjenne	[ɔ 'jen̦çɛnə]
anflehen (vt)	å bønnefalle	[ɔ 'bœnə̦falə]
Angst haben (vor ...)	å frykte	[ɔ 'frʏktə]
anklagen (vt)	å anklage	[ɔ 'an̦klagə]
anklopfen (vi)	å knakke	[ɔ 'knakə]
ankommen (der Zug)	å ankomme	[ɔ 'an̦kɔmə]
anlegen (Schiff)	å fortøye	[ɔ fɔː'tøjə]
anstecken (~ mit ...)	å smitte	[ɔ 'smitə]
anstreben (vt)	å aspirere	[ɔ aspi'rerə]
antworten (vi)	å svare	[ɔ 'svarə]
anzünden (vt)	å tenne	[ɔ 'tɛnə]
applaudieren (vi)	å applaudere	[ɔ aplaʉ'derə]
arbeiten (vi)	å arbeide	[ɔ 'ar̦bæjdə]
ärgern (vt)	å gjøre sint	[ɔ 'jørə ̦sint]
assistieren (vi)	å assistere	[ɔ asi'sterə]
atmen (vi)	å ånde	[ɔ 'ɔndə]
attackieren (vt)	å angripe	[ɔ 'an̦gripə]
auf ... zählen	å regne med ...	[ɔ 'rɛjnə me ...]
auf jmdn böse sein	å være vred på ...	[ɔ 'værə vred pɔ ...]
aufbringen (vt)	å irritere	[ɔ iri'terə]
aufräumen (vt)	å rydde	[ɔ 'rʏdə]
aufschreiben (vt)	å skrive ned	[ɔ 'skrivə ne]

231

aufseufzen (vi)	å sukke	[ɔ 'sʉkə]
aufstehen (vi)	å stå opp	[ɔ 'stɔ: ɔp]
auftauchen (U-Boot)	å dykke opp	[ɔ 'dʏkə ɔp]

ausdrücken (vt)	å uttrykke	[ɔ 'ʉt̩rʏkə]
ausgehen (vi)	å gå ut	[ɔ 'gɔ ʉt]
aushalten (vt)	å tåle	[ɔ 'to:lə]
ausradieren (vt)	å viske ut	[ɔ 'viskə ʉt]

ausreichen (vi)	å være nok	[ɔ 'værə ˌnɔk]
ausschalten (vt)	å slokke	[ɔ 'ʂløkə]
ausschließen (vt)	å uteslutte	[ɔ 'ʉtəˌʂlʉtə]
aussprechen (vt)	å uttale	[ɔ 'ʉt̩talə]

austeilen (vt)	å dele ut	[ɔ 'delə ʉt]
auswählen (vt)	å velge ut	[ɔ 'vɛlgə ʉt]
auszeichnen (mit Orden)	å belønne	[ɔ be'lœnə]
baden (vt)	å bade	[ɔ 'badə]
bedauern (vt)	å beklage	[ɔ be'klagə]

bedeuten (bezeichnen)	å bety	[ɔ 'bety]
bedienen (vt)	å betjene	[ɔ be'tjenə]
beeinflussen (vt)	å påvirke	[ɔ 'poˌvirkə]
beenden (vt)	å slutte	[ɔ 'ʂlʉtə]
befehlen (vt)	å beordre	[ɔ be'ɔrdrə]

befestigen (vt)	å styrke	[ɔ 'styrkə]
befreien (vt)	å befri	[ɔ be'fri]
befriedigen (vt)	å tilfredsstille	[ɔ 'tilfrɛdsˌstilə]
begießen (vt)	å vanne	[ɔ 'vanə]

beginnen (vt)	å begynne	[ɔ be'jinə]
begleiten (vt)	å følge	[ɔ 'følə]
begrenzen (vt)	å begrense	[ɔ be'grɛnsə]
begrüßen (vt)	å hilse	[ɔ 'hilsə]

behalten (alte Briefe)	å beholde	[ɔ be'hɔlə]
behandeln (vt)	å behandle	[ɔ be'handlə]
behaupten (vt)	å påstå	[ɔ 'poˌstɔ]
bekannt machen	å presentere	[ɔ presen'terə]
belauschen (Gespräch)	å tyvlytte	[ɔ 'tyvˌlʏtə]

beleidigen (vt)	å fornærme	[ɔ fɔ:'nærmə]
beleuchten (vt)	å belyse	[ɔ be'lysə]
bemerken (vt)	å bemerke	[ɔ be'mærkə]
beneiden (vt)	å misunne	[ɔ 'misˌʉnə]

benennen (vt)	å kalle	[ɔ 'kalə]
benutzen (vt)	å anvende	[ɔ 'anˌvɛnə]
beobachten (vt)	å observere	[ɔ ɔbsɛr'verə]
berichten (vt)	å rapportere	[ɔ rapo:'t̩erə]

bersten (vi)	å sprekke	[ɔ 'sprɛkə]
beruhen auf ...	å være basert på ...	[ɔ 'værə bɑ'sɛːt pɔ ...]
beruhigen (vt)	å berolige	[ɔ be'rʉliə]
berühren (vt)	å røre	[ɔ 'rørə]

beseitigen (vt)	å fjerne	[ɔ 'fjæ:ŋə]
besitzen (vt)	å besidde, å eie	[ɔ bɛ'sidə], [ɔ 'æjə]
besprechen (vt)	å diskutere	[ɔ disku'terə]
bestehen auf	å insistere	[ɔ insi'sterə]
bestellen (im Restaurant)	å bestille	[ɔ be'stilə]

bestrafen (vt)	å straffe	[ɔ 'strɑfə]
beten (vi)	å be	[ɔ 'be]
beunruhigen (vt)	å bekymre, å uroe	[ɔ be'çymrə], [ɔ 'u:rʊə]
bewachen (vt)	å beskytte	[ɔ be'şytə]

bewahren (vt)	å bevare	[ɔ be'vɑrə]
beweisen (vt)	å bevise	[ɔ be'visə]
bewundern (vt)	å beundre	[ɔ be'ʉndrə]
bezeichnen (bedeuten)	å bety	[ɔ 'bety]
bilden (vt)	å danne, å forme	[ɔ 'dɑnə], [ɔ 'fɔrmə]

binden (vt)	å binde	[ɔ 'binə]
bitten (jmdn um etwas ~)	å be	[ɔ 'be]
blenden (vt)	å blende	[ɔ 'blenə]
brechen (vt)	å bryte	[ɔ 'brytə]
bügeln (vt)	å stryke	[ɔ 'strykə]

253. Verben E-H

danken (vi)	å takke	[ɔ 'tɑkə]
denken (vi, vt)	å tenke	[ɔ 'tɛnkə]
denunzieren (vt)	å angi	[ɔ 'ɑn‚ji]
dividieren (vt)	å dividere	[ɔ divi'derə]

dressieren (vt)	å dressere	[ɔ drɛ'serə]
drohen (vi)	å true	[ɔ 'trʉə]
eindringen (vi)	å trenge inn	[ɔ 'trɛŋə in]
einen Fehler machen	å gjøre feil	[ɔ 'jørə ‚fæjl]
einen Schluss ziehen	å konkludere	[ɔ kʊnklʉ'derə]

einladen (zum Essen ~)	å innby, å invitere	[ɔ 'inby], [ɔ invi'terə]
einpacken (vt)	å pakke inn	[ɔ 'pɑkə in]
einrichten (vt)	å utstyre	[ɔ 'ʉt‚styrə]
einschalten (vt)	å slå på	[ɔ 'şlɔ pɔ]

einschreiben (vt)	å skrive inn	[ɔ 'skrivə in]
einsetzen (vt)	å sette inn	[ɔ 'sɛtə in]
einstellen (Personal ~)	å ansette	[ɔ 'ɑn‚sɛtə]
einstellen (vt)	å slutte	[ɔ 'şlʉtə]

einwenden (vt)	å innvende	[ɔ 'in‚vɛnə]
empfehlen (vt)	å anbefale	[ɔ 'ɑnbe‚fɑlə]
entdecken (Land usw.)	å oppdage	[ɔ 'ɔp‚dɑgə]
entfernen (Flecken ~)	å fjerne	[ɔ 'fjæ:ŋə]

entscheiden (vt)	å beslutte	[ɔ be'şlʉtə]
entschuldigen (vt)	å unnskylde	[ɔ 'ʉn‚sylə]
entzücken (vt)	å sjarmere	[ɔ 'şɑr‚merə]

erben (vt)	å arve	[ɔ 'arvə]
erblicken (vt)	å bemerke	[ɔ be'mærkə]
erfinden (das Rad neu ~)	å oppfinne	[ɔ 'ɔp̩finə]
erinnern (vt)	å påminne	[ɔ 'pɔ̩minə]
erklären (vt)	å forklare	[ɔ fɔr'klarə]

erlauben (jemandem etwas)	å tillate	[ɔ 'ti̩latə]
erlauben, gestatten (vt)	å tillate	[ɔ 'ti̩latə]
erleichtern (vt)	å lette	[ɔ 'letə]
ermorden (vt)	å døde, å myrde	[ɔ 'dødə], [ɔ 'mʏːdə]

ermüden (vt)	å trette	[ɔ 'trɛtə]
ermutigen (vt)	å inspirere	[ɔ inspi'rerə]
ernennen (vt)	å utnevne	[ɔ 'ʉt̩nɛvnə]
erörtern (vt)	å undersøke	[ɔ 'ʉnə̩søkə]

erraten (vt)	å gjette	[ɔ 'jɛtə]
erreichen (Nordpol usw.)	å nå	[ɔ 'nɔː]
erröten (vi)	å rødme	[ɔ 'rødmə]
erscheinen (am Horizont ~)	å dukke opp	[ɔ 'dʉkə ɔp]

erscheinen (Buch usw.)	å komme ut	[ɔ 'kɔmə ʉt]
erschweren (vt)	å komplisere	[ɔ kʉmpli'serə]
erstaunen (vt)	å forundre	[ɔ fɔ'rʉndrə]
erstellen (einer Liste ~)	å sammenstille	[ɔ 'samən̩stilə]
ertrinken (vi)	å drukne	[ɔ 'drʉknə]

erwähnen (vt)	å omtale, å nevne	[ɔ 'ɔm̩talə], [ɔ 'nɛvnə]
erwarten (vt)	å forvente	[ɔ fɔr'vɛntə]
erzählen (vt)	å fortelle	[ɔ fɔ:'ʈɛlə]
erzielen (Ergebnis usw.)	å oppnå	[ɔ 'ɔpnɔ]

essen (vi, vt)	å spise	[ɔ 'spisə]
existieren (vi)	å eksistere	[ɔ ɛksi'sterə]
fahren (mit 90 km/h ~)	å kjøre	[ɔ 'çœːrə]
fallen lassen	å tappe	[ɔ 'tapə]

fangen (vt)	å fange	[ɔ 'faŋə]
finden (vt)	å finne	[ɔ 'finə]
fischen (vt)	å fiske	[ɔ 'fiskə]
fliegen (vi)	å fly	[ɔ 'fly]
folgen (vi)	å følge etter ...	[ɔ 'følə 'ɛtər ...]

fortbringen (vt)	å fjerne	[ɔ 'fjæːɳə]
fortsetzen (vt)	å fortsette	[ɔ 'fort̩sɛtə]
fotografieren (vt)	å fotografere	[ɔ fɔtɔgra'ferə]
frühstücken (vi)	å spise frokost	[ɔ 'spisə ̩frukɔst]
fühlen (vt)	å kjenne	[ɔ 'çɛnə]

führen (vt)	å lede	[ɔ 'ledə]
füllen (mit Wasse usw.)	å fylle	[ɔ 'fʏlə]
füttern (vt)	å mate	[ɔ 'matə]
garantieren (vt)	å garantere	[ɔ garan'terə]

geben (sein Bestes ~)	å gi	[ɔ 'ji]
gebrauchen (vt)	å anvende	[ɔ 'an̩vɛnə]

| gefallen (vi) | å like | [ɔ 'likə] |
| gehen (zu Fuß gehen) | å gå | [ɔ 'gɔ] |

gehorchen (vi)	å underordne seg	[ɔ 'ʉnərˌɔrdnə sæj]
gehören (vi)	å tilhøre ...	[ɔ 'tilˌhørə ...]
gelegen sein	å ligge	[ɔ 'ligə]
genesen (vi)	å bli frisk	[ɔ 'bli 'frisk]

gereizt sein	å bli irritert	[ɔ 'bli iri'tɛːt]
gernhaben (vt)	å elske	[ɔ 'ɛlskə]
gestehen (Verbrecher)	å tilstå	[ɔ 'tilˌstɔ]
gießen (Wasser ~)	å helle opp	[ɔ 'hɛlə ɔp]

glänzen (vi)	å skinne	[ɔ 'ʂinə]
glauben (Er glaubt, dass ...)	å tro	[ɔ 'trʊ]
graben (vt)	å grave	[ɔ 'grɑvə]
gratulieren (vi)	å gratulere	[ɔ gratʉ'lɘrə]

gucken (spionieren)	å kikke	[ɔ 'çikə]
haben (vt)	å ha	[ɔ 'hɑ]
handeln (in Aktion treten)	å handle	[ɔ 'hɑndlə]
hängen (an der Wand usw.)	å henge	[ɔ 'hɛŋə]

heiraten (vi)	å gifte seg	[ɔ 'jiftə sæj]
helfen (vi)	å hjelpe	[ɔ 'jɛlpə]
herabsteigen (vi)	å gå ned	[ɔ 'gɔ ne]
hereinkommen (vi)	å komme inn	[ɔ 'kɔmə in]
herunterlassen (vt)	å heise ned	[ɔ 'hæjsə ne]

hinzufügen (vt)	å tilføye	[ɔ 'tilˌføjə]
hoffen (vi)	å håpe	[ɔ 'hoːpə]
hören (Geräusch ~)	å høre	[ɔ 'hørə]
hören (jmdm zuhören)	å lye, å lytte	[ɔ 'lyə], [ɔ 'lʏtə]

254. Verben I-R

imitieren (vt)	å imitere	[ɔ imi'terə]
impfen (vt)	å vaksinere	[ɔ vɑksi'nerə]
importieren (vt)	å importere	[ɔ impɔː'ʈerə]
in Gedanken versinken	å gruble	[ɔ 'grʉblə]

in Ordnung bringen	å bringe orden	[ɔ 'briŋə 'ɔrdən]
informieren (vt)	å informere	[ɔ infɔr'merə]
instruieren (vt)	å instruere	[ɔ instrʉ'erə]
interessieren (vt)	å interessere	[ɔ intərə'serə]

isolieren (vt)	å isolere	[ɔ isʊ'lerə]
jagen (vi)	å jage	[ɔ 'jagə]
kämpfen (~ gegen)	å kjempe	[ɔ 'çɛmpə]
kämpfen (sich schlagen)	å kjempe	[ɔ 'çɛmpə]
kaufen (vt)	å kjøpe	[ɔ 'çœːpə]

| kennen (vt) | å kjenne | [ɔ 'çɛnə] |
| kennenlernen (vt) | å stifte bekjentskap med ... | [ɔ 'stiftə be'çɛnˌskɑp me ...] |

235

| klagen (vi) | å klage | [ɔ 'klɑgə] |
| kompensieren (vt) | å kompensere | [ɔ kumpen'serə] |

komponieren (vt)	å komponere	[ɔ kumpʊ'nerə]
kompromittieren (vt)	å kompromittere	[ɔ kumprʊmi'terə]
konkurrieren (vi)	å konkurrere	[ɔ kunku'rerə]
können (v mod)	å kunne	[ɔ 'kunə]

kontrollieren (vt)	å kontrollere	[ɔ kuntrɔ'lerə]
koordinieren (vt)	å koordinere	[ɔ kɔːdi'nerə]
korrigieren (vt)	å rette	[ɔ 'rɛtə]
kosten (vt)	å koste	[ɔ 'kɔstə]

kränken (vt)	å fornærme	[ɔ fɔː'ŋærmə]
kratzen (vt)	å klore	[ɔ 'klɔrə]
Krieg führen	å være i krig	[ɔ 'værə i ˌkrig]
lächeln (vi)	å smile	[ɔ 'smilə]

lachen (vi)	å le, å skratte	[ɔ 'le], [ɔ 'skrɑtə]
laden (Ein Gewehr ~)	å lade	[ɔ 'lɑdə]
laden (LKW usw.)	å laste	[ɔ 'lɑstə]
lancieren (starten)	å starte	[ɔ 'stɑːʈə]

laufen (vi)	å løpe	[ɔ 'løpə]
leben (vi)	å leve	[ɔ 'levə]
lehren (vt)	å undervise	[ɔ 'unərˌvisə]
leiden (vi)	å lide	[ɔ 'lidə]

leihen (Geld ~)	å låne	[ɔ 'loːnə]
leiten (Betrieb usw.)	å styre, å lede	[ɔ 'styrə], [ɔ 'ledə]
lenken (ein Auto ~)	å kjøre bil	[ɔ 'çœːrə ˌbil]
lernen (vt)	å studere	[ɔ stu'derə]
lesen (vi, vt)	å lese	[ɔ 'lesə]

lieben (vt)	å elske	[ɔ 'ɛlskə]
liegen (im Bett usw.)	å ligge	[ɔ 'ligə]
losbinden (vt)	å løse opp	[ɔ 'løsə ɔp]
löschen (Feuer)	å slokke	[ɔ 'ʂløkə]

lösen (Aufgabe usw.)	å løse	[ɔ 'løsə]
loswerden (jmdm. od etwas)	å bli kvitt ...	[ɔ 'bli 'kvit ...]
lügen (vi)	å lyve	[ɔ 'lyvə]
machen (vt)	å gjøre	[ɔ 'jørə]
markieren (vt)	å markere	[ɔ mɑr'kerə]

meinen (glauben)	å tro	[ɔ 'trʊ]
memorieren (vt)	å memorere	[ɔ memʊ'rerə]
mieten (ein Boot ~)	å leie	[ɔ 'læjə]
mieten (Haus usw.)	å leie	[ɔ 'læjə]

mischen (vt)	å blande	[ɔ 'blɑnə]
mitbringen (vt)	å bringe	[ɔ 'briŋə]
mitteilen (vt)	å meddele	[ɔ 'mɛdˌdelə]
müde werden	å bli trett	[ɔ 'bli 'trɛt]
multiplizieren (vt)	å multiplisere	[ɔ multipli'serə]
müssen (v mod)	å måtte	[ɔ 'moːtə]

nachgeben (vi)	à gi etter	[ɔ 'ji 'ɛtər]
nehmen (jmdm. etwas ~)	à berøve	[ɔ be'røvə]

nehmen (vt)	à ta	[ɔ 'tɑ]
noch einmal sagen	à gjenta	[ɔ 'jɛntɑ]
nochmals tun (vt)	à gjøre om	[ɔ 'jørə ɔm]
notieren (vt)	à notere	[ɔ nʊ'terə]

nötig sein	à være behøv	[ɔ 'værə bə'høv]
notwendig sein	à være nødvendig	[ɔ 'værə 'nød,vɛndi]
öffnen (vt)	à åpne	[ɔ 'ɔpnə]
passen (Schuhe, Kleid)	à passe	[ɔ 'pɑsə]
pflücken (Blumen)	à plukke	[ɔ 'plʉkə]

planen (vt)	à planlegge	[ɔ 'plɑn,legə]
prahlen (vi)	à prale	[ɔ 'prɑlə]
projektieren (vt)	à prosjektere	[ɔ prʊsɛk'terə]
protestieren (vi)	à protestere	[ɔ prʊte'sterə]

provozieren (vt)	à provosere	[ɔ prʊvʊ'serə]
putzen (vt)	à rense	[ɔ 'rɛnsə]
raten (zu etwas ~)	à råde	[ɔ 'ro:də]
rechnen (vt)	à telle	[ɔ 'tɛlə]

regeln (vt)	à løse	[ɔ 'løsə]
reinigen (vt)	à rengjøre	[ɔ rɛn'jørə]
reparieren (vt)	à reparere	[ɔ repɑ'rerə]
reservieren (vt)	à reservere	[ɔ resɛr'verə]

retten (vt)	à redde	[ɔ 'rɛdə]
richten (den Weg zeigen)	à vise vei	[ɔ 'visə væj]
riechen (an etwas ~)	à lukte	[ɔ 'lʉktə]
riechen (gut ~)	à lukte	[ɔ 'lʉktə]

ringen (Sport)	à bryte	[ɔ 'brytə]
riskieren (vt)	à risikere	[ɔ risi'kerə]
rufen (seinen Hund ~)	à kalle	[ɔ 'kɑlə]
rufen (um Hilfe ~)	à tilkalle	[ɔ 'til,kɑlə]

255. Verben S-U

säen (vt)	à så	[ɔ 'sɔ]
sagen (vt)	à si	[ɔ 'si]
schaffen (Etwas Neues zu ~)	à opprette	[ɔ 'ɔp,rɛtə]
schelten (vt)	à skjelle	[ɔ 'ʃɛ:lə]

schieben (drängen)	à skubbe, à støte	[ɔ 'skʉbə], [ɔ 'støtə]
schießen (vi)	à skyte	[ɔ 'ʃytə]
schlafen gehen	à gå til sengs	[ɔ 'gɔ til 'sɛŋs]
schlagen (mit ...)	à slåss	[ɔ 'ʃlɔs]

schlagen (vt)	à slå	[ɔ 'ʃlɔ]
schließen (vt)	à lukke	[ɔ 'lʉkə]
schmeicheln (vi)	à smigre	[ɔ 'smigrə]

schmücken (vt)	å pryde	[ɔ 'prydə]
schreiben (vi, vt)	å skrive	[ɔ 'skrivə]

schreien (vi)	å skrike	[ɔ 'skrikə]
schütteln (vt)	å riste	[ɔ 'ristə]
schweigen (vi)	å tie	[ɔ 'tie]
schwimmen (vi)	å svømme	[ɔ 'svœmə]

schwimmen gehen	å bade	[ɔ 'badə]
sehen (vt)	å se	[ɔ 'se]

sein (vi)	å være	[ɔ 'værə]
sich abwenden	å vende seg bort	[ɔ 'vɛnə sæj buːt]
sich amüsieren	å more seg	[ɔ 'murə sæj]
sich anschließen	å tilslutte seg ...	[ɔ 'til‚slutə sæj ...]

sich anstecken	å bli smittet	[ɔ 'bli 'smitət]
sich aufregen	å uroe seg	[ɔ 'ɯːrʊə sæj]
sich ausruhen	å hvile	[ɔ 'vilə]
sich beeilen	å skynde seg	[ɔ 'ʂyne sæj]

sich benehmen	å oppføre seg	[ɔ 'ɔp‚førə sæj]
sich beschmutzen	å skitne seg til	[ɔ 'ʂitnə sæj til]
sich datieren	å datere seg	[ɔ da'terə sæj]
sich einmischen	å intervenere	[ɔ intərve'nerə]
sich empören	å bli indignert	[ɔ 'bli indi'gnɛːt]

sich entschuldigen	å unnskylde seg	[ɔ 'ɯn‚sylə sæj]
sich erhalten	å bevares	[ɔ be'varəs]
sich erinnern	å huske	[ɔ 'hɯskə]
sich interessieren	å interessere seg	[ɔ intəre'serə sæj]
sich kämmen	å kamme	[ɔ 'kamə]

sich konsultieren mit ...	å konsultere	[ɔ kʊnsʊl'terə]
sich konzentrieren	å konsentrere seg	[ɔ kʊnsen'trerə sæj]
sich langweilen	å kjede seg	[ɔ 'çedə sæj]
sich nach ... erkundigen	å få vite	[ɔ 'fɔ 'vitə]

sich nähern	å nærme seg	[ɔ 'nærmə sæj]
sich rächen	å hevne	[ɔ 'hɛvnə]
sich rasieren	å barbere seg	[ɔ bar'berə sæj]
sich setzen	å sette seg	[ɔ 'sɛtə sæj]

sich Sorgen machen	å bekymre seg	[ɔ be'çymrə sæj]
sich überzeugen	å være overbevist	[ɔ 'værə 'ovərbe‚vist]
sich unterscheiden	å skille seg fra ...	[ɔ 'ʂilə sæj fra ...]
sich vergrößern	å øke	[ɔ 'økə]
sich verlieben	å forelske seg i ...	[ɔ fɔ'rɛlskə sæj i ...]

sich verteidigen	å forsvare seg	[ɔ fɔ'ʂvarə sæj]
sich vorstellen	å forestille seg	[ɔ 'forə‚stilə sæj]
sich waschen	å vaske seg	[ɔ 'vaskə sæj]
sitzen (vi)	å sitte	[ɔ 'sitə]

spielen (Ball ~)	å leke	[ɔ 'lekə]
spielen (eine Rolle ~)	å spille	[ɔ 'spilə]

spotten (vi)	å håne	[ɔ 'hoːnə]
sprechen mit …	å tale med …	[ɔ 'talə me …]
spucken (vi)	å spytte	[ɔ 'spytə]
starten (Flugzeug)	å løfte	[ɔ 'lœftə]
stehlen (vt)	å stjele	[ɔ 'stjelə]
stellen (ins Regal ~)	å plassere	[ɔ plɑ'serə]
stimmen (vi)	å stemme	[ɔ 'stɛmə]
stoppen (haltmachen)	å stoppe	[ɔ 'stɔpə]
stören (nicht ~!)	å forstyrre	[ɔ fɔ'ʂtyrə]
streicheln (vt)	å stryke	[ɔ 'strykə]
suchen (vt)	å søke …	[ɔ 'søkə …]
sündigen (vi)	å synde	[ɔ 'synə]
tauchen (vi)	å dykke	[ɔ 'dykə]
tauschen (vt)	å veksle	[ɔ 'vɛkslə]
täuschen (vt)	å fuske	[ɔ 'fʉskə]
teilnehmen (vi)	å delta	[ɔ 'dɛltɑ]
trainieren (vi)	å trene	[ɔ 'trenə]
trainieren (vt)	å trene	[ɔ 'trenə]
transformieren (vt)	å transformere	[ɔ trɑnsfɔr'merə]
träumen (im Schlaf)	å drømme	[ɔ 'drœmə]
träumen (wünschen)	å drømme	[ɔ 'drœmə]
trinken (vt)	å drikke	[ɔ 'drikə]
trocknen (vt)	å tørke	[ɔ 'tœrkə]
überragen (Schloss, Berg)	å rage over	[ɔ 'rɑge 'ɔvər]
überrascht sein	å bli forundret	[ɔ 'bli fɔ'rʉndrət]
überschätzen (vt)	å overvurdere	[ɔ 'ɔvərvʉːˌderə]
übersetzen (Buch usw.)	å oversette	[ɔ 'ɔvəˌsɛtə]
überwiegen (vi)	å dominere	[ɔ dʉmi'nerə]
überzeugen (vt)	å overbevise	[ɔ 'ɔvərbeˌvise]
umarmen (vt)	å omfavne	[ɔ 'ɔmˌfɑvnə]
umdrehen (vt)	å vende	[ɔ 'vɛnə]
unternehmen (vt)	å foreta	[ɔ 'fɔreˌtɑ]
unterschätzen (vt)	å undervurdere	[ɔ 'ʉnərvʉːˌderə]
unterschreiben (vt)	å underskrive	[ɔ 'ʉnəˌskrive]
unterstreichen (vt)	å understreke	[ɔ 'ʉnəˌstrekə]
unterstützen (vt)	å støtte	[ɔ 'stœtə]

256. Verben V-Z

verachten (vt)	å forakte	[ɔ fɔ'rɑktə]
veranstalten (vt)	å arrangere	[ɔ arɑŋ'ʂerə]
verbieten (vt)	å forby	[ɔ fɔr'by]
verblüfft sein	å være forvirret	[ɔ 'værə fɔr'virət]
verbreiten (Broschüren usw.)	å dele ut	[ɔ 'delə ʉt]
verbreiten (Geruch)	å spre, å sprede	[ɔ 'spre], [ɔ 'spredə]

verbrennen (vt)	å brenne	[ɔ 'brɛnə]
verdächtigen (vt)	å mistenke	[ɔ 'mis‚tɛnkə]

verdienen (Lob ~)	å fortjene	[ɔ fɔ'tjenə]
verdoppeln (vt)	å fordoble	[ɔ fɔr'dɔblə]
vereinfachen (vt)	å forenkle	[ɔ fɔ'rɛnklə]
vereinigen (vt)	å forene	[ɔ fɔ'renə]

vergessen (vt)	å glemme	[ɔ 'glemə]
vergießen (vt)	å spille	[ɔ 'spilə]
vergleichen (vt)	å sammenlikne	[ɔ 'samən‚liknə]
vergrößern (vt)	å øke	[ɔ 'økə]
verhandeln (vi)	å forhandle	[ɔ fɔr'handlə]

verjagen (vt)	å jage bort	[ɔ 'jagə 'buːt̩]
verkaufen (vt)	å selge	[ɔ 'sɛlə]
verlangen (vt)	å kreve	[ɔ 'krevə]
verlassen (vt)	å glemme	[ɔ 'glemə]

verlassen (vt)	å forlate, å etterlate	[ɔ fɔ'lɑtə], [ɔ ɛtə'lɑtə]
verlieren (Regenschirm usw.)	å miste	[ɔ 'mistə]
vermeiden (vt)	å unngå	[ɔ 'ʉŋ‚gɔ]
vermuten (vt)	å anta, å formode	[ɔ 'an‚ta], [ɔ fɔr'mʉdə]
verneinen (vt)	å fornekte	[ɔ fɔː'ŋɛktə]

vernichten (Dokumente usw.)	å ødelegge	[ɔ 'ødə‚legə]
verringern (vt)	å minske	[ɔ 'minskə]
versäumen (vt)	å skulke	[ɔ 'skʉlkə]
verschieben (Möbel usw.)	å flytte	[ɔ 'flʏtə]

verschütten (vt)	å bli spilt	[ɔ 'bli 'spilt]
verschwinden (vi)	å forsvinne	[ɔ fɔ'ʂvinə]
versprechen (vt)	å love	[ɔ 'lovə]
verstecken (vt)	å gjemme	[ɔ 'jɛmə]

verstehen (vt)	å forstå	[ɔ fɔ'ʂtɔ]
verstummen (vi)	å slutte å snakke	[ɔ 'ʂlʉtə ɔ 'snakə]
versuchen (vt)	å prøve	[ɔ 'prøvə]

verteidigen (vt)	å forsvare	[ɔ fɔ'ʂvarə]
vertrauen (vt)	å stole på	[ɔ 'stʉlə pɔ]
verursachen (vt)	å forårsake	[ɔ fɔrɔː'ʂakə]
verurteilen (vt)	å dømme	[ɔ 'dœmə]
vervielfältigen (vt)	å kopiere	[ɔ kʉ'pjerə]

verwechseln (vt)	å forveksle	[ɔ fɔr'vɛkʂlə]
verwirklichen (vt)	å realisere	[ɔ reali'serə]
verzeihen (vt)	å tilgi	[ɔ 'til‚ji]
vorankommen	å gå framover	[ɔ 'gɔ ‚fram'ovər]

voraussehen (vt)	å forutse	[ɔ 'forʉt‚se]
vorbeifahren (vi)	å passere	[ɔ pa'serə]
vorbereiten (vt)	å forberede	[ɔ 'fɔrbə‚redə]
vorschlagen (vt)	å foreslå	[ɔ 'forə‚ʂlɔ]
vorstellen (vt)	å presentere	[ɔ presen'terə]
vorwerfen (vt)	å bebreide	[ɔ be'bræjdə]

vorziehen (vt)	å foretrekke	[ɔ 'fɔrəˌtrɛkə]
wagen (vt)	å våge	[ɔ 'voːgə]
wählen (vt)	å velge	[ɔ 'vɛlgə]
wärmen (vt)	å varme	[ɔ 'varmə]
warnen (vt)	å advare	[ɔ 'adˌvarə]
warten (vi)	å vente	[ɔ 'vɛntə]
waschen (das Auto ~)	å vaske	[ɔ 'vaskə]
waschen (Wäsche ~)	å vaske	[ɔ 'vaskə]
wechseln (vt)	å utveksle	[ɔ 'ʉtˌvɛkslə]
wecken (vt)	å vekke	[ɔ 'vɛkə]
wegfahren (vi)	å afrejse	[ɔ 'afˌræjsə]
weglassen (Wörter usw.)	å utelate	[ɔ 'ʉtəˌlɑtə]
weglegen (vt)	å stue unna	[ɔ 'stʉə 'ʉnɑ]
wehen (vi)	å blåse	[ɔ 'bloːsə]
weinen (vi)	å gråte	[ɔ 'groːtə]
werben (Reklame machen)	å reklamere	[ɔ rɛklɑ'merə]
werden (vi)	å bli	[ɔ 'bli]
werfen (vt)	å kaste	[ɔ 'kɑstə]
widmen (vt)	å tilegne	[ɔ 'tilˌegnə]
wiegen (vi)	å veie	[ɔ 'væjə]
winken (mit der Hand)	å vinke	[ɔ 'vinkə]
wissen (vt)	å vite	[ɔ 'vitə]
Witz machen	å spøke	[ɔ 'spøkə]
wohnen (vi)	å bo	[ɔ 'bʉ]
wollen (vt)	å ville	[ɔ 'vilə]
wünschen (vt)	å ønske	[ɔ 'ønskə]
zahlen (vt)	å betale	[ɔ be'tɑlə]
zeigen (den Weg ~)	å peke	[ɔ 'pekə]
zeigen (jemandem etwas ~)	å vise	[ɔ 'visə]
zerreißen (vi)	å gå i stykker	[ɔ 'gɔ i 'stʏkər]
zertreten (vt)	å knuse	[ɔ 'knʉsə]
ziehen (Seil usw.)	å trekke	[ɔ 'trɛkə]
zielen auf ...	å sikte på ...	[ɔ 'siktə pɔ ...]
zitieren (vt)	å sitere	[ɔ si'terə]
zittern (vi)	å skjelve	[ɔ 'ʂɛlvə]
zu Abend essen	å spise middag	[ɔ 'spisə 'miˌdɑ]
zu Mittag essen	å spise lunsj	[ɔ 'spisə ˌlʉnʂ]
zubereiten (vt)	å lage	[ɔ 'lɑgə]
züchten (Pflanzen)	å avle	[ɔ 'ɑvlə]
zugeben (eingestehen)	å erkjenne	[ɔ ær'çɛnə]
zur Eile antreiben	å skynde	[ɔ 'ʂynə]
zurückdenken (vi)	å huske	[ɔ 'hʉskə]
zurückhalten (vt)	å avholde	[ɔ 'ɑvˌhɔlə]
zurückkehren (vi)	å komme tilbake	[ɔ 'kɔmə til'bɑkə]
zurückschicken (vt)	å sende tilbake	[ɔ 'sɛnə til'bɑkə]

| zurückziehen (vt) | å avlyse, å annullere | [ɔ 'ɑvˌlysə], [ɔ ɑnʉ'lerə] |
| zusammenarbeiten (vi) | å samarbeide | [ɔ 'sɑmɑrˌbæjdə] |

zusammenzucken (vi)	å gyse	[ɔ 'jisə]
zustimmen (vi)	å samtykke	[ɔ 'sɑmˌtʏkə]
zweifeln (vi)	å tvile	[ɔ 'tvilə]
zwingen (vt)	å tvinge	[ɔ 'tviŋə]

www.ingramcontent.com/pod-product-compliance
Lightning Source LLC
Chambersburg PA
CBHW071329090426
42738CB00012B/2835